»Im Kreis der Familie« geschehen die schönsten, aber auch die schauerlichsten Geschichten. Wenn es aber darauf ankommt zusammenzuhalten wie Pech und Schwefel, wer wäre dann stärker, verschworener und unerbittlicher als die Familie? Nur kann man sich die eigene Familie nicht aussuchen, dafür wird man sie in den allerseltensten Fällen wieder los – es sei denn, man hilft ein wenig nach ... *freundin*, der Fischer Taschenbuch Verlag, Hugendubel und das Krimifestival München haben die besten Krimiautoren Deutschlands gesucht und den Agatha-Christie-Krimipreis 2008 ausgeschrieben. Unter dem Motto »Im Kreis der Familie« sind rund 1000 Kurzkrimis eingegangen. Die Jury mit Schauspielerin Jutta Speidel, Andreas Hoh (Krimifestival), Nina Hugendubel (Geschäftsführerin Hugendubel) und den Herausgeberinnen hat die 25 besten Storys für die Endauswahl nominiert, die in diesem Band erscheinen. Die Preisverleihung an die drei besten Autoren und Autorinnen findet im März 2008 auf dem Krimifestival in München statt.

Die Herausgeberinnen

Cordelia Borchardt, Jahrgang 1962, studierte Anglistik und Germanistik in München und London und promovierte in englischer Literaturwissenschaft. Sie ist Lektorin für die Verlage Krüger, Scherz und Fischer Taschenbuch.

Katharina Rieger, Jahrgang 1971, hat in München Soziologie, Kommunikationswissenschaften, Politik und Sozialpsychologie studiert und die Deutsche Journalistenschule besucht. Sie ist Textchefin bei der Frauenzeitschrift *freundin*.

Unsere Adresse im Internet: www.fischerverlage.de

Im Kreis der Familie

Die besten Einsendungen zum Agatha-Christie-Krimipreis 2008

Herausgegeben von
Cordelia Borchardt
und Katharina Rieger

Fischer Taschenbuch Verlag

Originalausgabe
Veröffentlicht im Fischer Taschenbuch Verlag,
einem Unternehmen der S. Fischer Verlag GmbH,
Frankfurt am Main, März 2008

Gesamtherstellung: CPI – Ebner & Spiegel, Ulm
Printed in Germany
ISBN 978-3-596-18036-3

»Seit Lucrezia Borgia bin ich die Frau,
die am meisten Menschen umgebracht hat,
allerdings mit der Schreibmaschine.«
Agatha Christie

Vor über 60 Jahren erschienen bei Scherz die ersten Taschenbücher des deutschsprachigen Buchmarkts: 1943 kreierte Alfred Scherz die berühmte Krimireihe mit den drei Streifen – mit Büchern der »Queen of Crime« Agatha Christie. Aus diesem Anlass schrieb der Scherz Verlag 2003 erstmals den Agatha-Christie-Krimipreis aus. Er wird verliehen für die besten deutschsprachigen Kurzkrimis. Inzwischen erscheint das Werk von Agatha Christie auch im Fischer Taschenbuch Verlag, der deshalb zusammen mit weiteren neuen Partnern, *freundin*, Hugendubel und dem Krimifestival München, die Ausschreibung übernahm. Hier sind sie: Die Gewinner und alle Nominierten des Agatha-Christie-Krimipreises 2008.

Die Jury:
Dr. Cordelia Borchardt, Lektorin für die Verlage Krüger, Scherz und Fischer Taschenbuch
Andreas Hoh, Geschäftsführer des Krimifestivals München
Nina Hugendubel, Leiterin der gleichnamigen Buchhandlungskette
Jutta Speidel, Schauspielerin in bekannten Serien (u. a. »Donna Roma«)
Katharina Rieger, Textchefin von *freundin*

Inhalt

ERSTER PREIS

Schachmatt

Heike Koschyk

Als sein Kopf zerbirst, denke ich an das Geräusch platzender Melonen. Ich lächel über diese Metapher, während sein Körper wie in Zeitlupe auf den Boden vor seinem Schreibtisch sinkt, erkenne, wie kitschig der Vergleich mit den Melonen ist. Wahrscheinlich habe ich ihn aus einem dieser zahllosen Schundkrimis entnommen, die ich las, um den Gedanken zu entfliehen, die sich ewig kreisen und mein eigentliches Gefängnis sind.

Nun sind sie still. Vergeblich suche ich ein Gefühl der Scham oder gar der Erleichterung, während ich die Blutlache betrachte, die sich auf dem Teppich ausbreitet und schließlich versickert. Als meine Hand in die Rocktasche nach den Kapseln greift, bemerke ich die Blutspritzer, die sich über meine taubenblaue Kaschmirjacke ziehen. Sie ist völlig ruiniert, ich hätte es mir denken können. Dieser Scheißkerl hatte die Vitalität eines Stiers und sie vergossen, als müsste er in seinem letzten Aufbäumen zeigen, dass er noch immer überall ist. Auf dem glänzenden Holz des Schreibtisches, dem summenden Laptop, auf dem Buchrücken der Sonderreihe über Paul Bocuse.

Ich hätte es viel früher tun sollen, denke ich, während ich den marmornen Lampenfuß unter den ledernen Besuchersessel rollen lasse, der dem Schreibtisch gegenübersteht. Eine fast unmerklich getönte Spur zieht hinter ihm her und verliert sich im Verborgenen. Suzanne hatte ihn gestern noch mit den Händen liebkost, sie liebt wertvolle Gegenstände, das soll ihr jetzt zum Verhängnis werden. Dann streife ich die Handschuhe ab, ziehe bedauernd meine Jacke aus und werfe beides ins prasselnde Feuer des Kamins. Meine Hand gleitet wieder in die Rocktasche.

Widerwillen steigt auf, als ich die milchig weißen Kapseln betrachte, spüle sie aber mit dem Brandy hinunter, den er für mich eingeschenkt hatte, als er noch glaubte, ich käme, um ihn zu versöhnen.

Während ich spüre, wie das wattige Gefühl in meinen Kopf kriecht, betrachte ich die Fotos, die er auf seinem Schreibtisch aufgestellt hat. Das einzige Bild, das ich von mir finde, ist fünfzehn Jahre alt. Ich trage Zöpfe und lächel dem Betrachter mit dem Charme einer Pubertierenden entgegen. War er jemals in der Lage gewesen, mich als das zu sehen, was ich bin? Nein. Er hatte sich dazu erkoren, Hüter meines Lebens zu sein, mir das Ausüben eines Studiums verweigert, jegliche männliche Bewerber weggefegt wie lästige Insekten und zart wachsende Bande der Freundschaft im Keim erstickt.

Nie konnte ich ergründen, welchen Platz er mir in seinem Herzen zugedacht hatte, aber er war milder gestimmt, wenn ich mich ruhig verhielt, fast unsichtbar. Unsichtbar und ohne Bedürfnisse. Ansonsten bekam ich seine Hand zu spüren. Eine Pranke, groß wie ein Teller, die wieder und wieder auf mein Gesicht niederging, als galt es, mich und die Erinnerung an den Grund meines Daseins auszulöschen.

Ich hätte davonlaufen können, mein eigenes Leben aufbauen, aber dazu war ich im Grunde genommen zu feige. Wozu auch? Ich habe einen besseren Plan. Und dazu gehört es, für alle Welt die Rolle zu spielen, die er für mich auserkoren hat: Das ewig unreife Kind, zurückhaltendes Töchterchen, unfähig, auch nur einen Schritt alleine zu unternehmen. Und ohne falsche Bescheidenheit muss ich sagen, dass ich das Spiel perfekt beherrsche. Bis auf gestern, als meine Wut nach oben quoll und sich in sinnlosen Anklagen entlud. Wäre ich nicht beim Anblick seiner zornig hervortretenden Augen und der zum Angriff erhobenen Hand in die Dachkammer geflohen, in der man die Tür von innen verriegeln kann, er hätte mich mit Sicherheit umgebracht.

Mein Blick gleitet über die übrigen Fotos. Kein Bild von meiner Mutter, die ihn kurz nach der Geburt hatte sitzenlassen und der ich angeblich sehr ähnlich sehe. Von Suzanne dagegen gibt es etliche. Suzanne auf der spanischen Treppe in Rom, mit verführerischem, mandeläugigem Blick. Suzanne im Café de Paris in Monte Carlo, die Chanel-Brille im offenen schwarzseidigen Haar. Suzanne im Bikini, ihre makellose zierliche Figur zur Schau stellend, am Pool des Hotel Martinez in Cannes …

Neben ihr verkomme ich zur ungewollten Staffage, unansehnlich, lästig, unerwünscht. Seine Faust sucht immer öfter mein Gesicht, während er ihres sanft streichelt. Suzanne, die Halbchinesin, die ihn mit ihrem Körper um den kleinen Finger wickelt und bekommt, was eigentlich mir zusteht. Suzanne mit dem sanften Lächeln einer Spinne, die ihr Opfer einlullt und es dann mit Haut und Haaren verschlingt.

Widerstrebend spüre ich, wie sich die Wut unwillkürlich auflöst und einer tiefen Schwere Platz macht. Ich hasse es, niemals werde ich die Frauen verstehen, die sich freiwillig der eigenen Kontrolle entziehen und sich dem rosaroten Dasein einer zuckersüßen Welt hingeben, in der alles gut ist, wie es ist.

Nach einem kurzen Blick auf die Uhr hebe ich den Hörer des Telefons und wähle den Notruf.

»Hilfe, kommen Sie schnell! Mein Vater ist erschlagen worden.«

Mit einem derart attraktiven Kriminalkommissar habe ich nicht gerechnet. Julian Wagner sieht aus, als wäre er einem Magazin entsprungen, abgesehen von seinem nachlässig sitzenden schmutzig grauen Anzug. Seine Hand schiebt die kinnlangen dunklen Haare immer wieder nach hinten, ich zähle drei Bewegungen alleine auf dem Weg zum Leichnam. Während ich matt und mit tränenverschleierten Augen zusehe, wie er den Männern der Spurensicherung Anweisungen gibt, schiele ich zur Tür. Aber es kommt niemand, der älter und erfahrener aussieht, jemand, der gründlich genug ist, um alles zu entdecken, was entdeckt werden soll. Ich werde unruhig.

Sein Blick fällt auf mich, er kommt näher und reicht mir die Hand. »Viola Steinhäuser?«

Ich nicke und mache Anstalten, mich aus dem ledernen Sessel zu erheben, in den ich gesunken bin.

»Bleiben Sie ruhig sitzen.«

Julian Wagner geht in die Hocke und mustert mich eindringlich. Tiefe Schatten liegen um seine Augen, als hätte er die letzte Nacht schlecht geschlafen, zu viel getrunken oder über einem unlösbaren Fall gebrütet. »Sie haben uns angerufen?«

Ich nicke abermals.

»Können Sie uns schildern, was vorgefallen ist?«

Ich suche nach Worten, die lallend zu meinen Lippen kriechen und sich schließlich ruckartig entladen. »Vater ... Tot!«

Julian Wagner seufzt. Sein Blick fällt auf das kleine Tischchen neben dem Sessel. Er betrachtet die beiden Gläser, eines jungfräulich gefüllt mit der goldgelben Flüssigkeit, eines fast leer bis zur Neige. Er schnuppert kurz und gibt seinen Männern ein Zeichen.

In diesem Moment erklingt vom Flur ein lautes Kreischen.

»Lassen Sie mich zu ihn! Er ist doch mein Mann!«

Keine Minute zu früh. Zufrieden sehe ich Suzanne. Mätresse, Hure meines Vaters, die es gewagt hatte, ihn zum Mann zu nehmen! Ihr sonst so asiatisch gebräuntes Gesicht ist kalkweiß. Sie hält ihre frisch manikürten Finger vors Gesicht, schreit vor Entsetzen, als sie den zerschmetterten Schädel erblickt, und lässt sich widerstandslos zurück in die Flucht der vielen Räume zurückbringen, die zu diesem Haus gehören.

Julian Wagners Blick streift mein Gesicht, ratlos. Ich atme schwer, entschließe mich, ein wenig nachzuhelfen. »Einen Arzt, bitte!«

Doktor Hunegger ist ein alter Quacksalber. Aber er ist beliebt bei den Menschen, die Verschwiegenheit und Dienstbarkeit zu schätzen wissen. Unruhig tätschelt er meine Hand und wirkt erleichtert, als jemand ein Tuch über den Toten legt.

Ich kralle mich an ihm fest, deute mit Daumen und Zeigefinger die Größe einer Kapsel an. »Bitte, helfen Sie mir!«

Doktor Hunegger beugt sich über mich und drückt ein Kühlkissen auf meine Stirn. »Ich weiß nicht, Fräulein Steinhäuser. Das wäre mit Sicherheit zu viel für Sie.«

Die Kälte tut gut.

Julian Wagner tritt aus dem Schatten und legt meine Pillendose auf den Tisch, die ich immer in der Schublade des Waschtisches aufbewahre. »Wollen Sie darüber reden?«

Ich unterdrücke ein Lächeln und sehe hilflos zu Doktor Hunegger, der mir aufmunternd zunickt. »Nein, lieber Doktor,« widerspreche ich, »erzählen *Sie*.«

Doktor Hunegger zwirbelt an seinem schmalen Oberlippenbärtchen. »Fräulein Steinhäuser ist seit Jahren Patientin bei mir. Sie hat eine Art depressive Verstimmung, wenn Sie wissen, was ich meine«, sagt er, ohne den Kommissar anzusehen.

Julian Wagner schüttelt den Kopf. Seine Haare fallen ihm ins Gesicht, er streicht sie nach hinten. »Das müssen Sie mir genauer erklären.«

Doktor Hunegger mustert mich stumm, dann blickt er zur Dose mit den milchig weißen Kapseln. »Fräulein Steinhäuser hat den frühen Verlust ihrer Mutter niemals verwunden.« Er seufzt. »Ich weiß, dass ich normalerweise drauf bestehen müsste, die Dosierung geringer zu halten oder zumindest eine psychotherapeutische Therapie einzugehen, aber Fräulein Steinhäuser hat mich angefleht ... Sie hätte sich die Rezepte sicher auch woanders besorgen können, aber so konnte ich sie zumindest im Auge behalten.«

»Sie meinen Viola Steinhäuser ist ...«

»Tablettenabhängig. Und zwar in der schlimmsten Form.«

Julian Wagner nickt. »Wäre es theoretisch möglich, dass sie ...«

Er zeigt auf den verhüllten Körper.

Doktor Hunegger schüttelt vehement den Kopf. »Ich versichere Ihnen, bei der Dosierung über Jahre hinweg kann man niemandem ein Haar krümmen, geschweige denn einem so stattlichen Mann wie ihrem Herrn Vater den Schädel zertrümmern.«

Ich schließe die Augen und schicke dankbare Stoßgebete an die Toilettenspülung, die mir zuverlässig Jahr um Jahr ein halbes Vermögen an Tabletten entsorgt hat. Und an meinen Friseur, der mir vergangene Woche einen Kurzhaarschnitt verpasst hat, bei dem die Rekonstruktion eines Tablettenmissbrauchs von länger als drei Wochen schlicht unmöglich wird. Wenn alles überstanden ist, werde ich mir die Haare verlängern lassen, lang und wallend. Und dann werde ich endlich mein Leben beginnen. Mein richtiges Leben!

»Auf dem Tischchen standen zwei Gläser Brandy. Hatte er jemanden erwartet?«

Ich öffne die Augen. »Er wollte mir etwas erzählen. Er schien beunruhigt.«

»Auf dem leeren Glas waren Spuren ...«

»Meine Spuren, ich weiß. Ich brauchte es. Der Anblick ...«

E starrt mich an. Ich erkenne Mitleid, aber auch Verachtung. »Wissen Sie, was Ihren Vater beunruhigt hat?«

Mein Blick gleitet zur Fotogalerie auf dem Schreibtisch und bleibt an dem Bild hängen, auf dem Suzanne sich im Bikini räkelt. Dann schließe ich wieder die Augen.

Die Dinge scheinen endlich ins Rollen zu kommen. Ich sollte es dem Kommissar überlassen, ein wenig weiterzuforschen. Mit Sicherheit wird er die Rechnung des Detektivs finden, die ich in die obere Schreibtischschublade gelegt hatte. Suzanne hatte mehr als eine Affäre. Männer von Rang und Namen. Männer, die in der Öffentlichkeit standen und mit Sicherheit zu feige sind, ihr ein Alibi zu geben.

Eine bleierne Müdigkeit überfällt mich. Das leise Flüstern des Kommissars und das raue Streicheln des Doktors begleiten mich, als ich mich der Trägheit des Schlafes hingebe.

Als ich aufwache, plötzlich und mit klopfendem Herzen, blicke ich in den Kronleuchter, dessen grelles Licht mich unsanft aus dem Schlaf gerissen hat. Erstaunt stelle ich fest, dass man mich in den angrenzenden Salon getragen und auf die Chaiselongue gelegt haben muss. Wie lange habe ich hier gelegen? Ich sehe zur Flügeltür, die den Salon von der Bibliothek trennt, sie ist versiegelt.

»Sie sind vor einer Stunde gegangen.«

Erschrocken drehe ich mich um. In dem Sessel neben mir sitzt Suzanne und sieht mich mitfühlend an, in den Händen ein Glas mit Brandy. »Geht es dir jetzt besser?«

Mein Mund ist trocken. Die Karaffe ist noch halb gefüllt, ich nehme mir ein Glas und fülle es bis fast an den Rand.

»Ein furchtbarer Anblick, nicht wahr?« Sie sieht angestrengt zur Bibliothek hinüber.

Ich nicke kurz. Der Brandy rinnt mir die Kehle hinab.

»Hast du ihn ermordet?«

Ihre direkte Frage erschreckt mich. »Ich, warum denn ich?«

Sie lächelt. »Dein Leben muss doch die Hölle gewesen sein.«

Ich nehme noch einen Schluck. Meine Gedanken kreisen. Wie viel weiß Suzanne von mir? »Und deins?«

Ihr Lächeln gefriert. »Ich habe ihn nicht geliebt, wenn du das meinst.«

Da sagst du mir nichts Neues, denke ich und lehne mich zurück. Plötzlich beginnt sich der Raum zu drehen. Meine Finger krallen sich in die Lehne der Chaiselongue.

»Was ist los?«, fragt Suzanne mild. »Geht es dir nicht gut?«

Schweiß tritt auf meine Stirn. Und während ich ihn mit schweren Händen abwische, erkenne ich, dass ich einen Fehler gemacht habe. Mit letzter Kraft stoße ich das Glas zu Boden.

»Es ist zu spät, Viola, es wird dir nichts mehr nützen!« Sie lächelt bedauernd. »Die arme Tochter, in ihrem ganzen Leben nicht fähig, auch nur einen Handschlag ohne ihren Vater zu machen, nimmt aus Verzweiflung eine Überdosis der Tabletten, von denen sie zeitlebens abhängig war.«

»Sie werden dich kriegen, Suzanne«, zische ich und weiß, dass das nicht stimmt. Nicht, wenn der junge Kommissar ermittelt.

»Da kannst du Recht haben. Aber warum sollte ich meinen Mann umbringen, der mich auf Händen getragen hat?«

Ich starre sie höhnisch an. »Vielleicht, weil er von deinen Affären erfahren hat?« Es ist mein letzter Triumph.

Gelassen lehnt sie sich zurück. Der helle Schein des Kronleuchters lässt ihr schwarzes glattes Haar seidig schimmern. »Du meinst den Detektiv? Keine Sorge, das ist ein alter Freund von mir. Der Kommissar wird erfahren, dass ich entgegen den Befürchtungen deines Vaters eine treu liebende Ehefrau war.«

Ich schließe die Augen. Meine Lippen öffnen sich nur schwerfällig. »Und was hast du jede Woche in den zwei Stunden nach deinem Termin bei der Maniküre gemacht?«

»Shoppen, was sonst?«

Die Worte verhallen irgendwo in meinem Schädel. Das Licht durchdringt mein Bewusstsein. Ein Gedanke formt sich, drängt sich nach vorne, will noch einmal ausgesprochen werden. »Der Kommissar braucht aber einen Mörder.«

Ihr Lachen rollt unaufhaltsam durch meinen Körper. »Aber Viola, Schätzchen, jeder wusste doch, wie unerträglich dein Leben war. Du hast erst ihn umgebracht und dann dich selbst.«

Mein Geist schwindet, trudelt weiter, fern, diesen Tunnel entlang, und mein letzter Gedanke gilt meinem Vater, den ich am Ende stehen sehe, mit freudig ausgestreckten Armen, empfangend, verschlingend, unentrinnbar da.

Als ich meine Augen öffne, ist alles weiß. Ich hatte mir den Tod anders vorgestellt, es ist so real, ich befinde mich in einer Art Krankenzimmer.

»Na endlich! Ich habe schon gedacht, ich habe nicht sauber gearbeitet.« Doktor Huneggers Kopf beugt sich zu mir herunter, er mustert mich besorgt.

Julian Wagners Kopf taucht neben ihm auf, das dunkle Haar unbändig. Die Schatten unter seinen Augen schimmern dunkler, als ich sie in Erinnerung hatte. Er lächelt erleichtert. »Sie haben es überstanden.«

»Überstanden? Bin ich schon tot?«

Die Männer lachen leise. Doktor Hunegger hilft mir, mich aufzusetzen und reicht mir ein Glas Wasser. »Das wären Sie mit Sicherheit, wenn der Kommissar die Situation nicht so gut eingeschätzt hätte. Er hat von Anfang an befürchtet, Ihnen könne etwas zustoßen, immerhin besaß ihr Vater ja ein beträchtliches Vermögen. Er hat mich gebeten, das Pulver in ihren Kapseln gegen ein harmloses Schlafmittel auszutauschen.«

»Suzanne …«

»Wird wegen versuchten Mordes angeklagt und auch wegen des Mordes an ihrem Vater. Sie behauptet zwar, in der fraglichen Zeit in der Stadt gewesen zu sein, aber zwischen der Maniküre und dem Einkauf sündhaft teurer Stiefeletten lag ausreichend Zeit, ins Haus zu schleichen und Ihren Vater zu erschlagen.«

Sieh an, denke ich, und dann, endlich, denke ich nichts mehr. Ich blicke aus dem Fenster, hinaus zum strahlenden Blau des Himmels. Zum ersten Mal verspüre ich so etwas wie Zufriedenheit. Das Leben, das vor mir liegt, ist viel versprechend.

ZWEITER PREIS

Flaschenpost

Sunil Mann

Santorini, 24. September 2007

Hallo, Fremder!
Ich habe keinen Schimmer, wer Du bist. Aber ich werde Dir von mir erzählen, von meinem Leben. Es wird nicht einfach sein. Von schrecklichen Dinge werde ich Dir erzählen, von Dingen, die ich getan habe, und von denen niemand sonst weiß. Außer Dir natürlich. Doch selbst wenn Du entsetzt bist – und Du wirst entsetzt sein, glaube mir –, lies diesen Brief bitte zu Ende, denn dann wirst Du mich vielleicht verstehen und begreifen, dass ich keine Wahl hatte.

Noch weißt Du nicht, wer ich bin, und auch ich habe keine Ahnung, an wen ich diese Zeilen richte. Doch ich kann das alles nicht mehr länger für mich behalten. Ich muss diesen Brief schreiben, selbst wenn mich der Gedanke, dass sie es erfahren könnten, in Todesangst versetzt.

Bald werden meine Taten nicht länger mehr geheim sein, und die Last, die mich seit Monaten bedrückt, ist geteilt viel leichter. Dafür danke ich Dir. Und wenn Du in den kommenden Nächten schweißgebadet aus Deinen Albträumen aufschreckst, wird es dich vielleicht trösten zu wissen, dass es mir genauso geht.

Es ist friedlich hier. Die Sonne ist gerade erst aufgegangen und hängt noch etwas unentschlossen am dunstigen Horizont. Vom Meer her weht eine angenehm kühle Brise, Fischerboote schaukeln weit draußen auf den Wellen, ein rostiger Kahn bringt die Post, Lebensmittel in großen Holzkisten und ein paar verzauste Rucksacktouristen vom Festland. Möwen kreisen kreischend über dem Strand, den blendend weißen Felsen. Karger Boden, Olivenbäume, Pinien, weiß getünchte Häuschen mit blauen Fensterläden kleben eng aneinandergedrängt an den Hügeln. Postkarteninsel.

Ich bin vorsichtig aufgestanden, um niemanden aufzuwecken. Die Jungs schliefen mit offenen Mündern. Neben mir bewegte sich der trotz der morgendlichen Hitze vollständig in die Decke eingerollte Körper nur kurz, ein unwilliges Brummen ertönte und bedeutete mir, dass es zu früh war, zu früh für irgendwas. Ich belebte Geist und Körper mit einem kurzen Spaziergang und einem Kaffee und entschloss mich danach, endlich all das niederzuschreiben, was mich seit Monaten bedrückt. Noch länger zu warten, wäre unerträglich.

Es begann mit dieser Affäre. Dumm und unvorsichtig, doch es war stärker als ich. Frank hieß er und arbeitete angeblich im Supermarkt am Ende der Straße. Es war Anfang April. Ich hatte gerade die Jungs zur Schule gebracht. Nachdem ich den Wagen in der Garage geparkt hatte, beschloss ich, die milden Wetterverhältnisse zu nutzen und einen Spaziergang zu machen. Der Haushalt konnte warten.

Ich schlenderte die Straße hinunter, winkte den Nachbarn zu, die in ihren Gärten werkelten, und blieb dann vor dem Supermarkt stehen. Ich überlegte gerade, ob ich mir eine Nussschnecke gönnen sollte, als ich spürte, dass ich beobachtet wurde. Ich wandte den Kopf und sah einen braun gebrannten, stattlichen Mann, der lässig neben dem Eingang an der Mauer lehnte und eine Zigarette rauchte. Er lächelte und nickte mir zu.

Frank hieß er und sagte, er sei der neue stellvertretende Geschäftsführer. Ich grinste dämlich und konnte weder meinen Mund wieder zumachen noch den Blick von ihm abwenden. Ich muss furchtbar bescheuert ausgesehen haben.

Meist trafen wir uns nachmittags, wenn im Laden nicht so viel lief und er unbemerkt für eine Stunde oder auch länger weg konnte.

Es ist merkwürdig: Im Nachhinein erinnere ich mich nicht daran, jemals das Gefühl gehabt zu haben, etwas Unrechtes zu tun. Es war aufregend, so hemmungslos begehrt zu werden, etwas, das ich nach neun Jahren Ehe zu vermissen begann. Es waren diese verdrängten Wünsche, die dunkle Seite in mir, die wie selbstverständlich an die Oberfläche drängten, ich genoss jede Sekunde mit ihm. Seine Lippen, seine kräftigen Hände auf meinem Körper, er brachte wieder Schwung in meinen öden Alltag. Die Stunden mit Frank schienen mir wie ein Traum, ein wilder, romantischer Traum, aus dem ich jeweils benommen erwachte, wenn er gegangen war und ich zur Hausarbeit zurückkehrte.

Und am Abend ließen sie die heile Welt auferstehen. Es waren ihre Stimmen, die mich beruhigten, ihre vertrauten Stimmen, mit denen sie beim Nachtessen vom Tag in der Schule erzählten, sprudelnd und unzusammenhängend, oder von der Arbeit auf der Bank, in ruhigem, sachlichem Ton. Am Anfang war ich nervös und fahrig, ich befürchtete, man sähe mir meine Untreue an. Doch es stellte sich heraus, dass es mir leichtfiel zu lügen, so leicht, dass ich mich bald nicht einmal mehr anzustrengen brauchte. Mit der Zeit gewöhnt man sich an die Lüge, so wie man sich zuvor an die ungleich langweiligere Wahrheit gewöhnt hat.

Es waren diese alltäglichen Rituale im Kreis der Familie, die mir alles, was ich tagsüber getan hatte, unwirklich und fern erscheinen ließen. Wenn man so mit seinen Liebsten am Tisch sitzt, fühlt man sich sicher, man glaubt nicht, dass es jemals irgendetwas geben könnte, das diesen Frieden zerstört. Doch ich lag falsch.

Es war am Nachmittag des dritten Mai, als ein Anruf mein Leben für immer veränderte. Ich kam gerade mit einem Korb Wäsche aus dem Keller, als das Telefon schrillte.

»Wir haben dich beobachtet«, sagte eine raue, tiefe Stimme. »Wir wissen, was du nachmittags so treibst.« Mir stockte der Atem. »Und du möchtest doch nicht, dass alle davon erfahren, oder? Deine Jungs, was würden sie wohl dazu sagen? Und die Nachbarn. Denk einmal an das Gerede. Welch ein Skandal!« Ich schnappte nach Luft, unfähig etwas zu erwidern. In drohendem Ton fuhr die Stimme fort: »In einer kleinen, langweiligen Provinzstadt wie dieser wäre eine derartige Affäre ein gefundenes Fressen für all die Klatschmäuler! Die Schande träfe deine ganze Familie. Man würde euch anstarren, über euch tuscheln und anzüglich grinsen, wenn ihr einkaufen geht. Und all die Witze, die man über dich machen würde! Würdest du das aushalten?« Die Stimme machte eine unheilvolle Pause. »Und die Konsequenzen! Ein Koffer ist schneller gepackt als einem lieb ist.«

»Wollen sie Geld?«, keuchte ich in den Hörer. »Nein. Du sollst etwas für uns tun …«

»Wieso?«, unterbrach ich irritiert. »Halt den Mund und lass mich ausreden!«, fuhr mich die Stimme barsch an. »Wir werden Dir zur gegebenen Zeit die notwendigen Informationen zukommen lassen.«

»Was denn? Was soll ich tun?« Die Angst schnürte mir die Kehle zu. »Es wird ganz einfach sein. Wir rufen dich an. Bis dann … ach, und noch was: Keine Polizei. Das ist dir ja wohl klar.« Ich zitterte am ganzen Körper. Erst nach einiger Zeit bemerkte ich, dass ich den Hörer immer noch in der verschwitzten Hand hielt, obwohl er längst aufgelegt hatte. Wie benommen wankte ich ins Schlafzimmer und setzte mich aufs Bett. Ich weiß nicht mehr, wie lange ich an die Wand gestarrt habe, doch die Dämmerung setzte bereits ein, als ich endlich den Kopf im Kissen vergrub, weil ich die Tränen nicht länger zurückhalten konnte.

Sie riefen zwei Tage später wieder an. Es hatte mich große Anstrengungen gekostet, vor meiner Familie natürlich zu wirken, doch irgendwie hatte ich es geschafft, und sie hatten mein merkwürdiges Verhalten einem heftigen Migräneanfall zugeschrieben, den ich vorgetäuscht hatte, um mich zurückziehen zu können. Am Tag nach dem Anruf war ich im Supermarkt gewesen, um Frank mitzuteilen, dass wir uns nicht länger treffen konnten, doch er war nicht da gewesen. Eine Kassiererin hatte auf meine Frage hin bestritten, dass jemals jemand mit diesem Namen da gearbeitet hätte, und mir war plötzlich eingefallen, dass ich ihn tatsächlich nie im Laden selbst angetroffen hatte. Wenn, dann war er draußen gestanden und hatte geraucht. Meist hatte ich ihn aber sowieso bei mir Zuhause gesehen. Ich war unglaublich enttäuscht und mehr noch beunruhigt.

Mein Herz begann heftig zu klopfen, als das Telefon klingelte. Ich hatte fürchterliche Angst, doch irgendwie war ich auch neugierig. Mein Leben war mit einem Mal sehr aufregend geworden. Wieder drang diese Stimme an mein Ohr, vertraulich und tief: »Na, Frankie-Boy ist wohl heute nicht zur Arbeit erschienen? Wie hättest du auch wissen können, dass er zu uns gehört!«

»Wer seid Ihr?«, stieß ich hervor. »Reicht dir die Erklärung, dass wir eine Art Geheimdienst sind?« Die Frage war rhetorisch, doch ich antwortete trotzdem: »Nein!« Die Stimme ging nicht weiter darauf ein. »Wir habe einen Auftrag für dich.« Ich hörte aufmerksam zu, und als ich den Hörer auflegte, atmete ich erleichtert auf. Vielleicht ist alles gar nicht so schlimm, dachte ich, als ich mich auf den Weg machte. Ich lag schon wieder falsch.

Am Anfang waren es nur Botengänge. Ich musste Umschläge und Pakete bei Firmen oder Privatpersonen abliefern, manchmal ging es auch darum, jemanden an einem bestimmten Ort zu treffen, um ihm eine Botschaft oder Anweisungen zu überbringen. Meist erledigte ich die Aufträge tagsüber, doch manchmal musste ich auch abends noch los. Dann erfand ich Ausreden, harmlose Lügen, die niemanden stutzig werden ließen, doch im Verlauf der Wochen war ich gezwungen, immer häufiger zu lügen, die Einsätze erstreckten sich teilweise bis in den späten Abend hinein. Ich war gut, sehr gut sogar. Mit der Zeit log ich so geübt, dass es mir oft erst im Nachhinein auffiel.

Alles in allem waren die Aufträge nicht besonders aufregend, doch sie brachten Abwechslung in meinen Alltag, und die Angst davor, dass meine Affäre auffliegen könnte, machte mich gefügig. Mit der Zeit begann mir die Sache sogar irgendwie Spaß zu machen.

Doch dann musste ich dieses Paket ausliefern. Die angegebene Adresse war mir nicht geläufig, und erst nach längerer Suche fand ich das heruntergekommene Wohnhaus in einem Hinterhof. Die Fassade war bröckelig und vor Schmutz ganz grau. Der Geruch von Müll und gedünsteten Zwiebeln stach mir in die Nase, als ich darauf wartete, dass man mir öffnete. Endlich hörte ich jemanden heranschlurfen. Ein Schlüssel wurde umgedreht, und die Tür schwang knarrend auf. »Was wollen Sie?«, fragte ein älterer Mann im fleckigen Unterhemd, während er mich misstrauisch musterte. »Ich muss zu Herrn Grabowski.«

»Das bin ich«, entgegnete er unwirsch und riss mir das Paket aus der Hand. Ehe ich mich verabschieden konnte, hatte er die Türe bereits wieder zugeschlagen.

Die Paketbombe hatte ihn in Stücke gerissen. Ich las es am nächsten Morgen beim Frühstück in der Zeitung. Auf dem Foto erkannte ich das Haus wieder. Es gab keine Zeugen, die Polizei fahndete nach einem Unbekannten. »Was ist los mit dir? Du bist ganz bleich.« Ich spürte, wie mich drei Augenpaare anstarrten. Ich war wie gelähmt. Es roch nach Kaffee, selbst gemachte Erdbeermarmelade auf dem Tisch, Vogelgezwitscher durch das offene Fenster, das malmende Geräusch langsam gekauten Knuspermüslis', alles war so vertraut, so alltäglich und doch schien es in diesem Moment völlig unreal zu sein, wie in einem Film. Panik ergriff mich. Für einen kurzen Moment sehnte ich mich nach Frank. Er hätte verstanden. Ich sprang auf, murmelte etwas Unverständliches, dann rannte ich auf die Toilette und übergab mich.

»Und wenn mich jemand gesehen hätte?«, schrie ich in den Hörer. Ich war außer mir vor Wut. Die Stimme klang ungewohnt sanft, als sie mich zu beruhigen versuchte: »Genau deswegen haben wir dich ausgewählt. Wir brauchten jemanden, der unauffällig ist, ein Alltagsgesicht.«

»Ach so! Ein Alltagsgesicht!« Jetzt war ich beleidigt. »Wir brauchen dich, denn nur du kannst unsere Aufträge ausführen. Und du machst deine Sache wirklich sehr gut. Wir haben noch nie mit jemandem zusammengearbeitet, der so zuverlässig ist wie du.« Wider Willen fühlte ich mich geschmeichelt. Die Stimme ergänzte. »Es war Franks Idee, dich auszuwählen. Er wusste, dass du auf ihn stehen würdest. Er hat so was im Gefühl. Und er spricht oft von dir.« Ich errötete. »Wir haben einen weiteren Auftrag für dich.« Ich zuckte zusammen.

»Niemals!«, keuchte ich entsetzt, als ich vernommen hatte,

worum es sich handelte. Am anderen Ende konnte ich ein ungeduldiges Seufzen hören. »Willst du dein kleines Geheimnis wirklich mit der ganzen Stadt teilen?« Ich war hin- und hergerissen, der Auftrag war sehr gefährlich, doch die Aussicht, meine Affäre beichten zu müssen, ängstigte mich noch mehr. Ich hatte keine Wahl.

»Du bist so merkwürdig in letzter Zeit.« Ich vermied es aufzublicken und tat, als müsste ich mich auf den Inhalt der Kochtöpfe konzentrieren. Es war ein früher Abend im August, und die Kinder saßen vor dem Fernseher. Ein idealer Moment für eine Aussprache. »Und abends bist du so oft weg.« Ich registrierte ein leichtes Zögern. »Hast du eine Affäre?« Ich zuckte zusammen. »Nein«, antwortete ich, doch in dem angespannten Schweigen, das folgte, war das Misstrauen deutlich zu spüren. »Ich glaube dir nicht.« Es war pure Ironie, dass man mir nicht glaubte, jetzt da ich nach all den Lügen endlich einmal die Wahrheit sagte. Ich wollte mich gerade umdrehen, als die Türe krachend ins Schloss fiel. Ich stand allein in der Küche.

Ich wusste, was ich zu tun hatte. Mit dem Lift fuhr ich in den zwölften Stock des Hotels. Das Zimmer lag direkt neben meinem. Ich setzte mich aufs Bett und wartete darauf, dass mir Geräusche von nebenan die Ankunft meines Nachbarn verraten würden. Ich war aufgeregt und rauchte entgegen meiner Gewohnheit einige Zigaretten, die ich zuvor am Bahnhof gekauft hatte.

Während ich wartete, dachte ich an Frank. Ich wusste nicht, wie ich damit umgehen sollte. Ich liebte meine Familie, meine Ehe bedeutete mir alles, wir hatten eine moderne und unkonventionelle Beziehung, doch diese Affäre verwirrte mich, ich schämte mich dafür und gleichzeitig weckte sie tief verborgene Wünsche, die mich ängstigten und mein ganzes bisheriges Leben in Frage stellten …

Das Zuschlagen der Zimmertür nebenan riss mich aus meinen Überlegungen. Ich versuchte, die aufsteigende Panik zu unterdrücken, als ich die Handschuhe anzog und mich auf den Korridor hinausschlich. Am liebsten wäre ich jetzt weggerannt. Ich holte tief Luft und klopfte an die nächste Tür. Ein südländisch aussehender Mann öffnete. Bevor er etwas sagen konnte, hatte ich ihm die Hände um den Hals gelegt und drückte kräftig zu. Er begann, wild um sich zu schlagen, sodass ich das Gleichgewicht verlor und wir gemeinsam ins Zimmer hineinstürzten. Ich stieß mir den Kopf und blieb einen Augenblick benommen liegen, während er auf allen vieren davonkroch. Als ich aufblickte, entdeckte ich die Pistole, die auf seinem Bett lag. Eilig rappelte ich mich auf und warf mich im letzten Augenblick auf ihn. Wir wälzten uns verbissen kämpfend auf dem Boden. Mehrmals schlug er mir dabei mit der Faust ins Gesicht, und ich spürte, wie mir das Blut aus der Nase spritzte. Doch schließlich gelang es mir unter Aufbietung all meiner Kräfte, ihn zu bezwingen. Er röchelte, als ich ihn mit dem Knie auf den Boden drückte und erneut seine Kehle packte. Er wand sich unter mir, und seine Augen quollen hervor, er stieß verzweifelte, erstickte Laute aus und sein Gesicht verfärbte sich zuerst rot, dann lila. Es sah Furcht erregend aus, doch ich lockerte meine Griff erst, als das letzte Zucken verebbt war und er sich nicht mehr rührte.

Abends, beim Nachtessen, log ich wieder. Die Geschehnisse des Nachmittags kamen mir vor wie ein Traum. Ein aufregender, verwirrender, böser Traum.

»Nie wieder!«, sagte ich, als sie am nächsten Tag wieder anriefen. Ich hatte mich entschieden. »Du hast perfekte Arbeit geleistet.«

»Komplimente lassen mich kalt. Es ist vorbei.«

»Dann werden wir wohl deine kleine Affäre publik machen müssen.«

»Ist mir egal. Tut, was Ihr wollt. Ich verreise morgen und wenn ich zurückkomme, ist sicher bereits wieder etwas Gras über die Angelegenheit gewachsen.« Ich hatte meine Familie überreden können, in den Herbstferien nach Santorini zu fliegen. Sie hatten erst erstaunt auf meinen Vorschlag reagiert, doch als ich betonte, wie wichtig es mir sei, Zeit mit ihnen zu verbringen, und wie viel sie mir bedeuteten, stimmten die Jungs begeistert zu, und als ich das dankbare, hoffnungsvolle Lächeln am andern Tischende sah, wusste ich, dass ich auf dem richtigen Weg war.

»Willst du wirklich wieder in dein langweiliges Leben zurückkehren?« Ich bejahte, ohne zu zögern. »Wir hätten aber einen sehr interessanten Auftrag für dich. Im November. Du hättest die Chance, mit einem Profi zusammenzuarbeiten.«

»Nein, danke, mein Entschluss steht!«

»Mit Frank.« Mein Herz setzte einen Schlag aus. »Ich werde es mir überlegen«, sagte ich betont gleichgültig, doch meine Hände zitterten, als ich auflegte.

Du hast meinen Brief fertig gelesen. Dafür danke ich Dir. Nun kennst Du meine Geschichte. Es ist die Geschichte eines Lügners und Ehebrechers. Die Geschichte eines Mörders. Du bist jetzt ein Mitwisser, Du teilst meine Last und mein Geheimnis. Dank Dir fühle ich mich nicht mehr so allein. Ich werde jetzt diesen Brief in eine Flasche stecken, sie gut verschließen und dann ins Meer hinausschleudern. Ich hoffe, sie kommt heil bei Dir an.

In innigster Verbundenheit
Harald

DRITTER PREIS

Fräulein Schneider spielen

Leo Hoffmann

»Spielen wir Fräulein Schneider?«, hatte Tobias seine kleine Schwester gefragt.

Philippa hatte von ihrem Teddybären aufgesehen. Sie hatte »Teddy« gerade unter halblaut gemurmelten Beschimpfungen mit dem Puppenspringseil am Handlauf ihres Gitterbettes aufgehängt: »Du böser ... gemeiner ...«

Vorher hatte sie mit Hilfe ihrer Kinderschere versucht, Löcher in sein blond gelocktes Fell zu bohren, aber die Schere war zu stumpf gewesen oder das Fell zu elastisch, jedenfalls waren nur ein paar wenige rosa, blaue und gelbe Schaumstoffwürfelchen aus einem kleinen Loch unterhalb der Bärenschnauze, das eher ein Riss war, auf den Bettvorleger gepurzelt. Eine Kinderhand voll. Zu wenige, wie Philippa befunden und deshalb auf eine effektivere Bestrafung gesonnen hatte. Der Vorschlag ihres Bruders, der schon eine ganze Zeit beobachtend in der Tür gestanden haben musste, war ein guter Moment, ihr Spiel zu unterbrechen. Recht geschah es dem Bären, wenn er eine Weile haltlos zwischen den Holzstäben baumeln musste, allein noch dazu, denn »allein!« war die härteste aller Strafen, die gegen jemandem ausgesprochen werden konnte. Schließlich war er es gewesen, der über Nacht die Möbel in ihrer Puppenstube umgestürzt und Teile des winzigen Geschirrs dabei zerbrochen hatte. Wer, wenn nicht er?

»Allein!«, sagte Philippa folglich energisch und versetzte dem geliebten »Teddy« einen gewaltigen Puff, der jedes andere Stofftier hätte zu Boden gehen lassen. Aber »Teddy« hing zu streng in seiner Schlinge, um sein Missbehagen anders äußern zu können, als dass er mit seinem rechten Glasauge eine Schramme ins Holz des Kinderbettes kratzte und es dann, gehalten von einem letzten Fädchen, zu Boden drehte, während das Linke in die Weiten des Kinderzimmers starrte, entschlossen, sich nicht irritieren zu lassen. Wirklich angenehm konnte eine derartig gespaltene Wahrnehmung nicht sein.

Wäre es besser gewesen, ihm beide Augen abzuschneiden? Um nicht in überflüssige Reflexionen oder gar Mitleid auszubrechen, wandte sich Philippa rasch ihrem Bruder zu.

»Fräulein Schneider? Wie geht das? Geht das gut?«, fragte sie hoffnungsvoll.

»Klar geht das gut!«, lächelte Tobias die Vierjährige an, »sehr gut!«

Sie strahlte zurück. Es war das erste Mal, seitdem sie »Tsunami« gespielt hatten, dass Tobias seine Schmollecke verlassen hatte, um sich Zeit für sie zu nehmen – obwohl sie ja nur ein »dämliches Mädchen« war und viel zu wehleidig für seine phantasievollen Bubenspiele.

»Diesmal schreie ich nicht!«, versprach sie zutraulich, schob ihre Hand in die seine und folgte ihm mit extra kleinen Schritten hinaus auf den Flur, wo die Klappe zum Speicher geöffnet und die schmale Holztreppe heruntergelassen war. Ihr heftiges Gebrüll nämlich hatte kürzlich den Vater in letzter Sekunde ins Badezimmer stürzen lassen. Dort hatte Tobias sie kopfüber in die randvolle Wanne getaucht, um ihr zu zeigen, was eine wirklich große Welle im Gegensatz zu den ihr bekannten Wellen im Planschbecken des Freibads bedeutete. Es bedeutete Nässe durch und durch, keine Luft, zwei Hände auf ihren Schultern, die sie, die wild strampelte, unbeirrt unter Wasser drückten, immer tiefer, tiefer, hinein in eine angenehme Schwärze, eine weite Schwärze, in der alles möglich schien: Fallen, Steigen, Gleiten, Fliegen. Es hatte gedauert, ausgiebig gedauert, bis diese immer dichtere Schwärze, von einem mit Vaterstimme gebrüllten »man kann euch keine Sekunde allein lassen« durchschnitten, sich langsam gelichtet hatte.

Tobias hatte seitdem unter Tränen bestritten, gewusst zu haben, was er da tat. Der Vater hatte lange mit ihm gesprochen, in einer Tonlage aus seinem unangenehmsten Register, aber Tobias hatte es geschafft, die Augen erschrocken aufzureißen, vor einer ihm angeblich erst angesichts dieser Standpauke dämmernden Erkenntnis bleich zu werden, sich vor Schreck schweigsam in sich hineinzuducken, mit seinen hochgezogenen Schultern ein perfekter Sündenbock. Danach hatte er sie »ganz lieb«, wie die Mutter es von ihm forderte, umarmt und sich mit fester Stimme, »wie ein richtiger Bub« – übereinstimmend mit Vaters Ideal jedenfalls –, bei ihr entschuldigt: »Es tut mir leid, Philippa. Ich wusste einfach nicht, wie gefährlich das ist. Ich, der Ältere, sollte doch eigentlich auf dich aufpassen. Ab jetzt werde ich das, versprochen!« Sein im selben Atemzug geflüstertes »Leck mich doch, du Eierloch!« hatten weder Vater noch Mutter gehört – oder hören wollen.

Angesichts der heruntergelassenen Speichertreppe war Philippa ruckzuck klar geworden, was Tobias spielen wollte. Schließlich war ihr, trotz allen Geflüsters zwischen Papa und Mama, trotz der sich ins Unverständliche senkenden Stimmen der Erzieherinnen und der ruckartig vor ihrer Nase zugezogenen Türen nicht entgangen, dass der Kindergarten in der St.-Anna-Straße bis auf Weiteres geschlossen war. Geschlossen, weil seine Leiterin, Fräulein Schneider, am Montagmorgen vor zwei Wochen auf dem Dachboden gefunden worden war, aufgehängt an einem Balken – bzw. »erhängt« in der Sprache der Erwachsenen – wie ihr Bär an ihrem Gitterbett.

Unversehens hatte es an diesem Montag im Kindergarten vor Polizisten und Polizistinnen gewimmelt. Weiß-rot gestreifte Bänder hatten die Treppe zum obersten Stockwerk versperrt. In durchsichtige, beschriftete Plastiktüten waren alle möglichen Gegenstände versorgt und dann in grauen Deckelkisten abtransportiert worden. Zwei Herren in Handschuhen, die sehr streng blickten, hatten an allen möglichen Stellen, besonders im Direktionszimmer und im Bad, mit feinen Pinselchen schwarzen Puderzucker ausgestreut, ihn wieder weggepustet und Tesafilmstreifen auf runde, schwarze Flecken geklebt. Überall hatten Erwachsene in Ecken, die normalerweise nur Kinder interessierten, geäugt: in Abfalleimer, Küchenschränke, Entlüftungsrohre, verschlossene Schubladen sowie ins allseits gefürchtete Dunkel unter Betten und Schränken. Sie war schnell zur Ansicht gelangt, dass diese Uniformierten sich besser zur Kindererziehung eignen würden als die Kindergärtnerinnen, die bei dem Gedanken, dass »die armen Kleinen da mit hineingezogen werden«, unbedarft hysterisch wurden. Wie wenn niemand zu Hause einen Fernseher hätte, wo »das sind doch Kinder!« wesentlich Schlimmeres zu sehen bekamen als Menschen mit dem Kopf in einer Schlinge. Welches Kind als Erstes erlauscht hatte, dass es das war, was hinter dem rotweißen Absperrband vor ihnen verborgen wurde, hatte Philippa nicht rausgekriegt. War es die leise Yasham gewesen? Oder Mikail, das Ohr auf zwei etwas krummen Beinen? Da

Fräulein Schneider fehlte, was montags, wo die Dienstpläne besprochen werden mussten, eine Unmöglichkeit darstellte, war den Kindern bald klar, wer da auf dem Speicher baumelte.

Nachdem die Polizeibeamten mit allen Erzieherinnen gesprochen hatten, war ein Beamter sogar bei ihnen zu Hause gewesen, um sich ausführlich mit ihrem Vater zu unterhalten. Dieser Wachtmeister hatte sie seine Pistole anfassen lassen, als sie ihn artig darum gebeten hatte. »Artig« darauf standen alle Erwachsenen. War ihnen nicht bewusst, dass sie sich dadurch wirklich leicht ausrechnen ließen? Sie musste nur ihre Stimme schmal und hoch an- sowie das netteste aller Lächeln aufsetzen, und schon bekam sie, was sie wollte – vorausgesetzt natürlich, ihre Forderungen überstiegen den oberen Rand des Möglichen nicht. Wer Unmögliches wollte, wie Tobias, der fiel unweigerlich auf die Schnauze: »Ich will aber ein Pony, keinen Hund und schon gar keinen so kleinen!«, hatte der geheult, als sie vom Weihnachtsmann, peinlich, offensichtlich der Onkel Hartmut hinter einem falschen Rauschebart, den Dackel Maxl bekommen hatten. So ein Verhalten war, gelinde gesagt, idiotisch. Es hätte genügt, so zu tun, als ob man sich freue, und den unvorsichtigen Maxl bei einem längeren Spaziergang am Altstadtring von der Leine zu lassen. Gemeinsam mit den Eltern hätten sie ihn dann in der entgegengesetzten Richtung, z. B. in den Grünanlagen rund um den Friedensengel, gesucht. Die Laternen der Widenmayerstraße hätten sie mit Zetteln gepflastert. »Wer hat unseren Maxl gesehen? Finderlohn!« – natürlich umsonst: Maxl wäre verschwunden gewesen und geblieben. Das Pony als Trost für die zwei durch diesen Verlust schwer traumatisierten, beständig weinenden Kinder wäre auf diese Weise zumindest theoretisch nähergerückt. Aber so weit dachte ihr älterer Bruder einfach nicht. Er steuerte mit ermüdend durchsichtiger Direktheit auf sein Ziel zu, und wenn ihm dabei etwas in die Quere kam, schlug er um sich.

Sie war ihm ziemlich in die Quere gekommen. Kein Tag seit ihrer Geburt, wo er sie nicht gepiesackt hatte, weil sie ihn aus dem Mittelpunkt des elterlichen Universums verdrängt hatte. Zunächst waren seine Quälereien offensichtlich gewesen. Als er jedoch merkte, dass sein Sympathiebonus umgehend zu einem fahlen Nichts schmolz, sobald er ihr mit der Trillerpfeife ins Ohr pfiff, hatte er zu unauffälligeren Mitteln gegriffen: Er hatte sie »aus Versehen« fallen lassen, ihr »aber das wollte ich doch nicht« das Kopfkissen aufs Gesicht gelegt, den Kinderwagen »oups« in die Isar geschubst und das Milchpulver für ihr Fläschchen »tut mir ja so leid« stolz mit kochend heißem Wasser angerührt. Seine Liebesbeweise waren von derart roher Gewalt, dass sie aus keiner seiner vorgeführten Umarmungen ohne blaue Flecke hervorgegangen war. Irgendwann hatte sie präventiv begonnen loszubrüllen, sobald sie mit ihm allein gelassen wurde oder er sich ihrem Gitterbett genähert hatte. Das war Gift für den Familienfrieden gewesen. Beinahe wäre sie zum Schreikind abgestempelt worden! Bevor die Mama sich mit ihr jedoch weitere unnötige Male in die Schreiambulanz des Klinikums Großhadern aufmachen konnte, hatte sie ihre Taktik geändert.

Tobias zu überlisten, forderte ihr bald keine großartigen Geistesleistungen mehr ab. Wenn es ihm Spaß machte, ihr eine Stoffpuppe hinzuhalten, um sie wieder wegzuziehen, sobald sie danach griff, dann griff sie eben freudig strahlend so lange danach, bis dem Bruder seine Quälereien langweilig wurden. Sah sie eine Katze, wandte sie sich ihm zu und fragte derart überzeugt »Wauwau?«, dass er sich einfach für den Intelligenzbolzen der Familie halten musste. Wesentlich war, das begriff sie fix, die schlechte Laune, die er ihr anhängen wollte, da sie ihm aus allen Poren triefte, gar nicht erst aufkommen zu lassen. Auf diese Weise hatte sie ihre Stellung als Sonnenschein der Familie zementiert. Tobias hätte als »kluger, älterer Bruder« eine im Grunde weit ausbaufähige Nebenrolle einnehmen können, aber seine planerische Unbedarftheit entlarvte ihn so häufig als Missetäter, dass Mama und Papa schon des Längeren und Breiteren über Kinderpsychologen diskutiert hatten – in ihrer Anwesenheit natürlich, denn sie musste ja dort spielen, wo sie vor ihrem Bruder in Sicherheit war. Im Laufstall im Wohnzimmer, beim langweiligen Turmbau aus Bauklötzchen, wurde sie optimal informiert. Ein bisschen zu kindlich vor sich hinsummend, was freilich niemandem auffallen wollte, hatte sie z. B. postwendend erfahren, warum das elterliche Interesse an einer Lösung der Probleme mit dem »frustriert-aggressiven Vorschulkind« vorübergehend erkaltet war: Mama war wieder schwanger. Um den »in der veränderten Familienstruktur orientierungslosen, ergo verstörten« Tobias nicht noch mehr zu verunsichern, wurde ihm diese Tatsache lieber verschwiegen. Als Mama dann wegen des neuen Babys ständig im Bett oder auf dem Sofa liegen musste, wurde beiden Kindern die Erklärung »Bauchweh« beschieden, was Philippa mit einem Augenrollen quittierte. Sie schätzte es nicht wirklich, wenn Erwachsene zu derart durchsichtigen Notlügen griffen. Tobias aber schluckte diese Ausrede unbesehen und beugte sich überraschend zahm dem elterlichen Beschluss, beide Kinder vorübergehend gemeinsam in den Kindergarten St. Anna zu geben.

Prompt wurde er überreichlich dafür belohnt! Mit ebenso viel Stolz wie Erleichterung berichtete Papi nach bereits einer Woche enthusiastisch, dass Fräulein Schneider, die junge Leiterin des Kindergartens, eine herausragende Pädagogin sei, weil sie die unablässige Rivalität seiner beiden Kinder wenn nicht zum Erliegen gebracht, so doch erheblich gedämpft habe. Zum Erliegen hatte Fräulein Schneider jedoch nur Tobias gebracht, weil sie zuließ, dass er sich bei jedem Anflug von Heimwehschmerz fest an ihren wallenden Busen schmiegte, als sei er eine Nacktschnecke und sie der gepflasterte Gartenweg.

Was Papi lieber verschwieg, war, dass er ebenfalls davon träumte, sich an diesem Busen zu weiden. Er verhielt sich im Grunde ähnlich tumb wie Tobias, da er glaubte, seine Tochter könne ihm nicht in die Karten gucken. Doch schon als er sie das erste Mal vom Kindergarten abgeholt hatte, hatte er die aufblitzende Gier, welche die Oberweite von Fräulein Schneider mit Rotstift auf sein Gesicht gezeichnet hatte, nicht vor ihr verbergen können. Hinfort hatte der Vater die beiden Kinder täglich abgeholt, wobei seine Miene eine kinderliebe Maske gewesen war, angelegt, um das stetig miniberockte Fräulein zu beeindrucken. Dass unter deren gezielt zu engen T-Shirts ein fadendünnes, wenig reißfestes Ego saß, war ihm ebenso entgangen wie die Tatsache, dass Fräulein Schneiders Leitungsposition innerhalb ihrer Crew nicht unangefochten war.

Philippa liebte ihren Vater. Aber ihre Mutter liebte sie ebenfalls. Die psychologischen Gespräche, die Papi mit Fräulein Schneider nach Kindergartenschluss im verschlossenen Direktionszimmer zu führen begann und aus denen er schweißgebadet mit derangierten Haaren wieder auftauchte, hätten jedermanns Gerechtigkeitsliebe herausgefordert. Mit Fräulein Schneider war sie leicht fertig geworden: Sie hatte, als die Reihe beim Kasperlespiel an ihr war, vor der zunehmend atemlosen Erzieherin Frau Dill, der gescheiterten Anwärterin um den Direktionsposten des St.-Anna-Kindergartens, und dem dunkelrot anlaufenden Azubi Fräulein Gürdal, eine eindeutig rhythmisch geprägte Beziehung zwischen dem Wachtmeister und dem Krokodil inszeniert, an deren Ende der Wachtmeister wollüstig stöhnend zwischen den Kiefern des Krokodils verschwunden war. Wie Fische hatten die beiden ihre Mäuler aufgerissen und nach ihrem Köder geschnappt. Sie hatten alle anderen Kinder umgehend zum Spielen in den Sandkasten geschickt und sie vorsichtig gefragt, warum denn der Wachtmeister nicht »Aua« schreie, wenn das Krokodil ihn beiße? »Fräulein Schneider schreit auch nicht, wenn Papi sie beißt«, hatte Philippa lapidar geantwortet. Am Montagnachmittag darauf war der St.-Anna-Kindergarten »vorübergehend geschlossen« worden.

Dass Tobias endgültigere Spielzüge hegte als Kasperletheater, bestätigte sich, als sie ihrem Bruder hinterher die steile, für die Kinder verbotene Speichertreppe hinaufgeklettert war. Im staubigen, von ein paar wenigen Sonnenstrahlen durchschnittenen Halbdunkel schimmerte weiß eine Schlinge, sehr weiß. Sie hing von einem Querbalken im hinteren Teil des Speichers. Unter ihr O aus Hanf hatte Tobias die Holzkiste mit dem Weihnachtsschmuck gestellt, auf die Kiste den wackeligen dreibeinigen Küchenhocker mit dem zerschlissenen Polster.

Philippa hielt ihr Versprechen: Sie schrie nicht.

Es war der Vater, der schrie, als er plötzlich in der Öffnung des Speicherbodens auftauchte, verblüfft seinen Kopf schüttelnd wie das Kasperle, wenn der Räuber es niedergeschlagen hat und es wieder zu sich kommt. Es war der Vater, der den Jungen losband, sich über ihn warf, seinen Mund auf die blauen Lippen drückte und versuchte, ihn, der wie ein leerer Luftballon schlaff auf dem Holzboden lag, wieder aufzupusten. Aber da war nicht viel zu holen. Also presste er Tobias Brustkasten zusammen, was so hektisch aussah wie es fruchtlos blieb. Zuletzt führte sein Auf- und Niederreißen der plötzlich auffallend schmalen und blassen Arme ihres Bruders gleich Pumpenschwengeln nur dazu, dass er Tobias Hände plötzlich loslies, sie mit einem trockenen Geräusch auf den Holzboden klatschten und dort mit komisch gekrümmten Fingern liegen blieben, während er sich aufrichtete, die Hände vor sein Gesicht schlug und ohne Punkt und Komma »mein Sohn mein Ein und Alles mein Junge mein geliebter Junge Tobias mein Kind mein Bub mein Sohn …« schluchzte, in einer Endlosschleife, wie eine CD, die einen Kratzer hatte.

Philippa empfand diesen Gefühlsausbruch als reichlich übertrieben. Offenbar brauchte auch der Vater einen kleinen Denkzettel, da er die Realitäten des Familienlebens nicht korrekt einzuschätzen wusste. Als die Mutter von zwei Sanitätern in den Krankenwagen verfrachtet und unter Blaulicht davongefahren worden war, während der Vater in der Küche demselben Wachtmeister gegenübersaß wie vor 14 Tagen und auf dessen erneute Fragen schon wesentlich weniger selbstbewusst, um nicht zu sagen fahrig, antwortete, widmete sie sich eingehend der Beamtin, die mit ihrer Beaufsichtigung betraut war.

»Wir haben Fräulein Schneider gespielt«, sagte das kleine Mädchen mit rauer Stimme und lächelte die Kriminalbeamtin zutraulich an. Um seinen Hals zeichneten rote Striemen ein gedrehtes Muster, das sich in ein paar Tagen blau färben würde, dann grün, dann braun …«

»Fräulein Schneider?«, fragte die Beamtin. »Wie geht das?«

»Gut geht das!«, antwortete das kleine Mädchen und die Beamtin hatte das Gefühl, dass seine grünblauen Augen sie aufsogen, um sie durch und durch abzuschätzen. Sie tastete nach dem Knoten ihrer Dienstkrawatte, was natürlich eine Übersprungshandlung war, nichts anderes. Schließlich war dieses zarte, blonde Geschöpf nicht ihr Vorgesetzter.

»Zuerst habe ich das Fräulein Schneider gespielt«, fuhr das Mädchen fort, in einem Ton, als sei die Beamtin geistig unterbelichtet, »und Tobias den Papi. Weil ich aber sofort aufgehört habe zu strampeln, hat Tobias mich schnell wieder runtergelassen. Danach war er Fräulein Schneider und ich der Papi. Ich habe gewartet, bis er aufgehört hat zu zappeln ...«

freundin-AUSZEICHNUNG

Gut getroffen im Leben

Sabine Eymelt-Niemann

»Zwei Tassen Kaffee; Streusel – hier? – und Käsesahne. Lassen Sie es sich schmecken.« Mit diesen Worten ließ der Kellner meine Freundin und mich allein. Seit fast zehn Jahren schon trafen Anne und ich uns jeden ersten Freitag im Monat im Café Birnbaum und besprachen Gott und die Welt – Frauenklatsch, wie mein Mann abschätzig zu sagen pflegte. Dieses Mal hatten wir die wichtigsten Themen schon durch – unsere gemeinsame Bekannte Nicole und ihre Männereskapaden; Annes Tochter und die Schule; Annes Sohn und sein Schwimmtraining; Sven, mein Mann, und seine Karriere; dann noch ein bisschen Promi-News, Frisuren und Diäten. Keine Politik und bloß keine Wirtschaft. Nun erzählte Anne: »Heute gehen Jan und ich ins Theater – ›Ein perfekter Mord‹ heißt das Stück. Klingt gut, meinst du nicht?«

»Kann sein, ja, wovon handelt es denn?«, fragte ich zurück. »Nein, nein, das meine ich nicht«, erwiderte sie, »ich dachte an den Titel – »Ein perfekter Mord« –, meinst du, das gibt es?«

Ich lehnte mich zurück: »Keine Ahnung – da habe ich noch nicht drüber nachgedacht. Hast du Anlass, dich damit zu beschäftigen?« Anne erklärte: »Anlass – nein. Aber das ist doch eine spannende Frage, meinst du nicht? Kann man jemanden so geschickt umbringen, dass niemand merkt, dass etwas nachgeholfen wurde? Ich glaube, dass ziemlich viele Morde überhaupt nicht erkannt werden und als natürliche Tode durchgehen.«

»Zum Beispiel?« fragte ich. »Was fällt dir denn so ein?«, konterte Anne. »Hmm ... na ja ... vielleicht könnte man ein Feuer legen?«

»Ach«, schnaubte Anne ungeduldig, »da findet man doch bestimmt etwas, Brandbeschleuniger oder so. Nein, ich dachte an etwas wirklich Perfektes. Fälle, bei denen man eine Schwäche des Opfers geschickt ausnutzt.«

»Wie meinst du denn das?«, fragte ich neugierig. Anne erklärte: »Na, z. B. der trockene Alkoholiker mit Leberschwäche bekommt ein leckeres Essen mit Alkohol in der Soße, genug für einen Rückfall, der dann bald zum Tod führt.«

Hier wurden wir vom Kellner unterbrochen, der sich erkundigte, ob es noch etwas sein dürfe. »Die Rechnung, bitte«, sagte ich und bald schon waren wir auf dem Weg zu unseren Autos; wir hatten beide in der Nähe einen Parkplatz gefunden. Wie immer schaute Anne seufzend auf meinen kleinen Porsche und erklärte: »Ach, Kerstin, du weißt gar nicht, wie gut du's getroffen hast im Leben!« Mit diesen Worten umarmte sie mich, ging zu ihrem Golf und rief noch: »Lass uns telefonieren, ja?«

»Wird gemacht!«, rief ich zurück. Und so stiegen wir beide hinters Steuer, Anne auf dem Weg in das Reihenhaus in der Vorstadtsiedlung, ich auf dem Weg in die Jugendstilvilla im Taunus.

Ihre Worte hallten in meinem Kopf nach – »gut getroffen im Leben«. War es so? Ich dachte ein paar Jahre zurück, an die Zeit, als ich Sven, meinen Mann, kennenlernte, in einem Tangokurs. Wir – Anne und ich – waren 20 damals, Sven 25;

und er war der Schwarm aller Frauen. Groß, athletisch gebaut, dunkles Haar, strahlende Augen das fiel auf den ersten Blick auf. Gute Umgangsformen kamen hinzu – und vor allem: Er war witzig, geistreich und intelligent, hatte eine tolle Allgemeinbildung und schien zu allem etwas zu wissen. Seine Formulierungen waren gestochen scharf; er wusste mit Worten umzugehen wie mit einem Florett. Kein Wunder, dass er Jura studierte; er stand kurz vor dem Ersten Juristischen Staatsexamen.

Unerreichbar, dieser Mann, darin waren Anne und ich uns einig. Wir waren im dritten Jahr unserer Ausbildung zur Friseurin, und wenn er auch eine große Anziehungskraft auf uns ausübte, wir hätten uns nicht eingebildet, dieser Mann könnte sich für eine von uns ernsthaft interessieren. Doch was passierte? Sven begann, mich zu umwerben – nach allen Formen der Kunst. Ich schwebte im siebten Himmel.

Damals fragte ich mich nicht, was er an mir fand; ich nahm es als Geschenk des Schicksals dankbar an, ebenso wie seinen Antrag zwei Jahre später. Wenn ich zurückdenke, glaube ich, er fand in mir genau das, was er auch in anderen Bereichen suchte – eine Trophäe zum Vorzeigen im gesellschaftlichen Leben. Denn – wie mir Freunde stets versicherten – ich war doch das, was man unter hübsch versteht: groß, schlank, lange blonde Haare und stets modisch gekleidet und frisiert. Hinzu kann mein zurückhaltendes Wesen, das – aus heutiger Sicht, damals ging mir dies noch nicht so auf – Sven nicht in seiner Entfaltung hindern würde.

Wie gesagt, damals hätte ich Annes Satz von heute – »gut getroffen im Leben« – sofort bejaht. Sven und ich heirateten. Dank seiner glänzenden Noten fand er sofort Arbeit als

Rechtsanwalt in einer renommierten Großkanzlei. Im ersten Jahr unserer Ehe war ich glücklich; er war charmant, fürsorglich und leidenschaftlich. In dieser Zeit brachte er mich auch dazu, vieles von dem aufzugeben, was mir vorher wichtig gewesen war. Er duldete es nicht, dass ich arbeitete – »die paar Kröten« war sein (wie ich heute finde) geringschätziger Kommentar zu meinem geliebten Beruf als Friseurin, der mich unter Leute brachte und mir Anerkennung verschaffte. Er war der Meinung, der Platz einer Frau sei zu Hause, ganz nach altmodischem Rollenverständnis. Ich war nicht wirklich dagegen, war ich damals doch der Meinung, dass sich bald Kinder einstellen würden, die ich sehr liebe (auch wenn Kinder leider bis heute ausgeblieben sind). Im Übrigen war ich auch zu verliebt, um mich seinen Wünschen zu widersetzen; ich ging davon aus, dass er nur das Beste für mich wollte. Und war ich vorher zwei Mal die Woche ins Fitnessstudio gegangen, mit großer Begeisterung und vielen Kontakten, so kaufte er mir zum ersten Weihnachtsfest unserer Ehe einen Hometrainer mit allen nur erdenklichen Funktionen. »Damit du abends nicht mehr aus dem Haus musst, Liebling«, so seine Worte. Auch das fiel mir nicht negativ auf, damals – und doch denke ich heute, dass ich hierdurch viel von meiner Unabhängigkeit verlor.

Auch wenn Sven mich stets zu Hause haben wollte – er verbrachte den Großteil seiner Zeit im Büro. Karriereorientiert und ehrgeizig, wie er war, stürzte er sich in seine Arbeit; unbedingt wollte er »Partner« werden. So nennt man – wenn ich es recht verstanden habe – die Anwälte in der Großkanzlei, die am Gewinn beteiligt sind und das Sagen haben. Das war sein großes – bislang unerreichtes – Ziel. Zunehmend machte ihm dies Sorgen; »up or out«, murmelte er nur, wenn ich ihn darauf ansprach. »Up« das war die Beförderung zum Partner;

und »out« die Kündigung. Letztere kam, so Sven, recht bald; und hiervor hatte er, wie ich spürte, große Angst, die immer mehr zunahm.

Und mit zunehmender Besorgnis verlor er auch mir gegenüber seine Liebenswürdigkeit. Erklärte ich es mir anfangs mit seinem Stress, so war die Atmosphäre doch bald so verändert, dass ich das Gefühl hatte, schlechter Luft zu bekommen, wenn er nach Hause kam. Zwar wohnten wir mittlerweile – die Kanzlei zahlte gut – in einer wunderschönen Jugendstilvilla mit großem Garten und altem Baumbestand; doch hörte ich nur seinen Schlüssel im Schloss, wurde es mir eng ums Herz. Sven begann nämlich eine Angewohnheit zu entwickeln, die ich wohl sofort hätte unterbinden müssen, die sich aber so heimlich einschlich, dass ich mein Unbehagen zunächst gar nicht einordnen konnte.

Hier muss ich vorausschicken, dass ich nicht über eine besonders gute Allgemeinbildung verfüge. Ich schaffe es nicht, die Namen aller deutschen Kanzler aufzuzählen; den höchsten Berg Europas kann ich nicht benennen; und wer Vorstandschef der Telekom ist, interessiert mich nicht. Diese Daten erschienen mir für mein tägliches Leben nicht wichtig. Aber Sven fing nun an, immer mal wieder eine kleine Wissensfrage einzustreuen. »Kerstin, Liebchen, sag, wie steht denn gerade der Dax? Wie heißt der Chef der UNO? Wer ist Vertreter des Bundespräsidenten? Was ist die Hauptstadt vom Irak?«

Derartige Fragen häuften sich zunehmend. Und machte es mir anfangs nichts aus, ja ich merkte die Veränderung zunächst noch nicht einmal, so begann mein Unwissen, auf das er mich ständig stieß, doch an mir zu nagen. Hinzu kam nämlich, dass sein Ton bei den Fragen sich allmählich veränderte. Hatte er anfangs einfach eine Frage gestellt und sie sich dann selbst beantwortet, so kam bald ein leises, aber doch merkliches Kopfschütteln, ein bedauernder Unterton hinzu, wieso ich denn gerade das nicht weiß, obwohl man dies doch wirklich wissen muss.

Und noch weiter ging die Entwicklung. Nach einiger Zeit konnte man seiner Stimme schon beim Fragen anhören, dass er meine Unkenntnis erwartete und missbilligte. Manchmal formulierte er seine Fragen auch schon entsprechend – »wahrscheinlich weißt du nicht, welches die größte deutsche Gewerkschaft ist, oder?«; ähnlich auch diese Struktur: »Ich wage nicht zu hoffen, dass ausgerechnet du mir sagen kannst, wer unsere Nationalhymne komponiert hat«; oder so: »Intelligente Leute wüssten sicherlich, wer derzeit die deutsche Nationalelf trainiert – na, was meinst du, Schatz?« Dabei kamen diese Fragen häufig unerwartet – beim Frühstück im Garten; bei einer Schifffahrt; während eines Kurztrips nach Paris. Und zunehmend setzten mir Svens Fragen zu. Ich hatte das Gefühl, dumm zu sein, nicht anerkennens- und achtenswert. Ob das sein Ziel war? Ich weiß es nicht. Vielleicht wollte er auch einfach sich selbst beweisen, wie intelligent und geistreich er war.

Unabhängig von seiner Motivation wurde die Situation für mich immer unerträglicher, zumal ich doch keinen Ausgleich, kein Ventil, keine externe Anerkennung hatte. Hätte ich mich Anne offenbaren sollen? Ich vermochte es nicht, ihr mein Leid zu klagen. Zu sehr schämte ich mich innerlich vor ihr; zum einen wegen meiner Unkenntnis in den Wissensfragen, die ich auf einmal als Makel empfand (und die ich auch trotz nunmehr bemühten Zeitungsstudiums nicht zu füllen vermochte); zum anderen, weil ich früher der Meinung gewesen war, ich habe riesengroßes Glück mit Sven gehabt, während Anne nur einen ganz »normalen« Mann abbekommen hatte mit früh sichtbarem Bauchansatz, recht wenigen Haaren und einem Beruf als Postangestellter, der sparsames Verhalten gebot. Wie anders erschien mir dies auf einmal – Anne mit ihren zwei Kindern und einem vielleicht nicht besonders gut aussehenden, aber doch sehr fürsorglichen Mann, der sie und die Kinder auf Händen trug. Wollte ich hier meine Sorgen offenbaren, wo Anne es doch bei keinem Treffen ausließ, meinen Porsche zu bestaunen, meine Prada-Kleider und meine Gucci-Handtasche? Ich zog es vor zu schweigen.

Je unzufriedener Sven im Berufsleben wurde, desto schlimmer verhielt er sich mir gegenüber. Ich erinnere mich an ein Weihnachtsfest bei seinen Eltern, denen er »Trivial Pursuit« geschenkt hatte, ein Spiel mit Wissensfragen aus verschiedenen Bereichen. Ob er das Geschenk absichtlich gewählt hatte, um einen Grund zu haben, mich wieder – diesmal vor anderen – bloßzustellen, weiß ich nicht. Jedenfalls wurde an diesem Abend sogleich gespielt, und Sven hatte – legitimiert durch das Spiel – die Möglichkeit, mein Unwissen, mein Versagen in allen Gebieten anderen vorzuführen. Mit zunehmend fortschreitendem Spiel betete ich innerlich um schwere Fragen; denn diese nicht zu wissen war keine Schwäche. Aber bei leichten Dingen passen zu müssen, die nun mal jeder wissen muss – das war Versagen pur.

Und tatsächlich gipfelte der Abend – »Abend des Versagens«, nannte ich ihn denn auch innerlich – in der Frage an mich, wie der erste Präsident der Bundesrepublik Deutschland hieß. Sven lehnte sich entspannt zurück und erklärte laut: »Mensch, Kerstin, hast du immer ein Glück – das ist ja geradezu ein Joker! Na – also?« Und erwartungsvoll sah er mich an, hob seine linke Augenbraue und wartete. Mir wurde es heiß, sehr heiß; das, dachte ich, o ja, das muss man wirklich wissen – wie peinlich! Alle sahen mich an; alle warteten auf meine Antwort – und mir fiel nichts ein, als mit gespieltem Selbstbewusstsein zu sagen: »Na, die Antwort ist ja klar, also dann weiter mit der nächsten Karte.« Vielleicht hätten sich Svens Eltern damit zufriedengegeben – aber Sven selbst ließ mich nicht damit durchkommen; er erklärte: »Dann sag sie doch schnell, Liebling!«, dabei tätschelte er meine Hand. Ein langes Schweigen breitete sich aus; auch Svens Eltern schienen erstaunt; und ich äußerte mit trockenem Mund und klopfendem Herzen: »Philipp Scheidemann?«

Erneut folgte ein Schweigen, diesmal noch tiefer als das erste; es war durchsetzt von Svens bedauerndem Kopfschütteln, dem Stirnrunzeln meines Schwiegervaters und einem recht tiefen Seufzen meiner Schwiegermutter (sonst auch keine Spezialistin auf dem Gebiet der Politik). Wie der Abend weiterging, weiß ich nicht; ich zog mich unter Hinweis auf angebliche Migräne zurück (wobei jedem natürlich klar war, dass ich völlig gesund war). Heilfroh war ich, als wir am nächsten Morgen aufbrachen.

Nun hatte Sven, was er brauchte – eine kleine, spitze Nadel, die er stets nach Bedarf einsetzen konnte. Und dies tat er, und zwar – mit zunehmendem Druck bei seiner Arbeit – immer häufiger. Die Standardeinleitung für seine kleinen Bosheiten lautete jetzt: »Wer nicht weiß, wer der erste Präsident der Bundesrepublik Deutschland war, der kann auch nicht …« – und es folgte etwas, das ich vermeintlich nicht gut gemacht hatte – »ein Frühstücksei richtig kochen; die Wohnung ordentlich halten; beim Einkaufen nichts vergessen« etc. etc., der Möglichkeiten gab es viele. Und jedes Mal zuckte ich erneut innerlich zusammen, jedes Mal verlor ich ein wenig mehr an Selbstachtung und Selbstvertrauen.

All dies schoss mir auf der Heimfahrt von dem Treffen mit Anne durch den Kopf – während mir zugleich ihr Spruch »gut getroffen im Leben« allzu präsent war. Aber jetzt musste ich all diese Gedanken zur Seite schieben; um 18 Uhr würde Sven Abendessen im Garten wünschen, mit schön gedecktem Tisch und kleinen Häppchen. Die Vorbereitung ging schnell von der Hand; und als Sven dann eintraf, hatte ich mich ein wenig beruhigt und hoffte, dass sein Tag bei der Arbeit gut verlaufen sein möge. Dann konnte er manchmal noch charmant sein wie früher; alles, was in diesen kurzen Momenten der Erleichterung fehlte, waren Kinder, die uns zu meinem großen Bedauern das Schicksal nicht beschert hatte.

Doch als ich sein Gesicht sah, schwand meine Hoffnung; seine Augen blickten finster, die Falte über der Stirn – die sich in letzter Zeit immer stärker ausbildete – war deutlich sichtbar, und er verbreitete schon beim Herankommen Hektik und Unruhe. Ich wusste, er würde etwas finden, das ihm missfiel – irgendetwas. Und tatsächlich, kaum hatte er sich gesetzt, herrschte er mich an: »Wie wäre es mal mit Getränken, Kerstin?« Über all den Vorbereitungen für die Häppchen hatte ich in der Tat vergessen, etwas zu trinken auf den Tisch zu stellen. In seiner Stimmung war das eine Katastrophe.

Ich erwartete seinen Standardspruch: »Wer nicht weiß, wer der erste Präsident der Bundesrepublik Deutschland war, der schafft es auch nicht, an die Getränke beim Tischdecken zu denken.« Aber heute hatte er sich etwas anderes ausgedacht. Er fing an: »Hätten wir Kinder, dann könnten wir die losschicken, stimmt's, Liebes? Na ja – wer wie du nicht weiß, wer der erste Präsident der Bundesrepublik Deutschland war, der kann eben auch keine Kinder bekommen.«

Mir blieb die Luft weg; es war, als hätte er mir mit dem Hammer auf den Kopf gehauen. Meinen großen, unerfüllten Kinderwunsch verknüpfte er mit seinem üblichen Spott, der schon reichte, mein Selbstwertgefühl zu untergraben. Tränen traten mir in die Augen; mir schoss durch den Kopf: Bloß nichts anmerken lassen, sonst wird's noch schlimmer. Ich stolperte in Richtung Küche, um Getränke zu holen. »Denk an die Deckel«, rief er mir nach. Ach ja – Sven und seine Wespenallergie, darum mussten alle Getränke draußen stets mit einem Deckel abgedeckt werden. In der Küche versuchte ich tief durchzuatmen, aber es gelang nicht. Mit zittrigen Fingern stellte ich zwei Becher auf ein Tablett, goss Apfelsaft ein und ging zum Schrank, um zwei Bierdeckel zu holen.

Da hörte ich ein leises Summen – war das etwa eine Wespe, die sich da am Rand des einen Bechers niederließ und langsam in Richtung Saft krabbelte? Die Szene erschien friedlich-unwirklich, ein Stillleben mit Tablett. Das Blut pochte in meinen Ohren. Zugleich hallte Annes Stimme in meinem Kopf wider: »Der perfekte Mord ... Fälle, bei denen man eine Schwäche des Opfers geschickt ausnutzt.« War es das? Sollte es so leicht sein?

Schnell deckte ich über beide Becher die Deckel; arme Wespe, dachte ich kurz. Dann straffte ich mich und ging hinaus zu Sven, der weiterhin übel gelaunt im Garten saß. Dort schob ich ihm einen – den richtigen – Becher zu; er ergriff ihn, und mit den Worten »na also, Schatz« hob er den Deckel, setzte den Becher an den Mund und trank in großen Zügen.

Dann ging alles ganz schnell. Ein kurzer Aufschrei von Sven; er fasste sich in Richtung Hals, sah mich entsetzt an und schrie: »Ich bin gestochen worden! Krankenwagen, sofort!« Die Worte fielen ihm schon schwer. Seine Augen traten hervor – wie ein Frosch, dachte ich –, die Adern am Hals schwollen an. »Wo ist denn das Telefon?«, fragte ich; und er deutete hektisch auf sein Handy, das wie immer neben ihm lag. »Wie war noch gleich die Nummer?«, fuhr ich ruhig fort. Sven keuchte: »112 – los, los!« Ich erwiderte: »Ich kann dich nicht verstehen, Schatz – du sprichst so undeutlich!« Tatsächlich war sein »112« nur schwer verständlich. Nun sackte er schon in sich zusammen – erstaunlich, wie schnell das ging. »112!«, keuchte er nochmal. Kalt sah ich ihn an: »Wer nicht weiß, wer der erste Präsident der Bundesrepublik Deutschland war und wer dazu noch keine Kinder bekommen kann, der schafft es wohl auch nicht, den Krankenwagen zu rufen.« Ob er das Letzte noch verstand, weiß ich nicht; er brach ohnmächtig zusammen, und ich sah auf die Uhr. 18.07 Uhr; um 18.12 Uhr würde ich wohl die 112 rufen. Meine Hände zitterten nicht mehr, der Himmel erschien auf einmal sehr blau, und die Vögel zwitscherten laut. Eigentlich hatte ich es doch ganz gut getroffen im Leben.

Abschiedsessen

Britta Scholten

Rausgerutscht! Es sei ihr einfach rausgerutscht. Auch dreizehn Tage nach dem Telefonat brodelte es noch in mir, wenn ich an die verlegene Stimme dachte. Ich knallte die beiden Einkaufstaschen mit einer Wut auf den Tisch, die ich besser bis heute Abend in den Griff bekommen sollte.

Ich wählte das große Messer und zog es ein paar mal über den Wetzstahl. Kaum hatte ich die erste Zwiebel in kleine Würfel geschnitten, füllten sich meine Augen mit Tränen. Dennoch fühlte ich mich entspannter. Kochen beruhigt mich immer. Das wusste auch Sanne. Wahrscheinlich war sie deshalb bereit gewesen, zum Essen zu kommen. Oder sie hatte meinen Worten geglaubt, als ich gemurmelt hatte, ich sei ihr nicht mehr böse.

Anders als vor ein paar Tagen ließen sich die Tränen heute leicht wegblinzeln. Ich schob die Zwiebeln vom Hackbrett in die Pfanne. Das Öl zischte auf und umbrodelte die Würfel. Ich konzentrierte mich auf die weitere Arbeit. Blauschwarz schimmernd lag die Aubergine vor mir, das Grün der Zucchini biss sich mit dem Gelb und Rot der Paprikaschoten. Mit dem Rest meiner Wut hackte ich die Möhren klein, spätestens bei der Zucchini sollte ich mich endgültig beruhigt haben. Rechtzeitig genug, um das Curry abzuschmecken, die Zutat, die das Rezept nicht aufführte, hineinzurühren und mich zu einem letzten Essen mit Sanne hinzusetzen.

Ich warf die Möhren zu den Zwiebeln. Während ich das Gemüse umrührte, dachte ich an Sanne. Ich liebe meine Schwester. Meistens jedenfalls. Häufig jedoch auch nicht. Nicht, als sie in meiner Lieblingsbluse zum Brombeerpflücken ging und mir als Trost ein Schälchen der Beeren hinhielt. Nicht, als sie mein heiß geliebtes erstes Auto zu Schrott gefahren und mir als Ersatz ihr Fahrrad angeboten hatte. Und auch jetzt nicht, wo sie mir meinen Traumjob wegschnappen wollte.

Sie hätte sich an die Spielregeln halten sollen. Wenigstens diesmal. Ich war diejenige, die ernsthaft und verantwortungsbewusst auch noch die schwersten Steine aus dem Weg räumte. Sanne dagegen hüpfte mit einer Leichtigkeit durch das Leben, um die ich sie stets beneidet hatte. »Du bist die Ältere«, betonte sie, wenn ich mal wieder etwas für sie ausbaden musste. Die Ältere! Ganze sechs Minuten trennen uns, aber selbst unsere Eltern standen immer auf Sannes Seite. Sie schickten mich ohne Abendbrot ins Bett, während sich Sanne in den Arm unseres Vaters kuschelte und mir einen triumphierenden Blick zuwarf. Am nächsten Morgen ermahnte mich meine Mutter: »Du bist die Vernünftigere, so hilf ihr doch.« Diesmal hätte Sanne mir helfen sollen. Ein einziges Mal in unserem bisherigen Leben.

Die Gemüsewürfel schmorten in der Pfanne. Obwohl meine Dunstabzugshaube wie ein lungenkranker Trompeter keuchte, breitete sich bereits ein angenehmer Duft in der Küche aus. Ich drehte das Gas herunter und nahm Teller und Gläser aus dem Schrank. Auf dem dunklen Esstisch im Wohnzimmer lagen die roten Designersets, die Sanne mir zum letzten Geburtstag geschenkt hatte. Ein paar Efeublätter umrankten die silbernen Kerzenständer. Ich stellte die Leuchter an einer Tischseite auf und betrachtete zufrieden die Dekoration. Eigentlich lohnte sich der ganze Aufwand nicht, Sanne würde sich an dem Anblick nicht lange erfreuen können. Aber ich kann nicht anders. Wenn ich zum Essen einlade, dann muss alles stimmen. Erst recht, wenn meine Schwester kommt. Wir sind Augenmenschen, das liegt an unserem Beruf. An meinem Beruf. Sanne war mir nur nachgetrottet. »Kamerafrau? Hört sich gut an. Das mache ich auch.« Nur bei den Aufträgen trennten sich unsere Wege. Ich habe schon Filme in Namibia, Usbekistan, Tasmanien und anderen Ländern gedreht. Sanne dagegen filmte fürs Regionalfernsehen den Nachwuchs im Zoo oder die Eröffnung der neuesten Einkaufspassage. Wie oft hatten wir nach meiner Rückkehr eine Flasche Wein geleert, während ich von meinen Erlebnissen erzählte. Sanne lauschte gespannt. »Ich würde das auch gerne mal machen«, seufzte sie neidisch und lümmelte sich bequem in die Kissen meiner Couch. »Doch du weißt ja, was Dr. Godt gesagt hat. Du mit deinen harmlosen Allergien kannst dir das Reisen zumuten, aber ich muss nun mal vorsichtig sein.«

Das Gemüse schmurgelte vor sich hin. Ich fischte ein Möhrenstück heraus und prüfte die Bissfestigkeit. Perfekt. Sanne lässt sich nicht gern von mir bekochen, sie findet vegetarisches Essen langweilig. Daher gebe ich mir immer besonders viel Mühe, um sie vom Gegenteil zu überzeugen. Ich rührte einen großen Löffel gelber Currypaste mit etwas Brühe an und stellte die restlichen Gewürze zum Abschmecken bereit. Dann spülte ich die Messer und das Brett ab und räumte alles auf. Sanne konnte kommen, das Essen war fast fertig. Nur ein einziges Glas stand leicht versteckt hinter dem Zwiebelkorb und wartete auf seinen Einsatz.

Als ich von dem Filmprojekt gehört hatte, war ich nicht zu halten gewesen. Eine Dokumentation über das Leben der ersten Aussiedler, die mit der Mayflower an der amerikanischen Küste landeten. Seit ich in der zwölften Klasse ein Referat über Massachusetts ausarbeiten musste, faszinierten mich das Land und die Geschichte der Pilgerväter. Ich hatte alle Hebel in Gang gesetzt, um mich bis zum letzten Vorstellungsgespräch durchzukämpfen. Ich wollte endlich an den langen Sandstränden entlanglaufen, die weißen Kapitänshäuser auf den Klippen mit der Kamera einfangen und das Leben im siebzehnten Jahrhundert aufzeichnen. Ein Traumprojekt an einem Traumort. Und dann wachte ich am Tag des Vorstellungsgesprächs mit dickem Kopf und dünner Stimme auf. Fiebernd lag ich in meinem Bett und starrte auf den Kalender vom Cape. Es war zum Greifen nahe gewesen. Und das sollte an einem kleinen fiesen Virus scheitern? Nein. Mir fiel eine Lösung ein. Zwar liegen die Zeiten, in denen Sanne und ich in den gleichen Kleidern rumliefen, lange zurück, aber wir sehen uns nach wie vor zum Verwechseln ähnlich. »Sanne, du musst mir helfen!«, hatte ich ins Telefon gekrächzt und ihr die Lage erklärt. Meine Schwester war begeistert. »Dann kann ich mich endlich mal für die Englisch-Prüfung revanchieren!«

Am Abend kam der Anruf. »Kristin, nicht böse sein, ich muss dir was beichten.« Sanne verhielt sich selbst mit dreißig noch immer wie ein kleines Mädchen. Meine Knie gaben nach, ich wusste nicht, ob es an der Krankheit oder der Enttäuschung lag. Ich sank zurück auf mein Bett und versuchte die Fassung zu bewahren. Vernünftig sein, die Ältere sein. »Du hast es vermasselt?« Vielleicht lag es an dem Fieber, dass ich die Schärfe nicht aus meiner Stimme halten konnte.

»Das kann man so ausdrücken.« Sanne hörte sich geknickt an.

Unwillkürlich verfiel ich in alte Verhaltensmuster. Trösten, der kleinen Schwester helfen. Auch, wenn sie gerade einen großen Traum kurz vor der Ziellinie zu Fall gebracht hatte. »Mach dir nichts draus, vielleicht hätte ich selbst den Job auch nicht bekommen.«

Ein paar Sekunden schwieg Sanne. Dann sagte sie zögernd: »Mit dem Job hat es geklappt, aber –«

»Es hat geklappt?« Ich sprang jubelnd auf. Mein Fieber schien wie weggeblasen zu sein und ich hätte am liebsten sofort den Koffer gepackt.

»Kristin, du hast mich nicht ausreden lassen. *Ich* habe den Job.« Sannes Stimme klang verlegen, aber auch freudig aufgeregt. Diesen Tonfall kannte ich nur zu gut: »Sei nicht böse, Kristin, ich habe dein Auto zu Schrott gefahren, dabei aber einen absolut irren Typen kennengelernt.« Ich wollte nicht hören, was es diesmal war, aber Sanne plapperte schon los. »Ich war mit dem Produzenten noch was trinken, sehr netter Mann, na ja, wir kamen ins Plaudern und schließlich ist es mir rausgerutscht ...«

Noch klammerte ich mich an die Hoffnung, dass Sanne mich auf den Arm nehmen wollte, aber ich ahnte, dass es nichts zum Klammern gab. »Was genau willst du mir sagen?«

»Ich habe ihm erzählt, wie wir früher immer das doppelte Lottchen gespielt haben. Wie oft du für mich einspringen musstest. Da ist mir rausgerutscht, dass es diesmal mal anders herum ist ... Jetzt will er mich auf den Dreh mitnehmen.«

Ich legte auf, um mich vor all den Worten zu retten, die ich ihr am liebsten an den Kopf geschmissen hätte. Tränen verschleierten meinen Blick. Von der Wand starrte mich der Hafen von Provincetown höhnisch an. Ich sprang auf, riss den Kalender runter und zerfetzte alle Blätter.

Rausgerutscht. Rausgerutscht! So etwas rutscht einem nicht einfach raus! Hatte ich mich mit einem Wort verraten, als ich die Englisch-Prüfung für sie ablegen musste, weil sie am Abend zuvor mit ihrer besten Freundin versackt war? Oder ihrem ersten Freund erzählt, dass er eigentlich mit mir verabredet gewesen war? Einmal, ein einziges Mal hatte sie etwas für mich tun sollen! Ich starrte auf die bunten Fetzen, die auf dem Boden lagen. Zwischen dem blauen Meer und dem hellen Sand leuchtete etwas rot. Langsam bückte ich mich und zog das Papierstück heraus. Die Hummerschere auf dem Bild winkte mir eine Idee zu. Warum nicht das doppelte Lottchen verdoppeln und den einen großen Unterschied zwischen uns ausnutzen? Die Abfahrt war in zwei Wochen. Ich sollte den Koffer vom Boden holen.

Es klingelte. Sanne streckte mir einen riesigen Blumenstrauß entgegen, für den sie ihr gesamtes Sparkonto geplündert haben musste.

»Danke für die Einladung!« Aufgeregt hauchte sie mir Küsschen auf die Wangen. »Sonst wäre ich wieder nicht zum Essen gekommen. Du ahnst nicht, wie stressig die ganzen Vorbereitungen sind. Bis ich bekommen hatte, was ich noch einkaufen musste, dann das stundenlange Warten auf den Ämtern und bei den Ärzten … Sei bloß froh, dass du nicht –« Sie blickte mich entschuldigend an. »Das hätte ich wohl nicht sagen sollen!«

Ich schluckte die Antwort, die mir auf der Zunge lag, herunter und schob Sanne in Richtung Wohnzimmer. »Das Essen ist gleich fertig. Du kannst schon mal den Wein aufmachen.«

In der Küche suchte ich eine Vase für die Blumen und stellte sie auf den Tisch. Ich atmete tief durch. Es war so weit. Ich rührte die Currypaste unter das Gemüse, streute die Gewürze hinein und nahm schließlich das Glas Hummerfonds in die Hand. Der Feinkosthändler hatte mir versichert, dass er aus echten Schalen und Fleischstücken hergestellt war. Mich schüttelte es. Wenn ich an die armen Tiere dachte, wie sie lebend ins kochende Wasser geworfen wurden, nur weil sie als Delikatesse galten! Ich hätte nie gedacht, dass auch ich mich einmal schuldig machen würde, aber für den Cape-Cod-Auftrag hätte ich noch ganz andere Opfer gebracht. Brachte ich noch ein ganz anderes Opfer. »Das riecht gut! Neues Rezept?« Sanne lehnte mit einem Weinglas in der Hand am Türrahmen. Vor Schreck hätte ich beinahe den Fonds fallen lassen. Schnell verdeckte ich den rot leuchtenden Hummer auf dem Etikett mit einem Küchenhandtuch. »Genau, neues Rezept.«

»Kann ich dir helfen?« Sanne kam näher an den Herd und beugte sich neugierig über die Pfanne. Ich wies sie energisch aus der Küche. »Nein, nein! Geh rüber, ich kann es nicht leiden, wenn man mir beim Kochen zuschaut.«

»Du änderst dich auch nie!« Sie lachte und verschwand.

Als ich wieder allein war, öffnete ich das Glas. Ein eigentümlicher Geruch stieg mir in die Nase. Hoffentlich würde Sanne ihn nicht bemerken. Aber woher sollte sie ihn kennen? Schließlich war sie diejenige, bei der Dr. Godt besorgt den Kopf geschüttelt und vor jeglichem Kontakt mit Schalentieren gewarnt hatte, als uns endlich die langen Testpflaster abgezogen wurden. Ich hätte nur ein paar Alltagsallergien, wie er sich ausdrückte. Wer hätte gedacht, dass dieser Unterschied nochmal so wichtig für mich werden würde. Ich goss den Fonds in die Pfanne und schmeckte das Curry widerwillig ein letztes Mal ab. Es war erstaunlich lecker, hinterließ aber ein pelziges Gefühl auf der Zunge. Ich füllte das Essen in angewärmte Schüsseln, streute gehackten Koriander drüber und trug alles ins Wohnzimmer.

Sanne hatte die Kerzen angezündet und eine CD eingelegt. Alles war wie an einem der langen Abende, an denen ich von meiner letzten Reise erzählte. Nur würde Sanne diesmal in kurzer Zeit den Spaß an unserem Treffen verlieren. »Nimm dir noch einen Löffel, ich verspreche dir, dass du überrascht sein wirst!«, drängte ich sie. »Hast du alles geschafft?« Ich nahm mir nur eine kleine Portion.

»Erstaunlicherweise ja. Es war nicht einfach zu entscheiden, was ich alles mitnehmen soll. Du kennst mich, vor Reisen bin ich ein Nervenbündel, aber diesmal habe ich wirklich an alles gedacht: Die Koffer sind fix und fertig gepackt, ich bin von Kopf bis Fuß durchgecheckt, die Tickets sind ordentlich verstaut – du würdest stolz auf mich sein.«

Mein Koffer stand ebenfalls gepackt bereit. Alles, was mir noch fehlte, waren die Tickets und ihr Pass. Die Papiere würde ich mir holen, nachdem ich Sanne ins Krankenhaus gebracht hatte. Das Flugzeug startete um kurz nach sechs, ich würde in der Luft sein, bevor auch nur der erste Assistenzarzt nach Sanne gesehen hatte.

»Hm, lecker! Was für Gewürze sind das? An irgendwas erinnert mich das.« Sanne kaute prüfend und legte ihre Stirn in Falten.

»Gelbe Currypaste, Koriander, Bockshornklee, Fenchelsaat, Kokosmilch und natürlich Meersalz und frisch gemahlener Pfeffer.« Ich schob mir eine Gabel in den Mund.

»Nein, nein! Das ist etwas anderes.« Sanne schüttelte den Kopf und überlegte. »Hummer!«

Meine Gabel blieb in der Luft hängen. Eine Schweißperle trat auf meine Stirn und kullerte über die Schläfe. »Hummer? Du weißt doch gar nicht, wie Hummer schmeckt.«

»Denkst du! Robert und ich haben gestern Abschied gefeiert: richtig dekadent mit Champagner und Hummer.«

Meine Brust zog sich zusammen. Das Atmen fiel mir schwer. »Du bist doch gegen Schalentiere allergisch!«

Sanne lachte. »Was glaubst du, warum ich ausgerechnet Hummer gekauft habe? Du weißt, wie panisch ich mit meinen Allergien bin. Als ich jetzt wegen der Impfungen beim

Arzt war, habe ich noch mal den kompletten Test machen lassen.«

»Und?« Sannes Gesicht drehte sich vor mir.

»Nichts! Jedenfalls kein Hummer.« Sie kratzte ihren Teller leer. »Es ist wirklich superlecker.« Sie nahm sich noch einen Nachschlag. »Der alte Trottel muss unsere Testergebnisse verwechselt haben. – Kristin, was ist mit dir?«

Tote Tante

Annette Petersen

Ich hätte es mir gleich denken können. Schon als sie da auf dem Friedhof stand, zwischen all den Schleifen und Blumen in ihrem dunkelgrauen Kimono, die Lippen knallrot geschminkt. Fehlten nur noch die Holzpantöffelchen an den Füßen. »Weißt du denn schon, wie es nun weitergeht?«, fragte sie mich mit gedämpfter Stimme, da war das Grab noch nicht zugeschaufelt. Margot war eine angeheiratete Tante, und das auch erst seit vier Jahren. Sie wohnte schick in Bremen mit Dachterrasse. Mittlerweile war sie verwitwet und recht wohlhabend. Kontakt hatte ich mit ihr nur, weil unsere Mailadressen sich so ähnlich waren. Gelegentlich kam es zu Irrläufern, die wir dann jeweils weiterleiteten. Ich sah sie fragend an, und sie fügte hinzu: »Mit dem Haus, meine ich.« Sie lächelte ein wenig und wedelte zart mit der Hand. »Später.« Frau Gericke von schräg gegenüber kam auf mich zugeschluchzt. »Ich kann es immer noch nicht glauben!« Sie schüttelte meine Hand. Meine Mutter war vor einer Woche auf Mallorca bei einem Busunfall ums Leben gekommen. Seitdem war ich mit allen möglichen Formalitäten für spanische und deutsche Behörden beschäftigt. Ich war noch gar nicht zum Trauern gekommen, geschweige denn dazu, über etwaige Erbschaften nachzudenken. Wie auf allen Beerdigungen begann sich die Stimmung nach dem Streuselkuchen langsam zu ändern. Die

Leute wagten wieder zu scherzen und verhalten zu lachen, die Männer tranken noch einen Schnaps (»Wer weiß, vielleicht ist es der letzte – so schnell, wie das gehen kann ... – Prosit!«) und wurden bald darauf von ihren Frauen nach draußen geschoben. »Mach's gut, Melanie, halt die Ohren steif. Und wenn du Hilfe brauchst ...«

Ich war froh, als es vorbei war, und fuhr nach Hause. Das hieß in diesem Fall: zu meinem Elternhaus. Dorthin, wo meine Mutter bis zu ihrem plötzlichen Tod 14 Jahre lang allein gelebt hatte, nachdem mein Vater an einer Lungenentzündung gestorben war. Ich setzte mich an den Küchentisch, sah in den Garten hinaus, wo die ersten Äpfel sich schon rötlich färbten, und konnte endlich laut und anhaltend weinen.

Mit schmerzendem Rücken wachte ich zwei Stunden später wieder auf. Ich war am Küchentisch eingeschlafen, den Kopf auf die Arme gelegt. Meine schwarze Lederjacke hatte ich noch an. Ich ging in den Keller, holte eine Flasche Rotwein hoch, goss mir ein Glas ein und machte einen Rundgang durchs Haus. Jedes Zimmer erzählte mir von früher, jeder Geruch malte ein Bild in meinen Kopf. Ich hatte das gehabt, was man eine glückliche Kindheit nannte. Nun war sie endgültig vorbei. Ich war 35 und niemandes Kind mehr. Und auch niemandes Schwester, Mutter oder Frau, wie mir zum ersten Mal schmerzlich bewusst wurde. In meinem Kinderzimmer legte ich mich aufs Bett und ließ den Blick über die Hanni-und-Nanni-Buchrücken und einen weiteren Meter einschlägiger Jungmädchenliteratur schweifen. Zum ersten Mal wurde mir klar, dass ich vermutlich jetzt eine Hausbesitzerin war. Falls Mama nicht alles dem Tierschutzverein hinterlassen hatte, aber dazu war sie viel zu sehr Familienmensch gewesen.

Was sollte ich denn nun machen? Dass ich das Haus verkaufen und jemand Fremdes in meinen Erinnerungen wohnen könnte, war schlicht nicht vorstellbar. Und vermieten? Mit offenem Hintertürchen sozusagen? Dann müsste ich erst mal gründlich renovieren, und wovon sollte ich das bezahlen? Außerdem hieß es, dass man mit Mietern ohnehin nur Ärger hätte. Ob mein Vermieter in Hamburg das auch dachte? Hamburg. Ich seufzte. Ich verdiente gut im Steuerberaterbüro und machte mich nicht tot dabei, meine Freunde, die schöne Altbauwohnung, die vielen Restaurants, Theater, Kinos und Kneipen ... Was sollte ich mit einem Haus in Storgersdorf gleich hinter Bremen? Ziemlich weit hinter Bremen, genauer gesagt.

Margot fiel mir ein. Sie hatte mich doch nach dem Haus gefragt. Vielleicht hatte sie ja eine Idee. Ich ging hinunter und setzte einen Kaffee auf. Im Flur stand seit eh und je das Telefon auf dem Schuhschrank, mit einem Brokatdeckchen darunter. Das Telefonverzeichnis lag noch immer daneben. Margots Nummer stand unter dem Namen ihres verstorbenen Mannes, Papas Bruder. Wir tauschten ein paar Artigkeiten aus, dann fragte ich: »Was meintest du denn vorhin mit dem Haus?«

»Ach, Kindchen! Versteh das jetzt nicht falsch. Ich dachte, weil du doch in Hamburg wohnst und jetzt niemanden mehr in Storgersdorf hast. Ich meinte nur: Falls du verkaufen willst, Melanie: Ich hätte Interesse.«

»Du?« Ich konnte mir ja viel vorstellen, aber nicht die mondäne Margot beim Apfelmus kochen und Laub harken.

»Wieso? Ich fand es schon immer schön bei euch. Der Wald hinterm Haus und alles. Und mit dem Zug ist man ja in zwanzig Minuten in der Stadt.«

Ich schwieg. Der Gedanke gefiel mir nicht besonders, aber hatte ich eine Wahl, wenn ich ab und zu mal herkommen und in Erinnerungen schwelgen wollte? Vielleicht sogar mal einhüten, während sie auf einer ihrer vielen Reisen war.

»Weißt du, dann könnten auch Sina und ihre Familie bei mir wohnen, wenn sie mich besuchen.« Sina war Margots Tochter aus erster Ehe. Sie lebte seit ein paar Jahren in Australien. »Und das Haus bleibt in der Familie«, fügte sie hinzu. Das sah ich nur bedingt so. Papas Bruder Eberhard hatte die lustige Witwe Margot bei einer Kur in Bad Pyrmont kennen gelernt und daraufhin meine heiß geliebte Tante Walli verlassen. Margot war natürlich um einiges jünger als Walli, nur 15 Jahre älter als ich. Wenn ich mit ihr sprach, bestand ich trotzdem auf der Anrede »Tante«, damit nicht irgendeine Art von Vertraulichkeit in Augenhöhe aufkam. Es war mir damals schwergefallen, die Genugtuung zu verbergen, die ich empfand, als er nur sieben Monate nach seiner erneuten Heirat an einem Schlaganfall starb. Er war eben ein Verräter. Aber das nützte Tante Walli auch nichts. Sie hatten Gütertrennung vereinbart. Und so war sie jetzt arm geschieden und Margotchen höchst vorteilhaft zum zweiten Mal verwitwet. Es wurde Zeit, dass sie mal etwas Nützliches für die Familie tat, wenn sie schon weiterhin dazu gehören wollte. Gut, dass Mama das nicht erlebte! »Ich muss nochmal darüber schlafen«, sagte ich, und wir verabschiedeten uns. Ich ging in den Garten, um mit einem Becher Kaffee in der Hand ein paar spätsommerliche Sonnenstrahlen zu genießen.

Drei Monate später gehörte ihr das Haus und mir ein ansehnlicher Batzen Geld. Ich war traurig, aber zufrieden – es war immerhin ein Kompromiss. Margot ließ mir viel Zeit, die Sachen aus dem Haus zu holen, die ich behalten wollte. Ich konnte ja immer nur am Wochenende kommen. Es fiel mir schwer, eine Auswahl zu treffen, und so sah das Haus immer noch so aus, wie Mama es vor ihrem Mallorca-Urlaub verlassen hatte. Viel konnte ich ja ohnehin nicht in Hamburg unterbringen. Margot wollte auch noch einiges, was noch gut war, behalten.

An einem Novemberabend saß ich an meinem Rechner, als mein Mailprogramm mir mit einem »Pling!« neue Post ankündigte. »Arch-Degersen« stand in der Absenderzeile. Kannte ich nicht. Ich las: »Sehr geehrte Frau Schoberdan! Gemäß unserer gemeinsamen Planung hinsichtlich des Objekts Birkental 69 in Storgersdorf erlauben wir uns, Ihnen unsere abschließenden Planungsergebnisse vorzustellen. Wir haben uns dabei eng an Ihren Vorstellungen orientiert. Bitte verwenden Sie den unten stehenden Link, und loggen Sie sich mit Ihrer Mailadresse und dem Passwort ›birkental69‹ ein, um das 3-D-animierte Modell des Umbaus zu betrachten. Damit die Bauarbeiten wie geplant in der 49. Kalenderwoche beginnen können …«, ich sah auf meinen Wandkalender, wir hatten die 47., »… schicken Sie uns bitte umgehend den Vertrag zu, der Ihnen bereits per Post zugegangen ist.«

Die Mail war natürlich mal wieder ein Irrläufer. Ich grinste. War klar, dass Margot sich nicht mit dem Bad im 70er-Jahre – Lindgrün und der ebenso betagten Küche abfinden konnte. Ich klickte auf »Weiterleiten« und auf Margots Mailadresse: m-schoberdan@webnet.de. Bei mir stand vorne ein Punkt an Stelle des Bindestrichs, sonst war die Adresse gleich. Ich schob den Mauspfeil auf »Senden«, dann hielt ich inne. Würde es jemand merken, wenn ich mich mal kurz mit ihrer Mailadresse einloggte? Korrekt war das nicht – aber die Neugier war stärker als die Skrupel. Also los!

Die Architekten hatten aber wohl einen Programmierfehler gemacht. Auf dem Bildschirm erschien ein anderes Haus. Schade, hätte mich ja schon interessiert. Ich sah genauer hin. Unten rechts stand »Birkental 69, Storgersdorf«. Ich schluckte. Ich loggte mich aus und wieder ein. Ich begann zu zittern. Da. Das Gleiche! Die Fenster waren an den richtigen Stellen, ebenso die Haustür. Das 3-D-Modell drehte sich vor meinen Augen. Dunkelgraue Fassade (Schieferplatten, wie ich der Legende entnahm), schwarzes Dach (ebenfalls Schiefer), zur Gartenseite hin eine riesengroße knallrote Dachgaube. Ich dachte an den dunkelgrauen Kimono und die roten Lippen. Am linken Rand stand »Gartenplanung«. Ich klickte darauf. Wieder dachte ich zunächst, dass es sich um ein anderes Objekt handelte, aber nur, bis die Betrachterperspektive sich so verändert hatte, dass man im Hintergrund das graue Grauen mit dem roten Kussmaul sah. Es gab keinen einzigen Obstbaum mehr, der Rasen war ebenso verschwunden wie der lange, von Rosen umwundene Laubengang. Die Mitte des Gartens wurde von einem riesigen rechteckigen, steingefassten Wasserbecken mit einer steinernen Bank an der Stirnseite eingenommen. Drum herum lagen von der einen Grundstücksgrenze bis zur anderen spitze graue Schottersteine, die mich an den Anblick erinnerten, den man bei Zugverspätungen von der Bahnsteigkante aus genoss. An den Ecken des Wasserbeckens standen hohe, eckige, schwarze Blumenkübel mit – was sollte das sein? Bonsais etwa? Erst als es zwischen M und N in die Tastatur tropfte, merkte ich, dass mir die Tränen über das Gesicht liefen. Mit zitternden Händen klickte ich den Albtraum vom Bildschirm und ging in die Küche. Zur Beruhigung machte ich mir einen heißen Kakao und goss einen Schuss – nein, zwei bis drei Schüsse Rum dazu. Obendrauf kam noch ein Wölkchen Sprühsahne, gekrönt von ein paar Schokostreuseln. Während ich die Tasse Schluck um Schluck leerte, kam die Wut hoch. Ich verfluchte meine Naivität. Diese Schlange! Von wegen, es hätte ihr schon immer so gut bei uns gefallen. Verbittert dachte ich daran, dass ich ihr noch etliche Tausender Rabatt gegeben hatte, damit sie das Haus auch ja nahm. Ich würde nun also auch noch das Massaker an meinen Kindheitserinnerungen mitfinanzieren. Ach, Mama!

Sie hatte sich auch immer Kakao mit Rum und Sahne gemacht, wenn ihr sehr kalt war oder sie sich aufregte. »Erst mal

’ne Tote Tante!«, hatte sie dann gesagt. So nannte man diese wohltuende Mischung bei uns in der Gegend.

Nachdenklich stierte ich in meinen leeren Kakaobecher und begann wieder bitterlich zu weinen. Das Haus war alles, was ich noch an »Familie« hatte. Ich konnte nicht zulassen, dass diese Person es entweihte. Ich konnte es nicht zulassen! Ich machte mir noch eine Tote Tante, dachte nach und trank. Dann putzte ich mir die Nase und rief Margot an.

Wir verabredeten uns für nächsten Samstag in Storgersdorf, »damit wir mal gemeinsam Sachen sortieren können«, so hatte ich sie mit etwas schwerer Zunge gebeten. Anschließend setzte ich mich wieder an den Rechner und schrieb einen Brief. Die dritte Tote Tante stand neben dem Mousepad.

Am Samstag schlüpfte ich vom Wald aus durch das Gartenpförtchen und ging durch die Küchenhintertür hinein. »Hast du mich erschreckt!«, empfing mich Margot im Flur.

»Entschuldige«, heuchelte ich. »Alte Gewohnheit. Nächstes Mal klingele ich. Ich bin bei dem tollen Wetter durch den Wald gekommen.« Der kalte, strahlend schöne Herbsttag kam meinen Plänen sehr entgegen. Ich deutete eine Umarmung an. »Warst du dort eigentlich schon mal?«

Margot wand sich. »Nein, nicht so richtig.«

»Ach komm, du magst ihn doch so gern! Heute ist der perfekte Tag für einen Spaziergang durch den Storgersdorfer Forst!«, lockte ich. Sie sah zweifelnd zum Fenster. »Es ist aber ganz schön kalt …«

»Wenn man sich bewegt, friert man nicht. Außerdem habe ich heißen Kakao dabei.« Sie gab nach. »Na gut!« Ich strahlte sie an. »Ich geh nur noch mal für kleine Steuerberaterinnen!«, zwitscherte ich und hoffte, dass sie erwartungsgemäß im Bad noch nicht ausgemistet hatte. Hatte sie nicht. Bestens. Ich zog Gummihandschuhe an und nahm aus dem Spiegelschrank die Packung Schlaftabletten, die meine Mutter irgendwann einmal verschrieben bekommen und nie genommen hatte. In der Generation saß der Contergan-Schock noch tief! Ein Wunder, dass sie sie nicht weggeworfen hatte. Sie waren schon seit zwei Jahren abgelaufen. Egal. Ich drückte die Tabletten aus der Packung und löste sie in einem Zahnbecher auf. Dann goss ich die Flüssigkeit in die mitgebrachte Thermoskanne, schraubte den Deckel zu und schüttelte ein paar Mal kräftig. Ich drückte die Spülung und ging wieder hinaus. »So, los geht's! Am besten gehen wir hinten raus, das ist viel kürzer.« Ich streifte meine Lederhandschuhe über und lächelte sie unternehmungslustig an. Margot folgte mir in ihren dünnen Pumps ohne Begeisterung. Wir gingen durch die Hintertür hinaus und waren innerhalb weniger Minuten auf dem Waldweg im Storgersdorfer Forst. Margot fing prompt an, in ihre Hände zu pusten und zu jammern, kaum dass wir fünfhundert Meter gelaufen waren. Es sei so kalt, und die Füße täten ihr schon weh, ob wir nicht erst mal zurückgehen könnten, nächstes Mal brächte sie ihre Halbschuhe mit. Sie war reif. Ich setzte den Rucksack ab und nahm die Thermoskanne heraus. »Jetzt nimm erst mal einen Schluck zum Aufwärmen!« Ich goss einen halben Becher Kakao ein und reichte ihn ihr. Sie probierte und schloss verzückt die Augen. »Das ist ja lecker. Das ist doch aber nicht nur Kakao, oder?« Sie zwinkerte mich an.

»Nein, der ist ein wenig verfeinert mit Rum und so. Eigentlich gehört noch Schlagsahne drauf, aber das geht in der Thermoskanne natürlich schlecht.« Ich setzte den Becher ebenfalls an die Lippen und tat so, als ob ich einen tiefen Schluck nähme. Anschließend leckte ich mir die Lippen und machte »Aaaahhhh!« Ich reichte ihr den Becher wieder, und sie leerte ihn ziemlich schnell in kleinen Schlucken. »Jetzt können wir doch noch ein Stück gehen, oder?« Sie nickte und setzte sich forsch in Gang. Alle paar hundert Meter gab ich ihr Becher und Kanne, und sie trank und wurde immer fröhlicher und zugleich müder. Als wir eine Bank sahen, bat sie: »Lass uns eine kleine Rast machen, ja?« Sie ließ sich darauf plumpsen. Ihr Kopf schwankte hin und her und fiel auf die Brust. Verdammt. Jetzt durfte sie noch nicht schlafen! Was sie intus hatte, reichte bestimmte noch nicht. »Hier, nimm mal noch einen Schluck zum Wachwerden!«, rief ich ihr zu. »Hm«, machte sie schläfrig und ließ sich brav von mir eine halbe Tasse Kakao einflößen. Ich schüttelte die Thermoskanne. Viel war da nicht mehr drin. Egal jetzt. Ich goss den Rest in den Becher, setze ihn ihr an die Lippen und hielt ihr die Nase zu. Sie öffnete den Mund, und ich kippte ihr den Inhalt des Bechers hinein. Einiges kleckerte ihr Kinn hinab auf die Jacke, sie merkte es nicht. Die Thermoskanne war leer. Das waren zwölf Schlaftabletten gewesen. Ich wusste nicht, wie viel sie gewohnt war, und konnte nur hoffen. Immerhin: Die Kälte würde helfen. Die Thermoskanne und den Becher stellte ich neben sie auf die Bank. Dann öffnete ich noch einmal meinen Rucksack, nahm ein zweimal gefaltetes A4-Blatt heraus, drückte es erst ihr in die Hand und steckte es dann in ihre Jackentasche. Ich sah einmal in die Runde und machte mich auf den Weg zu meinem Fahrrad, mit dem ich zum nächsten Bahnhof fuhr, einem Haltepunkt mitten in der Pampa. Ich erreichte ihn, als es schon fast dunkel war. Von da aus fuhr ich über Umwege zurück nach Hamburg.

»Weißt du denn schon, wie es nun weitergeht?«, fragte ich Sina mit gedämpfter Stimme, ich hatte zumindest bis nach dem Streuselkuchen gewartet. »Ich meine, mit dem Haus.« Sina hatte weder gewusst, dass ihre Mutter mein Haus gekauft hatte, noch wusste sie von der Existenz des Liebhabers, dessen Abschiedsbrief man bei ihr gefunden hatte. Ein gewisser Horst, den sie wohl übers Internet kennengelernt hatte und mit dem sie offenbar in Storgersdorf ein neues Leben hatte anfangen wollen. Er wollte dann aber doch bei seiner Frau bleiben und hatte Margot dafür um Verständnis gebeten, auch wenn »die schönen romantischen Waldwanderungen mit heißem Rum-Kakao im Gepäck die wunderbarsten Stunden seines Lebens« gewesen seien. »Ach, Sina, ich mache mir solche Vorwürfe. Manchmal denke ich, wenn ich ihr das Haus nicht verkauft hätte, würde sie vielleicht noch leben.« Sie beschwichtigte mich, ging aber dankbar auf meinen Vorschlag ein, das Haus zum gleichen Preis zurückzukaufen. Sie konnte ja von Australien aus erst recht nichts damit anfangen. Ich habe mich hier als Steuerberaterin niedergelassen. Die Leute kennen mich und vertrauen mir. Das Haus ist groß genug zum Wohnen und Arbeiten. Es geht mir gut.

Und wenn ich doch mal einen schlechten Tag habe, mache ich mir eine Tote Tante.

Rick Kramers letzter Fall

Veit Bronnenmeyer

Rick fluchte, als er feststellte, dass der Kühlschrank in der schäbigen Küche seines schäbigen Büros den Geist aufgegeben hatte. Die Eiswürfel waren bereits auf die Hälfte ihrer ursprünglichen Größe zusammengeschmolzen. Er schüttete die verbliebenen festen Bestandteile in ein Wasserglas und goss sie mit Whisky auf. Dann setzte er sich wieder an seinen Schreibtisch und wollte eine Zigarette drehen. Da er kein Papier mehr finden konnte, riss er die letzte Mahnung der Stadtwerke in Streifen und ließ die Gesamtsumme der Verbindlichkeiten langsam knisternd in Rauch aufgehen. Wofür brauchte er noch Strom, wenn der Kühlschrank eh krepiert war?

Es war ein fast tropischer Sommer. Trotz der abendlichen Stunde drückte ein sattes, heißes Sonnenlicht noch mit über 30 Grad durch die Lamellen seines Fensterrollos. Rick schlug seufzend die Tageszeitung auf. Früher hatte er noch eigene Anzeigen geschaltet:

Rick Kramer, Privatdetektiv, Überwachung, Schutz und Ermittlungen aller Art. 100 %ige Diskretion. Telefon 8 88 33 99 11. Als aber die Geschäfte immer schlechter gingen, konnte er sich solch teure Werbung nicht mehr leisten. Früher hatte man sich allein mit misstrauischen Ehemännern problemlos über Wasser halten können. Doch heutzutage schienen die Frauen immer treuer zu werden und schon halbwegs betuchte Gatten fürchteten kostspielige Scheidungen. Alles in allem waren es miese Zeiten, und die Talsohle war noch lange nicht erreicht. Hin und wieder fand Rick Suchanzeigen nach vermissten Haustieren. Er rief dann die Besitzer an und fragte, ob sie bei der Suche nach dem Hündchen oder dem Kanarienvogel professionelle Hilfe benötigten. Aber selbst die Schoßhündchen schienen die Lust am Fremdgehen verloren zu haben. Rick blätterte weiter in der Zeitung, während unter dem Fenster der abendliche Verkehr dumpf dröhnend vibrierte. Eher zufällig entdeckte er im hinteren Zeitungsteil einen Bericht über eine Reihe von mysteriösen Todesfällen in der Schwarz-Familie, einer, so munkelte man, großen und schwerreichen Dynastie von Bestattern. Mittlerweile war der vierte von ihnen tot aufgefunden worden. Er hatte Theo geheißen, war ein Neffe des alten Patriarchen Carlo Schwarz und für die Friedhofsgärtnerei zuständig gewesen. Er war leblos in einem frisch ausgehobenen Grab am Central-Friedhof gelegen. Als Todesursache wurde Tetrodotoxin vermutet, ein Nervengift, das binnen einiger Stunden jeden Muskel im menschlichen Körper lähmte, bis schließlich der Herzschlag aussetzte.

Rick fingerte unter den Papierstapel nach links hinten auf seinem Schreibtisch und zog ein veraltetes Telefonbuch heraus. Er nahm den Hörer ab, wunderte sich, als er ein Freizeichen hörte, und betätigte die Wählscheibe.

»Firma Schwarz, Bestattungen aller Art. Was kann ich für Sie tun?«, meldete sich ein dünnes Frauenstimmchen.

»Carlo Schwarz, bitte«, Rick klemmte sich den Hörer zwischen Ohr und Schulter und begann, eine neue Zigarette zu drehen.

»In welcher Angelegenheit?«

»Persönlich!«

»Es tut mir leid, aber das kann ja nun wirklich jeder sagen«, die Kleine schien zickig zu werden.

»Hör zu, Schätzchen«, Ricks Stimme blieb gelassen, »es geht um seine Söhne und Neffen, die gerade reihenweise abgemurkst werden. Also stellst du mich jetzt besser durch, wenn du deinen Job behalten willst!«

Es klackte ein paar Mal, bis sich die knorrige Stimme des alten Patriarchen meldete. »Was wollen Sie?«

»Rick Kramer, Privatermittler«, Ricks Ton wurde etwas verbindlicher, »ich verfolge seit einiger Zeit die Todesfälle in Ihrer Familie ...«

»Wenn Sie hier Spielchen mit mir treiben wollen ...«

»Will ich nicht«, parierte Rick, »ich wollte Ihnen professionelle Hilfe bei der Aufklärung der Morde anbieten.«

»Die Polizei ermittelt bereits!«

»Höchst erfolgreich, wie man so liest!« Das hatte gesessen. Rick hörte den Alten eine Zeit lang schwer atmen, bis er fragte. »Wie viel kosten Sie?«

»Nun ja«, Rick ließ den Blick über seinen chaotischen Schreibtisch und die schimmelnde Küche bis hin zu dem Feldbett schweifen, das ihm seit drei Monaten als Nachtlager diente, »da werden wir uns schon einig werden.«

Die Villa der Familie Schwarz lag am westlichen Stadtrand unweit des Flusses. Rick trug den sauberen der beiden Sommeranzüge und eine nicht mehr ganz modische Krawatte. Den Panama-Hut würde er abnehmen, sobald er im Inneren war, und das Loch in der Krempe mit der Hand abdecken.

Der Alte empfing ihn in einem abgedunkelten Zimmer. Vor die Fenster waren schwere Vorhänge gezogen, eine Stehlampe sorgte für schummriges Licht. Carlo Schwarz saß hinter einem Schreibtisch und bot Rick einen Stuhl, aber keinen Drink an.

»Jetzt erklären Sie mir mal, warum ich mein hart verdientes Geld für Sie ausgeben sollte«, eröffnete Schwarz das Gespräch.

»Nun, Ihre Familie wird anscheinend nach und nach ausgelöscht«, erwiderte Rick, »die Polizei tappt im Dunkeln, und ich könnte mir vorstellen, dass es sich womöglich lohnt, etwas Geld für den Schutz Ihrer Angehörigen zu investieren ... natürlich können Sie auch das der Polizei überlassen, aber ...«

»Da gibt es nichts mehr zu schützen«, konterte der Alte und zündete sich eine Zigarre an, »ich bin der Letzte, um es genau zu sagen. Wenn ich Sie beauftrage, Kramer, dann nur, weil ich diesen Mistkerl hängen sehen will ... und dann werde ich ihn in einer Apfelsinenkiste im Wald verscharren.« Er erhob sich und begann, hinter seinem Schreibtisch auf und ab zu laufen. »Ich brauche keinen Schutz, Kramer, ich kann auf mich selbst aufpassen. Aber ich will, dass dieser Fall aufgeklärt wird und die Polizei ... nun ja. Wie viel kosten Sie?«

»Wir können ein Erfolgshonorar vereinbaren«, sagte Rick, »wenn ich den oder die Mörder finde, bekomme ich 10 000 ...«

»5000!«, Carlos Stimme duldete keinen Widerspruch, »und wenn nicht?«

»Dann geben Sie mir 200 für die Unkosten und gut.«

»In Ordnung«, sagte Carlo Schwarz nach kurzem Überlegen.

»Die hätte ich aber gerne als Vorschuss«, setzte Rick noch nach.

»Wenn Sie mit Vorkasse arbeiten, dann müssen 50 reichen!« Carlo nestelte suchend in der Tasche seines Hausmantels und zog einen Schein heraus, den er Rick hinlegte.

»Dann bräuchte ich aber noch einige Informationen von Ihnen«, sagte Rick nach einigem Zögern.

»Haben Sie sich noch nicht eingehend vorbereitet?«, fragte Carlo.

»Schon«, sagte Rick, »aber ich würde die Geschichte gerne noch einmal rekapitulieren.«

Carlo Schwarz setzte sich wieder und Rick zog ein Päckchen Luckies aus der Tasche, für das er seine letzte Barschaft hingelegt hatte. Als er kein Feuerzeug fand, warf ihm Schwarz eine Schachtel Streichhölzer zu.

»Sie waren Soldat«, stellte der Alte fest.

»In einem früheren Leben, ja«, Rick blies die Flamme aus und legte den Rest des Hölzchens ganz langsam in den Aschenbecher auf dem Schreibtisch. Dabei sah er Schwarz unverwandt in die Augen.

»Wir haben wahrscheinlich in verschiedenen Kriegen gekämpft«, sagte der Alte schließlich, »aber die Art und Weise, wie man sich eine Zigarette anzündet und raucht, scheint sich im Schützengraben nicht geändert zu haben.«

»Es wäre nun mal schlecht, wenn Flamme oder Glut einen als Ziel markieren«, stimmte Rick zu und kehrte wieder zu seinem gerade ergatterten Fall zurück:

»Also, es hat alles mit Ihren Söhnen Thomas und Andy begonnen, richtig?«

»Furchtbar«, Schwarz starrte auf seinen Schreibtisch, »wir waren uns ja nicht immer grün, aber beide Söhne an einem einzigen Tag zu verlieren …«

»Andy war Steinmetz und hat sich um die Produktion der Grabsteine gekümmert«, fuhr Rick fort, »während Thomas als Geschäftsführer Ihre Nachfolge antreten sollte, ist das richtig?«

»So war es geplant«, die Stimme des Alten wurde verhärmt.

»Wie ist es passiert?«

»Sie waren auf der Rückfahrt von einer Trauerfeier in den Hügeln nördlich der Stadt. Irgendjemand hat die Bremsschläuche ihres Leichenwagens durchtrennt. Auf der ersten abschüssigen Strecke sind sie von der Straße abgekommen und 50 Meter in die Tiefe gestürzt.«

»Schrecklich«, sagte Rick, ohne richtig mitfühlend zu klingen.

»Als nächstes hat es Bert erwischt«, sprach Carlo weiter.

»Den Sargschreiner?«

»Genau. Er war der ältere meiner beiden Neffen, und zuerst hat die Polizei ihn verdächtigt, am Tod von Thomas und Andy schuld zu sein.«

»Hätte er denn irgendwie davon profitiert?«, fragte Rick.

»Er war der Nächste in der Erbfolge«, sagte Schwarz, »meine Söhne waren nicht verheiratet und hatten keine Nachkommen, noch nicht ...«

»Aber dann wurde Bert erdrückt in der Furnierpresse seiner Schreinerei gefunden«, Rick blätterte in seinem Notizblock. Carlo nickte nur stumm und zog langsam an seiner Zigarre. »Eindeutig ein weiterer Mord«, sagte er schließlich, »offenbar wollte Bert die Presse reinigen und währenddessen muss jemand den Hebel umgelegt haben ...«

»Und die Polizei?«, fragte Rick weiter.

»Hat Theo verdächtigt«, die Worte grollten wie Lava aus Carlos Hals.

»Den Friedhofsgärtner«, ergänzte Rick, »ein weiterer Neffe von Ihnen und der jüngere Bruder von Bert. Diesen Fall habe ich in der Zeitung gelesen. Hat sich der Verdacht mit diesem Gift bestätigt ...«, er blätterte wieder, »Tetrotodoxin?«

»Was«, der Alte schien etwas abwesend, »das Gift? Ja, ja, das haben sie mittlerweile herausgekriegt ... mehr aber auch nicht.«

»Stimmt es denn, dass Theo verheiratet war?«, hakte Rick nach.

»Leider ja«, seufzte Schwarz, »mit Maria, einer Kinderkrankenschwester. Stellen Sie sich das einmal vor! Ein Schwarz mit einer Kinderkrankenschwester! Ich wollte ihm die Heirat ja verbieten, aber er hat sich nichts sagen lassen von seinem Onkel!«

»Dann wäre Maria die Letzte, die etwas davon hätte, wenn Sie eines Tages ...«, Rick machte eine unbestimmte Geste mit der Zigarette.

»Vergessen Sie's«, Schwarz bekam einen Hustenanfall, »dieses weiße Engelchen tut keiner Fliege was zuleide, und außerdem ...«, er beugte sich mit einem verschwörerischen Ton nach vorne, »sind in unserer Familie nur die männlichen Nachkommen erbberechtigt. Die Weltgeschichte ist voll mit Männern, die von Frauen ins Verderben gerissen wurden. Da haben wir einen Riegel vorgeschoben und zwar seit fünf Generationen!«

»Ja aber, wer erbt denn dann, wenn Sie einmal nicht mehr ...«

»Die gute Maria bekommt jedenfalls keinen Cent«, ein Lächeln huschte über das Gesicht des Patriarchen, »sollte kein männlicher Erbe vorhanden sein, gehen die Firma und das Vermögen an den Treuhandfond der Nationalen Bestattervereinigung, um den Ruhm und das Ansehen unseres Standes zu fördern.«

»Gut«, Rick drückte seine Zigarette aus, »wo kann ich Maria finden? Ich würde gerne noch ein paar Worte mit ihr wechseln.«

»Tun Sie sich keinen Zwang an«, kam es von der offenen Tür am anderen Ende des Raumes. »Rick Kramer, richtig? Ich bin Maria Schwarz.«

»Angenehm.«, Rick musterte die Frau. Sie trug eine weiße Schwesterntracht. Das Oberteil schien ihr einige Nummern zu groß zu sein, es schlabberte um ihren zierlichen Körper.

Das blonde Haar hatte sie hoch gesteckt und mit einer Schwesternhaube halb bedeckt.

»Sie tragen keine Trauer«, stellte Rick fest.

»Ich muss arbeiten, Herr Kramer«, ihre großen, grünen Augen sahen Rick verständnislos an, »hat Ihnen Onkel Carlo noch nicht erklärt, dass ich nun mittellos bin.«

»Ja, das habe ich gehört«, Ricks Blick schien Maria von oben bis unten abzutasten, »ich dachte nur, weil es erst wenige Tage her ist, dass ihr Mann …«

»Es war grausam«, erklärte Maria, »am Anfang war es die große Liebe, aber im Laufe der Zeit wurde das Leben in diesem Haus immer schwerer. Theo arbeitete 16 Stunden am Tag und dann überall dieses Schwarz, immer nur Tod und Trauer …«

»Sie wollte, dass Theo eine Staudengärtnerei aufmacht«, zürnte Carlo aus dem Hintergrund.

»Ständig diese Lilien und Nelken«, schluchzte sie, »da kann man ja schwermütig werden. Es würde mich nicht wundern, wenn sich Theo selbst …« Tränen traten aus ihren Augenwinkeln und liefen ihr die Wangen hinunter. Rick reichte ihr sein letztes sauberes Taschentuch.

»Bitte entschuldigen Sie mich jetzt, ich muss zum Dienst.« Eilig tupfte sie sich das Gesicht ab und gab Rick das Taschentuch zurück. Er schnüffelte daran, während er der Frau nachsah.

Zwei Wochen später war auch Carlo Schwarz tot. Er starb unspektakulär an Herzversagen im Bett. Die Polizei ließ eine Sektion durchführen, und es stellte sich heraus, dass Carlo die Blutdrucktabletten, die er mehrmals täglich benötigte, offenbar seit Wochen nicht mehr genommen hatte. Die Polizei ermittelte weiter, wusste jedoch nicht mehr gegen wen. Carlo hatte zwar noch einen Bruder gehabt, Erik, den Vater seiner beiden Neffen. Doch Erik hatte vor über 20 Jahren einen Burschen umgebracht, der bei ihm hohe Spielschulden hatte und nicht bezahlen wollte. Er war wohl immer schon etwas jähzornig gewesen. Schließlich war er außer Landes geflohen. Zuerst kam er bei der Fremdenlegion unter, später wurde er nach einem Putsch in einem lateinamerikanischen Zwergstaat Justizminister. Wenige Monate darauf wurde er aber beim Gegenputsch an einem Laternenpfahl aufgeknöpft. Judith, die Mutter der beiden Neffen, war kurz darauf an gebrochenem Herzen gestorben. Sie hatte sich anscheinend die ganze Zeit der Hoffnung hingegeben, dass Erik eines Tages zurückkommen würde.

Die Polizei wollte zwar nicht ganz ausschließen, dass Erik im Ausland noch einmal einen männlichen Nachkommen gezeugt hatte … aber Rick hatte einen anderen Verdacht.

Bei der Beerdigung des Patriarchen hielt er sich im Hintergrund. Zum einen, weil er sich in der prominenten Gesellschaft unwohl gefühlt hätte, zum anderen besaß er keinen intakten schwarzen Anzug mehr. Der Alte hatte seine eigene Bestattung sorgfältig geplant. Der Sarg war aus Rosenholz, der Grabstein aus Marmor und der Trauermarsch wurde von einem ganzen Orchester gespielt. Dafür hatte der Geizhals keinen Leichenschmaus vorgesehen, noch nicht einmal einen kleinen Umtrunk. Die Trauergemeinde zerstreute sich schnell und Rick passte Maria Schwarz ab, bevor sie den Leichenwagen besteigen konnte, der auf sie wartete. Heute trug sie Trauer, ein weit geschnittenes Kleid, das abermals nicht zu ihrer Figur passte.

»Ich gratuliere«, sagte Rick, als Maria ihn bemerkte.

»Wozu?«, fragte sie. »Weil ich nun ausziehen und mir eine billige Wohnung suchen muss?«

»Müssen Sie das wirklich?«

»In einem halben Jahr spätestens, dann geht das ganze Vermögen auf den Treuhandfonds über«, sie blinzelte in die tief stehende Sonne.

»So lange wird es ja sicher nicht mehr dauern«, stellte Rick fest.

»Ich weiß nicht, wovon Sie reden«, sie nahm eine Sonnenbrille aus ihrer Handtasche und setzte sie auf.

»Wie lange sind Sie schon schwanger?«, fragte Rick.

»Sie ...«, Maria verpasste ihm eine Ohrfeige, »was erlauben Sie sich?«

»Sie müssen mindestens im vierten Monat sein, vorher lässt sich ja nicht feststellen, ob es Junge oder Mädchen wird, nicht wahr?«

Rick ignorierte die Attacke lächelnd.

»Das ist absurd«, Maria wandte sich ab.

»Da hätte der arme Theo mal lieber ein Kondom benutzen sollen«, fuhr Rick ungerührt fort, »es stimmt schon, diese Dinger schützen vor vielem!«

»Absurd«, wiederholte Maria.

»Das Tetrodotoxin, womit Theo vergiftet wurde, ist schwer zu kriegen«, erklärte Rick, »aber in einem Krankenhaus kommt man an so was ran, weil es auch als Schmerzmittel bei Krebspatienten eingesetzt wird. Und die hier, die haben Sie wahrscheinlich auch auf Lager, nicht wahr?« Er hielt eine kleine weiße Pille hoch.

»Was ist das? Aspirin?«

»Das sind Placebos«, Rick schluckte die Tablette, »Pillen aus Milchzucker, ohne Wirkung.«

»Was Sie nicht sagen!«

»Genau so eine habe ich unter Carlos Nachtkästchen gefunden, am Tag nach seinem Tod ... es gibt nicht viele, die Gelegenheit hatten, seine Medikamente zu vertauschen, oder?«

»Wie sind Sie denn in Carlos Schlafzimmer gekommen?«

Marias Verärgerung schien einer gewissen Neugier zu weichen.

»Egal«, beschied Rick, »das sind alles keine zwingenden Beweise, aber für einen hübschen Indizienprozess dürfte es genügen.«

»Und das haben Sie alles erst heute bemerkt?« Maria lächelte nun. Ihr Ton wurde herausfordernd.

»Ist schon ein paar Tage her«, Rick zuckte mit den Achseln.

»Und warum sind Sie dann nicht zu Onkel Carlo und haben ihm die Lösung des Falles präsentiert?«, sie lächelte noch mehr.

»Ich war kurz davor«, sagte Rick, »aber irgendwie hatte ich das Gefühl, dass wir in verschiedenen Kriegen kämpfen ... und dass er mir die 5000 nicht gezahlt hätte.«

»Sie haben eine gute Menschenkenntnis«, Maria rückte die Sonnenbrille auf die Nasenspitze und blinzelte ihn an. Ihre grünen Augen glichen nun zwei offenen Türen.

»Geht so«, Rick deutete auf ihren Bauch, »wie soll er denn heißen?«

»Eine Gegenfrage«, sie streichelte ihren gewölbten Unterleib, »haben Sie schon mal darüber nachgedacht, in der Bestattungsbranche tätig zu werden?«

Himmel und Hölle

Hans Forster

Ich stehe in einer blank polierten Edelstahlspüle. Nur der Wasserhahn fehlt. Stattdessen an einer Seite ein großer Spiegel, mannshoch. Die Wände ziehen sich gut zwei Meter nach oben bis zur Decke. Die ist ebenfalls edelstahlverkleidet. Makellos, bis auf eine kleine Ausbeulung in der Mitte. Eine Delle, die sich von außen nach innen durchgedrückt hat. Ein Schönheitsfehler, mehr nicht. So wie die winzigen Spritzer in Gesichtshöhe auf dem Spiegel. Vielleicht die eitrig klebrigen Reste eines ausgedrückten Pickels. Daneben die Knöpfe, akkurat übereinander angeordnet. Auf dem untersten Knopf wurde UG eingraviert, auf dem darüberliegenden EG, es folgen aufsteigend die Ziffern von 1 bis 9, ganz oben steht die 10. Ich sehe nach unten. Der Boden ist enttäuschend gewöhnlich, wirkt fast ein wenig schäbig im Vergleich zu den blitzblanken Wänden und der Decke. Linoleum mit eingearbeitetem Fleckenmuster, sicher pflegeleicht, aber ohne jede Eleganz. Nur noch eine gewöhnliche Fahrstuhlkabine, wie sie in vielen Hochhäusern der Stadt zu finden ist.

Die Tür schließt sich, ich befinde mich im Erdgeschoss, drücke auf die 10. In den Himmel, denke ich mir. Die Kabine vibriert zunächst ein wenig, löst sich dann, um sich mit beachtlicher Geschwindigkeit nach oben zu bewegen. Keine Zwischenstopps, keine Mitfahrer unterbrechen die Fahrt.

Oben angekommen gleitet die Innentür zurück. Ich steige nicht aus, drücke stattdessen auf UG und fahre wieder hinunter. Hinab in den Orkus des Hauses. In die Hölle, denke ich mir. Die Fahrstuhltür schiebt sich erneut nach außen, verschwindet in der Wand. Ich öffne die Außentür und starre mit weit aufgerissenen Augen in den Raum davor, dessen Umfang kaum auszumachen ist. Im Keller ist es stockdunkel, kein Mensch hält sich hier unten auf. Ich ziehe mich in die Kabine zurück. Ein weiterer, sanfter Druck mit dem Zeigefinger auf den Knopf mit der 6. In diesem Stockwerk wohne ich. Wieder ein fast lautloses Hinaufgleiten im Schacht.

In meiner frühen Kindheit wohnten wir auf dem Land, dort gab es keine Fahrstühle. Nach dem Tod meines Vaters, ich war damals gerade fünf Jahre alt, konnte Mama das Haus mit ihrem geringen Einkommen nicht mehr halten. Die Stadtwohnung, in die wir zogen, war praktischer, preisgünstiger, für meine Mutter näher an ihrer Arbeitsstelle in einer Supermarktkette gelegen. Leider befand sich kein großer Garten außen herum, lediglich einige Sträucher, zwei Ahornbäume und eine etwas abseits stehende Birke ließen uns die auf dem Land zurückgelassene Natur nicht vergessen. Das Hochhaus, so hässlich es mir mit seinen kühl abweisenden Betonwänden zunächst schien, wartete aber doch mit einer großartigen Überraschung für mich auf: einem Fahrstuhl. Keinem, der leise und elegant dahinglitt, sondern einem, der ächzte und rumpelte, wenn er sich in Bewegung setzte. Wie ein altes, klapperiges Pferdefuhrwerk. Für einen unbedarften Knaben wie mich damals trotzdem ein technisches Wunderwerk, das mich von Anfang an faszinierte und fesselte. Zum Zeitpunkt unseres Einzuges war ich ein kleiner Stöpsel, kam im Aufzug, selbst wenn ich mich streckte, nur bis zum Knopf mit der 4. Meine Arme waren zu kurz. Ein Jahr später reichte es bis zur

5, schließlich bis zur 6. Mit einem beherzten Sprung schaffte ich es manchmal sogar bis zur 10. Bei meinen Versuchen wackelte die Kabine unruhig im Schacht. Mama mochte das gar nicht leiden. Also sprang ich nur noch, wenn ich allein mit dem Aufzug fuhr. Wenn es mir gelang, fuhr ich bis ganz nach oben. Zu Vater. In den Himmel.

Später, während meiner Ausbildung zum Bankkaufmann, musste ich auf die Annehmlichkeit eines Fahrstuhls für einige Jahre verzichten, wurde zum unfreiwilligen Treppensteiger. Ich wohnte in einer kleinen Genossenschaftswohnung im zweiten Stock unter dem Dach. Zwei Treppen mit jeweils achtzehn Stufen führten dort hinauf. Das Haus war nicht hoch genug, die Mieten zu gering, als dass sich der Einbau einer Aufzuganlage gelohnt hätte. Nur anlässlich der seltener werdenden Besuche bei meiner Mutter fuhr ich weiter mit dem Fahrstuhl. Manchmal drückte ich dort immer noch auf den Knopf mit der 10, hüpfte dabei, spitzbübisch grinsend, ein klein wenig in die Luft und ließ mich sodann in gemächlicher Fahrt rumpelnd bis ganz nach oben tragen. Schließlich, als auch Mama starb und ihre Wohnung aufgelöst wurde, verloren sich mit dem körperlichen Verschwinden meiner Mutter aus meinem Leben auch meine Gefühle, die ich mit dem Fahrstuhlfahren verband. Erst als ich Karoline kennenlernte und wir uns vor unserer Heirat eine gemeinsame Wohnung suchten, erwachte meine eigenartige Empfindsamkeit für das Fahren mit Aufzügen wieder zum Leben. Wir bezogen eine Wohnung, im sechsten Stockwerk eines Hauses gelegen, das zehn Stockwerke hoch und mit einer edelstahlglänzenden Aufzugkabine versehen war. Dort wohne ich noch immer und der Aufzug ist der, in dessen Kabine ich gerade stehe.

Ich öffne die Fahrstuhltür und gehe zu meiner nebenliegenden Wohnung. Erschöpft von einem langweiligen, ereignislosen Arbeitstag in der Bank hänge ich meine Jacke an die Garderobe.

»Hallo«, rufe ich völlig sinnlos in den Flur hinein. Ich weiß, ich bin allein zu Hause. Wie jeden Abend, seit Karoline mich verlassen hat. Das war vor nunmehr über einem Jahr. Bei ihrem Auszug hat sie alles mitgenommen, was sie nur irgendwie gebrauchen konnte. Nur das, was ich selbst gerne losgeworden wäre, ist mir von Karoline geblieben: ihre Mutter. Schon seit Beginn unserer Ehe wurden wir nahezu täglich von Gundula heimgesucht. Nach Karolines Verschwinden, weg zu einem anderen Mann, schien sich zunächst auch Gundula von mir abzuwenden. So sehr mich der Verlust von Karoline auch schmerzte, so befreit fühlte ich mich durch die Abwesenheit Gundulas.

Leider währte dieser Zustand, so weit es Gundula betraf, nur einige wenige Wochen. Karoline hingegen ließ sich seither nie mehr bei mir blicken. Mehrmals wöchentlich stand Gundula also bald wieder bei mir in der Wohnung und lag mir dermaßen in den Ohren, welch liebes Kind Karoline doch sei, dass ein weniger friedlich veranlagter Mensch als ich sie sicher längst mit einem kräftigen Fußtritt hinausbefördert hätte. Gundula setzte es sich offenbar zum Lebensziel, mich unbedingt als Schwiegersohn zu behalten, obwohl sie mich gleichzeitig, wie früher, in einem fort kritisierte. Das war eben ihr Wesen, das lag in ihrer Natur. Nichts war ihr recht, nichts war ihr gut genug für ihre Tochter gewesen, ich schon gleich gar nicht. Ihre plötzliche, mir recht unangenehme Anhänglichkeit konnte ich mir nur dadurch erklären, dass Karolines neuer Liebhaber, ein arbeitsloser Zahntechniker, noch weit weniger ihren althergebrachten Vorstellungen eines würdigen Schwiegersohnes entsprach. Ein Zahnarzt, der wäre sofort von Gundula akzeptiert und in die Familie aufgenommen worden. Aber ein Zahntechniker, noch dazu ein arbeitsloser, stand in Gundulas sozialer Rangordnung, jedenfalls so weit es den Umgang mit ihrer Tochter betraf, wohl noch deutlich unter einem Bankangestellten wie mir.

Und so blieb ich daher weiterhin ein willkommenes Opfer ihrer schwiegermütterlichen Attacken. Gundula war anhänglich wie eine Klette und nüchternen Argumenten nicht zugänglich. Kurz gesagt, es war nicht auszuhalten mit ihr.

Ich gehe in die Küche, hole mir ein kühles Bier aus dem Kühlschrank und lege mich auf die Couch. Dabei trinke ich aus der Flasche, habe immer noch die Straßenschuhe an. Auf ihnen klebt schichtweise grauer Staub aus dem Büro, der Innenstadt, der U-Bahn, dem Bus. Gundula hätte das, wenn sie hier wäre, nicht gefallen. Ordnung war für sie stets das halbe Leben. Immer wischen, immer Staub saugen, immer Kritik an mir, dem Unordentlichen. Jedes Mal, wenn sie meine Wohnung betrat, und das war auch nach der Trennung von Karoline noch ziemlich oft der Fall, schwenkte sie zunächst rasch den Kopf nach allen Richtungen. Wie ein computergesteuerter Scanner, der alles Umherliegende, Ungeordnete einlas und unerbittlich auf der negativen Seite der Festplatte des schwiegermütterlichen Langzeitgedächtnisses abspeicherte.

Ich suche nach der Fernbedienung, knipse lustlos den Fernseher an. Gelangweilt zappe ich mich durch die Programme. Nachrichten, eine Talkshow, ein Vorabendkrimi, eine Telenovela. Die Bierflasche ist leer, ich lasse sie langsam aus der Hand auf den Boden gleiten und unter die Couch rollen. Dort bleibt sie liegen. Einige Tropfen Bier laufen gemächlich aus dem Flaschenhals auf das Parkett. Ich sehe zu, wie sich eine kleine Lache bildet, vermische sie mit meinen Schuhen. Der Straßendreck in den Sohlenrillen saugt die Biertropfen auf und zeichnet das graue Muster meines Schuhabdrucks auf den Boden. Ein Druck auf die Fernbedienung und auch der Bildschirm wird grau, lediglich unten leuchtet noch ein kleines, rotes Lämpchen. Ich fühle mich selbst wie im Stand-by-Modus. Ausgelaugt, leer und bereits ein klein wenig vom Bier benebelt. Es ist still in der Wohnung. Nur aus der Diele dringt das schwache, kaum hörbare Ticken der Wanduhr. Ich sehe Gundula vor mir, wie sie mit dem Zeigefinger mahnend auf die Uhr, mit ihrer anderen Hand mahnend auf mich, den stets Unpünktlichen, deutet. Die Luft im Raum ist stickig, abgestanden. Wie es Gundula wohl jetzt gerade geht? Vielleicht lässt sie sich von einem kühlen Lüftchen umwehen, während ich hier in meinem eigenen Mief sitze und mich selbst bemitleide.

Mit meinen Ohren erforsche ich die Stille, lausche mit angehaltenem Atem, bis ich den Fahrstuhl anhalten höre, ein Stockwerk über uns. Ein kurzes Bremsen, die Tür geht auf, tapsende Schritte über den Gang. Draußen wird es langsam finster. Ich liege nun im Dunkeln, eine weitere geöffnete Bierflasche in der Hand. Die Geräusche des Fahrstuhls, der sich öffnenden Türen, werden seltener. Siebzig Wohnungen gibt es im Haus. Fast alle Bewohner, ausgenommen einige besonders sportliche Naturen und die im Erdgeschoss Ansässigen, benützen den Fahrstuhl regelmäßig. Wenn sie von der Arbeit nach Hause kommen, leistet der Aufzug Schwerstarbeit, fährt ständig auf und ab, bewegt sich zwischen Himmel und Hölle. Etwas später folgt noch einmal eine kurze Stoßzeit. Menschen verlassen das Haus, um zum Essen zu gehen, ins Kino, ins Theater oder wohin auch immer. Die meisten kehren, zumindest unter der Woche, noch vor Mitternacht zurück. Dann kann sich auch der Fahrstuhl etwas Ruhe gönnen, behäbig auf einem Stockwerk verweilen, frei schwebend im Schacht, gehalten nur durch die Tragseile.

Es ist bereits ein Uhr durch. Seit einer halben Stunde hat sich der Aufzug nicht mehr bewegt. Das Haus scheint fest zu schlafen. Ich verlasse die Wohnung, stelle mich ins Treppenhaus und sehe auf die geschlossene Fahrstuhltür. Ich steige ein Stockwerk nach oben, ein weiteres, noch eines, schließlich bin ich unter dem Dach angelangt. Dort steht die Kabine. Langsam und vorsichtig öffne ich die Tür, schleiche mich hinein in das Edelstahlbecken mit dem schäbigen Boden. Mit meinen sich nächtens langsam aus den Poren schiebenden Bartstoppeln im Gesicht fühle ich mich befleckt wie dreckiges Geschirr, an dem alte Speisereste anhaften und das auf die Spülbürste wartet. In der Kabine brennt wie immer Licht. Im Spiegel sehe ich mein vom Bier aufgedunsenes Gesicht. Kein schöner Anblick, denke ich, und mein Blick wandert weiter zur Decke, bleibt dort kurz an der Delle haften, wandert zurück auf den Boden. Ich bin im zehnten Stock, unter mir ist freier Raum. Ich rechne kurz nach. Die Deckenhöhe meiner Wohnung beträgt etwa zweieinhalb Meter. Multipliziert mit zehn Stockwerken ergibt das fünfundzwanzig Meter, die Geschossdecken nicht eingerechnet. Auch der Keller kommt noch hinzu. Schätzungsweise gut dreißig Meter bis nach unten. Ich werfe mich gegen die Kabinenwand, versuche, ob ich sie nicht etwas ins Schwanken bringen kann. Ein müdes Ächzen der Seile dröhnt wie aus weiter Ferne aus dem Schacht an mein Ohr. Ich beginne, auf und ab zu hüpfen, und merke, wie der Boden unter mir anfängt, leicht zu schwingen. Wie wäre es wohl, wenn der Boden plötzlich nachgeben und ich fallen würde? Einfach so, ins Nichts, die dreißig Meter bis in den Keller hinunter. Gibt es dort nur schlichten Betonboden oder vielleicht irgendeine raffinierte, technische Vorrichtung, möglicherweise ein paar spitze Eisenpfeiler, die sich vor dem Aufschlag durch meine Brust bohren, mir den Schädel spalten würden? Eine müßige

Frage, denn die Kabine ist massiv, hält jedem Hüpfer stand, trotzt wacker jedem Stoß. Keine Gefahr abzustürzen. Oben in der Kabinenecke hängt ein kleines Schild. Fünfhundertvierzig Kilogramm oder sechs Personen steht darauf. Ich rechne wieder kurz nach. Sechs recht beleibte Personen vermutlich. Aus meiner Gewichtsklasse könnten fast acht Personen mitfahren, sieben jedenfalls sicher, ohne die Belastungsgrenze auszuschöpfen. Keine Chance für mich allein, einen Absturz der Kabine herbeizuführen.

Im Haus ist es immer noch ganz ruhig. Ich lege mich auf den Boden des Fahrstuhls, bette mein müdes Haupt auf den glanzlosen Linoleumboden. Leise, ganz leise höre ich die Leuchtstoffröhre über mir brummen, dem Flügelschlag eines kleinen Käfers gleich. Ich summe mit, zunächst ganz sonor, dann versuche ich, dem Summen etwas Melodie zu geben, bewege meinen Kopf langsam schneller werdend rhythmisch hin und her und lande am Ende bei einem Kinderlied. Alle meine Entchen. Ich bin immer noch im zehnten Stock, ganz oben, fast im Himmel.

Im Sitzen, nicht größer als ein Kind, drücke ich auf UG. Der Fahrstuhl setzt sich nahezu geräuschlos in Bewegung, gleitet hinab. Weiter am Boden sitzend erwarte ich das Abbremsen, das Zurückfedern, wenn die Kabine unten angekommen ist. Ein leichtes Rumpeln über mir, der Aufzug steht. Kein Quietschen, kein Knarren, technisch perfekt. Umso erstaunlicher bei diesem Fahrstuhl, wie leicht sich seine Sicherheitseinrichtungen umgehen lassen. Zum Beispiel die der Türen auf jedem Stockwerk. Befindet sich die Kabine, sagen wir im fünften Stockwerk, lassen sich die Türen auf den anderen Stockwerken normalerweise nicht öffnen. Ein kleines Stück Klebestreifen, richtig über dem Kontakt befestigt, reicht jedoch aus, das Sicherheitssystem des Fahrstuhls außer Kraft zu setzen. Eine so präparierte Tür lässt sich mühelos öffnen. Ich habe es ausprobiert, mehrmals. Man kann in den Schacht sehen, doch nicht bis ganz nach unten. Dort ist es immer finster, Hölle eben.

Ich fahre wieder hinauf bis in den zehnten Stock. Dorthin, wo ich glaube zu spüren, wie die Luft leichter, ja freier wird. Denn über der letzten Decke wölbt sich nur noch der Nachthimmel mit seinen blinkenden und funkelnden Sternen. Weite, Raum, Unendlichkeit. Gundula besaß für so etwas keinerlei Gespür. Sie blieb immer auf dem Boden, hob nie ab. Sie dachte nie lange nach, sie handelte einfach. Anders als ich, der ewig von ihr gescholtene Trödler. Schon als Kind blieb ich oft lange vor der Fahrstuhltür stehen, gefangen in der Angst, dahinter könne sich ein Monster oder anderweitig Schreckliches verborgen halten. Ich weiß, auch Mama teilte meine Gefühle damals nicht, aber sie verstand mich, hatte Zugang zu meinen Gedanken. Gundula hingegen kannte derlei Ängste sicherlich gar nicht, sie öffnete jede Tür sofort und ohne zu zaudern. Oft auch ohne vorher hinzusehen. Das wurde ihr am Ende zum Verhängnis. Ich sehe sie noch genau vor mir, wie sie nach einem ihrer nervtötenden Besuche die Aufzugtür in unserem Stockwerk aufriss, an deren Kontakten ich kurz zuvor die Klebestreifen angebracht hatte. Die Kabine befand sich zu dem Zeitpunkt im Erdgeschoss. Sechs Stockwerke, schätzungsweise so um die 17 oder 18 Meter. Wirklich erstaunlich, wie stabil sich die Kabine erwies. Als Gundula nach ihrem freien Fall auf dem Kabinendach aufschlug, war sie wohl sofort tot, zumindest konnte ich damals nichts mehr von ihr hören, bevor ich die Aufzugtür zum Schacht wieder schloss. In der Decke der Kabine selbst ist seither nur eine kleine Delle zu sehen, fast nicht der Rede wert. Ein halbes Jahr ist das nun her. Die Edelstahlverkleidung der Fahrstuhlkabine scheint perfekt verarbeitet zu sein. Kein Geruch, keine Flüssigkeit dringt ins Innere. Nichts, was auf Verwesung über den Köpfen der Fahrstuhlbenutzer hindeuten würde. Möglicherweise hat die trockene Luft im Schacht eher eine Austrocknung, eine Mumifizierung Gundulas bewirkt. Ich weiß es nicht, habe ich die Klebestreifen doch seit jenem Tag nicht mehr benutzt, keinen Blick mehr hinab in den Orkus geworfen. Und so fährt Gundula also, tagaus wie tagein, mit der Kabine auf und ab. Ich aber trete oben im zehnten Stockwerk hinaus in den Hausgang, drücke vorher noch auf UG, winke der Kabine freundlich hinterher. Gundula gleitet hinab, fährt zur Hölle. Albern vor mich hin kichernd, steige ich die Treppenstufen bis zu meiner Wohnung hinunter.

Mein erster Fall

Antonia Spohr

Ich weiß gar nicht, ob ich das alles richtig erzähle, so mit Einleitung, Hauptteil und Schluss, wie meine Deutschlehrerin Frau Schlögl das immer haben will, wenn wir über unsere schönsten Ferienerlebnisse berichten müssen. Allerdings war es ja auch nicht das schönste Ferienerlebnis, das spannendste zwar, aber mit Sicherheit nicht das schönste. Und meine Mutter sagt, Aufsätze über schönste Ferienerlebnisse seien pädagogisch von vorgestern. Außerdem will ich später nicht Schriftsteller werden, sondern Kommissar bei der Mordkommission. Weil Schriftsteller den ganzen Tag am Schreibtisch sitzen, während die Kommissare bei der Mordkommission ermitteln.

Ich erzähle jetzt von meinem ersten Fall: Die Leiche hat mein Bruder Georg, besondere Kennzeichen: 16 Jahre, viele Pickel, keine Freundin, um 17 Uhr 49 (geschätzter Zeitpunkt) im Gemüsebeet meiner Großmutter in Meisenbach gefunden.

Vielleicht muss ich noch sagen, dass es eigentlich gar kein echter Fall war, weil bei einem echten Fall kommen ja echte Kommissare und meistens auch noch Leute vom Fernsehen. Bei uns kam aber nur der dicke Herr Herder von gegenüber, um nachzusehen, warum wir solch ein Geschrei machten. Aber bei einem echten Fall sind ja auch immer Menschen tot.

Meistens waren die Menschen vorher reich und der Täter kann sie dann beerben. Bei Willi gab es nichts zu beerben, außer vielleicht seine angekauten Schuhe und das Halsband mit seiner Steuermarke, aber deswegen begeht ja niemand einen Mord. Deshalb stand für mich sofort fest, dass Habsucht als Motiv ausscheidet.

Aber jetzt habe ich tatsächlich die Einleitung vergessen:

Wir waren Ostermontag alle bei meiner Omi zum Kaffeetrinken eingeladen. Das ist bei uns ostermontags immer so. Warum, weiß ich nicht, weil eigentlich gar keiner hin will. Sogar Omi, wegen der wir das alles veranstalten, mag diese Familientreffen nicht, weil sie das zu sehr anstrengt, wenn alle ihre zwölf Gäste sich in ihrem kleinen Häuschen gegenseitig auf die Füße treten. Sie rennt wie ein aufgescheuchtes Huhn hin und her und nötigt alle dazu, noch ein Stück von ihrem trockenen Schokokuchen zu essen. Die einzige, die den Schokokuchen tatsächlich mag, ist meine zweieinhalbjährige Cousine Lizzy. Wenn man nicht aufpasst, flitzt sie mit ihren kurzen dicken Beinen durch das ganze Haus und versteckt ihn unter Sofakissen oder in Blumentöpfen. Ich werde jetzt die Verdächtigen nacheinander durchgehen:

Mein Cousin Johannes hatte Willi damals angeschleppt. Johannes war schon immer verrückt nach Tieren. Keiner weiß genau, wo er Willi herhatte. Willi stank aus dem Maul, war total abgemagert und sollte, nach Meinung meiner Tante Karin und meines Onkels Wolfgang, sofort ins Tierheim. Tante Karin hasste die Haare, die Willi im ganzen Haus verteilte. Und Willi hatte wirklich viele Haare. Onkel Wolfgang liebt – typisch Lehrer – Fernreisen und fühlte sich durch Willi darin beeinträchtigt. Der kotzte nämlich immer beim Autofahren. Aber Johannes war stur, er drohte damit, absichtlich sitzenzubleiben, falls man ihm Willi wegnähme. Und das geht natürlich nicht, wenn der Vater Lehrer ist. Weil, was sollen da die

Kollegen denken. Deshalb wurde Willi notgedrungen geduldet. Doch Tante Karin und Onkel Wolfgang waren im höchsten Grade verdächtig. Durch sein Ableben hatten sie nur Vorteile.

Omi war natürlich schon überfordert genug. Dass nun auch noch Willi bei den Familientreffen dabei war, gefiel ihr ganz und gar nicht, zumal Willi aus lauter Begeisterung zur Begrüßung immer an ihr hochsprang. Ihr Medikamentenvorrat im Badezimmerschrank ist außerdem erschreckend. Damit könnte man, wenn man wollte, garantiert ein ganzes Tierheim vergiften. Aber sie ist auch unsere Omi, ein bisschen tüdelig, ein bisschen schwerhörig und oft ein bisschen nervig. Sie würde nie wollen, dass einer ihrer Enkel traurig ist.

Meine Mutter wurde als Kind von einem Hund gebissen. Seitdem hasst sie Hunde. Egal ob groß oder klein. Sogar Blindenführhunde beäugt sie kritisch.

Mein Vater hat eine Tierhaarallergie. Deswegen mag er keine Tiere, auch solche nicht, die gar keine Haare haben. Willi mit seinen langen Zotteln mochte er ganz besonders nicht. Er fing an zu niesen, wann immer er ihn sah. Meine Mutter sagt, das sei psychosomatisch.

Mein Bruder Georg hatte auch ein Motiv. Als wir nämlich alle zu Weihnachten bei Omi zum traditionellen Gansessen eingeladen waren, hatte Willi in einem unbeobachteten Moment die nigelnagelneuen Fußballschuhe, die sich mein Bruder Georg sehnlichst gewünscht und gerade erst ausgepackt hatte, angefressen. Ich habe ein bisschen im Internet gesurft. Aber noch nicht einmal bei Wikipedia steht, was Hunde eigentlich an Schuhen so toll finden. Die Fußballschuhe von Georg waren jedenfalls die gleichen, die auch Schweinsteiger hat. Allerdings dürfte das Willi nicht interessiert haben.

Es muss also festgehalten werden, dass sowohl meine Mutter als auch mein Vater wie auch mein Bruder als Täter in Frage kamen. Trotzdem traute ich keinem von ihnen den Mord an Willi zu. Wenn man regelmäßig Tatort und manchmal auch Derrick oder Schimanski schaut, lernt man, dass eigentlich jeder fähig ist, einen Mord zu begehen und dass man sich von Kleinigkeiten, wie dass man immer Schulbrote geschmiert und einen Gutenachtkuss bekommt, nicht täuschen lassen darf. Am ehesten kam noch mein Bruder in Frage, weil der mich im Sommer im Freibad immer untertaucht, bis ich keine Luft mehr bekomme, was auf erhöhte Gewaltbereitschaft schließen lässt. Um ehrlich zu sein, traute ich es jedoch noch nicht einmal ihm zu.

Onkel Dieter und Tante Anne lebten in ständiger Furcht, für Willi in den Ferien als Hundesitter herhalten zu müssen. Zumal gerade Tante Anne nicht Nein sagen kann. Deshalb sagt sie immer Ja, wenn man sie um etwas bittet, und darüber ärgert sie sich so sehr, dass sie furchtbar schlechte Laune bekommt, die sie dann an allen auslässt, die sie um nichts gebeten haben. Jetzt, wo Willi tot war, musste natürlich in den Ferien auch keiner auf ihn aufpassen.

Cousine Lizzy war noch zu klein für ein Motiv. Schließlich trägt sie nachts noch Windeln.

Willi war größer als ein Dackel, aber kleiner als ein Schäferhund. Er hatte immer dichte Zotteln vor den Augen und immer einen vom Sabber feuchten und deshalb dunklen Bart. Eine richtige Fellfarbe hatte er auch nicht, mehr so ein Mittelding zwischen grau und braun. Eigentlich war, bis auf die Tatsache, dass er den Briefträger mochte, an ihm nichts weiter Besonderes.

Ich komme nun zur Beschreibung des Fundorts: Wahrscheinlich war der Fundort nicht der Tatort. Die genaue Lage des Tatorts konnte nicht mit Sicherheit festgestellt werden.

Der Fundort war 391 Schritte vom Haus und 86 Schritte vom Geräteschuppen entfernt. Die Leiche lag im Gemüsebeet auf einer Kohlrabi und drei Karotten.

Es fanden sich keine menschlichen Fußabdrücke. Die Erde schien trocken und leicht aufgewühlt.

Es war unmöglich, den Fundort abzusichern und die teilweise verdächtigen Schaulustigen von der Leiche fernzuhalten. Eine Benachrichtigung der Angehörigen war überflüssig, da sich die gesamte Familie bereits am Fundort befand. Die Leiche war bis auf ein rotes Halsband mit amtlicher Steuernummer unbekleidet. Ein Obduktionsbericht kann nicht angefertigt werden, da kein Gerichtsmediziner vor Ort war. Deshalb konnte nur eine äußere Leichenschau durchgeführt werden.

Willi lag starr, alle viere von sich gestreckt, auf der Seite, mit Blick auf den Walnussbaum. Das Maul war geschlossen. Seine Zunge war blassrosa und hing geschätzte sechs Zentimeter zwischen seinen Zähnen hervor. Der Schwanz lag in einem Winkel von 100 Grad. Einschusswunden, wie auch andere äußere Verletzungen, konnten nicht festgestellt werden.

Alles wies auf einen Giftmord hin, denn an Altersschwäche konnte Willi nicht gestorben sein. Schließlich war er erst fünf und bis auf sein bisschen Hundediabetes topfit. Johannes hat ihm zweimal täglich Insulin gespritzt, und der Tierarzt hatte gesagt, wenn er immer sein Diäthundefutter fräße, könne Willi noch steinalt werden. Obwohl steinalt für Hunde ja nicht so lang bedeutet wie steinalt für Menschen, sondern nur vielleicht fünfzehn oder sechzehn.

Da fällt mir ein, dass die Kosten für Spezialfutter und Insulin noch ein weiteres Motiv für Tante Karin und Onkel Wolfgang gewesen wären. Schließlich mussten sie das alles bezahlen. Da wäre es schon praktisch gewesen, wenn Willi eines

Tages nicht mehr aufgewacht wäre. Weil ein Hund, der ins Auto kotzt und dann auch noch zuckerkrank ist, den kann man schon als eine Zumutung empfinden. Besonders wenn man wie Tante Karin und Onkel Wolfgang gar keine Tiere mag, sondern nur die Tierdokumentationen im dritten Programm.

Willi konnte auch nicht irgendwo anders Gift gefressen haben – Rattengift oder irgendwelche Abfälle –, weil Johannes ihn immer an die Leine genommen hat, wenn er mit ihm spazieren gegangen ist. Er hatte nämlich Angst, Willi könnte überfahren oder von einem anderen Hund gebissen oder von einem Jäger beim Spielen im Wald erschossen werden. Selbstmord kommt bei Hunden nicht vor, zumindest hat meine Suche im Internet nichts Brauchbares ergeben. Es handelte sich folglich eindeutig um ein Tötungsdelikt.

Meine Tante Karin und mein Onkel Wolfgang waren also besonders verdächtig.

Bei Stichverletzungen kann ja immer festgestellt werden, ob sie von einem Rechts- oder Linkshänder stammen. Bei Vergiftung scheidet dieses Kriterium aus. Zudem haben wir keine Linkshänder in der Familie. Bei einer Schusswaffe kann man sich fragen, wer hat einen Waffenschein, wer ist Sportschütze oder wer hatte Zugang zu einer Waffe. Aber wir haben keinen Arzt oder Apotheker in der Familie und Omas Medikamentenschränkchen, mit den vielen Kreislauf- und Schlaftabletten, ist nicht abgeschlossen und jeder kommt da ran – außer natürlich Lizzy. Ich habe selbstverständlich auch alle Mülleimer und sogar den Komposthaufen durchsucht, konnte aber keine leere Medikamentenpackung finden.

Ich zog mich mit Bleistift, Notizbuch und einer Tüte Gummibärchen ins Gästezimmer zurück, um genauer über den Fall nachzudenken.

Es ist entscheidend, saubere Aufzeichnungen zu machen, damit man nicht übersieht, was später wichtig sein könnte.

Schließlich kam ich zu folgenden Erkenntnissen:

Keiner aus der ganzen Familie hatte ein Alibi. Alle hätten jederzeit Willi mit in Leberwurst verpackten Tabletten füttern können. Es soll ja Hunde geben, die nur fressen, was ihnen ihr Herrchen gegeben hat. Willi jedoch fraß, was er kriegen konnte. Weil niemand genau auf die Uhr geschaut hatte, konnte noch nicht einmal festgestellt werden, wer Willi das letzte Mal lebend gesehen hatte. Um die Mittagszeit herum wollten ihn meine Omi und meine Mutter noch gesehen haben. Onkel Dieter meinte, er habe ihn gegen eins im Garten gesehen, es könne aber auch schon zwei gewesen sein. Tante Anne aber sagte, Willi sei ihr im Flur begegnet, als sie sich nach dem Mittagessen eine Strickjacke holen wollte. Kurzum, der Zeitpunkt der Tat ließ sich nicht ermitteln. Ich musste also meine Schlüsse aus dem Tathergang ziehen. Jeder, der sich nur ein bisschen mit Kriminalistik auskennt, weiß ja, dass Frauen die hinterhältigeren Mörder sind. Männer erschlagen ihre Opfer oder erwürgen sie. Frauen arbeiten lieber mit Gift. Aufgrund des größten Motivs und der Tatsache, dass sie eine Frau ist, wurde meine Tante Karin somit zur Hauptverdächtigen.

Tante Karins Lieblingsfarbe ist grau, und sie sieht selbst sogar schon ein bisschen wie eine Maus aus. Allerdings eher wie eine kranke Maus, denn sie ist entsetzlich mager. Manchmal denke ich, sie schnüffelt sogar schon wie eine Maus. Wenn sie an etwas riecht, schiebt sie vorsichtig den Kopf nach vorne, rümpft zwei-, dreimal die Nase und zieht dabei die Oberlippe nach oben, sodass man ihre Zähne sehen kann. Weil sie so pingelig ist, riecht Tante Karin ständig an irgendetwas, sei es die Milch aus dem Kühlschrank, der Leberkäse vom Vortag oder an dem Putzlappen bei der Spüle. An Willi, wenn der nach einem Spaziergang im Regen wieder nach Hause kam, musste sie allerdings nicht extra riechen, der stank durch das ganze Haus.

Ich glaube ja, dass Mäuse besonders hinterhältige Tiere sind. Sie sehen aus wie kleine Ratten, putzen sich ständig und huschen dann im Dunkeln in die Müllkübel im Stadtpark.

Doch wie sollte ich Tante Karin überführen?

Nun kommt ja selbst den größten Ermittlern oft der Zufall zu Hilfe. Und so fiel mir der Bleistift herunter und rollte unter das Bett. Ich tauchte nach unten, um ihn wieder aufzuheben, und fasste in eingespeichelte Schokokuchenkrümel.

Gedankenverloren wischte ich die braun verklebte Hand an meiner neuen hellen Hose ab. Ein grausiger Verdacht stieg in mir auf. Vorsichtig schlich ich mich in das rosa geblümte Schlafzimmer meiner Großmutter. Ich fasste unter das Bett und: Schokokuchenkrümel. Unter dem blau geblümten Sofa im Wohnzimmer: Schokokuchenkrümel. Hinter dem lindgrün geblümten Vorhang: Schokokuchenkrümel.

Und wer hatte den Schokokuchen im ganzen Haus verteilt? Lizzy! Natürlich hatte der verfressene Willi das ganze Haus nach dem Schokokuchen, den Lizzy unter Sofas, Betten und in Blumentöpfen versteckt hatte, abgesucht und sich den Bauch vollgeschlagen. Ein normaler Hund hätte von dieser Menge Kuchen wahrscheinlich nur Magenschmerzen oder allerhöchstens Karies bekommen. Der diabeteskranke Willi aber war an Überzuckerung eingegangen.

Als Kommissar wäre ich nun eigentlich verpflichtet, die Staatsanwaltschaft – in diesem Fall also Lizzys Eltern – zu unterrichten. Diese wären für die weitere Strafverfolgung zuständig. Das Verfahren würde sicherlich wegen Unzurechnungsfähigkeit eingestellt. Aber Johannes würde Lizzy nie verzeihen. Und die ganze Familie wüsste, dass sie einen Killer – wenn auch einen unfreiwilligen – großzieht.

Soll Lizzy mit dem Wissen, den Hund ihres Cousins getötet zu haben, aufwachsen? Solche Entscheidung mag ich nicht treffen müssen. Vielleicht werde ich doch lieber Krimibuchautor.

Annes Gespür

Stefan Fabry

Ach, ist das schön, dass Sie ein paar Minuten Zeit mitbringen – wissen Sie, in all den Jahren sind mir nicht mehr so viele Gesprächspartner übrig geblieben, ja, nehmen Sie doch Platz – nein, nicht dort, lieber ein bisschen ins Licht: mir gegenüber, ich mag es gern, wenn ich den Leuten ins Gesicht sehen kann. Meine Augen lassen jetzt doch stark nach … Nein, nein, bemühen Sie sich nicht. Anne ist nur kurz das Konfekt besorgen. Meine einfühlsame Perle, verstehen Sie, sie ist schon so lange bei mir, seit Arthurs Tod. Aber wenn Bruno stört, werde ich ihn hinausschicken.

Haben Sie es bequem? Ja? Es ist schön, dass Sie ein paar Minuten opfern, um einer alten Frau zuzuhören, das ist nicht so selbstverständlich heutzutage, in dieser Zeit, die alle schnelllebig nennen. Keine Angst, ich werde Sie nicht mit sentimentalem Geschwätz langweilen: Ich sehe schon, wie Sie die ganze Zeit zu dem großen Tisch hinüberblicken. Wie finden Sie den Blumenstrauß? Ja, der Kaffee hier ist für Sie, ich bleibe beim Tee.

Sie müssen entschuldigen – das sind meine Bronchien – nein, das muss Ihnen doch nicht peinlich sein. Wissen Sie, mir ist durchaus klar, in welchem Zustand ich bin. Dabei geht es mir ja noch gut, wenn ich sehe, wie sich andere bemühen, die immer längeren Schatten aufzuhalten ... Ja, ja, ich merke schon, Sie wollen, dass ich zur Sache komme, nicht wahr – keine Sorge, ich halte Sie deshalb nicht für unhöflich. – Bruno, sei ruhig, da ist nichts. – Also dieser Tisch, den Anne so schön gedeckt hat, dort saßen sie alle: Arthur – mein Mann, wir haben uns bei einer Zugfahrt kennengelernt, wissen Sie, ganz romantisch – wollte es so. Er selbst hatte seinen Platz immer dort, immer dort vorn – ja genau, und links neben ihm waren sein Bruder, die Kinder. Wo das Weinglas fehlt, sitzt die kleine Liliane, sie mochte ja noch nie alkoholische Getränke. Aber Pralinen schon.

Verzeihen Sie, dass ich kichere. Ich weiß, was Sie jetzt denken. Nein – wir haben keinen Butler James, der zu jedem Gang die Gläser füllt und dann selbst alles austrinken muss; diese niedliche Frinton-Komödie ist nur vielleicht ein bisschen abgenutzt inzwischen, was meinen Sie? Ich selbst sitze seit Anfang an, anders als Miss Sophie, mit dem Rücken zum Fenster. So habe ich immer alle sehen können, die ganze Familie. Ich habe gern die Gesichter studiert. – Nehmen Sie sich den Kaffee bitte ruhig selbst. Die Blumen sind aus unserem Garten, hauptsächlich pflegt ihn jetzt Anne.

Als wir noch alle zusammen waren – also bis zu Arthurs Tod –, haben wir viele schöne Stunden an diesem Tisch erlebt. Nur Heinrich hat mich immer ein wenig aufgezogen: Was das denn für ein Gefühl sei, nun da ich ja eine richtige *Dame* wäre? – Was soll man bloß darauf antworten? Es ist immer dasselbe, wenn ein junges Mädel gut einheiratet. Doch ich bin längst müde geworden, mich deshalb zu rechtfertigen. Arthur war mein Goldstück, und Punkt. Er musste zeitlebens schon genug mit den Vorwürfen kämpfen, sein Vater sei ein Kriegsgewinnler gewesen. Dies hat Heinrich seltsamerweise nie gestört.

Ach so, Entschuldigung – hatte ich das zu sagen vergessen? Heinrich ist natürlich Arthurs jüngerer Bruder und Helen Heinrichs Frau. Wissen Sie, nachdem mein Schwiegervater sein Vermögen über alle Wirren hinweg gerettet hat und Arthur mich Ende neunundfünfzig heiratete – Oh, das war eine *feine* Hochzeit! –, genossen wir eine wunderbare Zeit zusammen, und auch noch lange nachdem Heinrich und Helen dann die Kinder bekamen. – Bruno, *bitte*! Achten Sie nicht auf ihn. Man muss es ihm nachsehen. Ist der Kaffee gut? – Sehen Sie, Schwiegerpapa hatte den Betrieb nach dem Krieg auf Zivilfahrzeugtechnik umgestellt, und als er starb, hat wie üblich der ältere Sohn übernommen – das war mein Arthur, der die Firma dann achtundachtzig verkaufte. Das weiß ich noch gut; Heinrich war sehr erbost, aber mit den neuen Besitzern haben wir anschließend noch viele Jahre gute Freundschaft gepflegt.

Ich stehle Ihnen wirklich nicht Ihre Zeit? Wissen Sie, nach Arthurs Tod fing es an. Das war zwei Jahre, nachdem mein Mann verkauft und dafür dieses Anwesen hier erworben hatte, um uns einen Lebensabend als Privatiers zu ermöglichen – so sagt man doch, nicht wahr? So war jedenfalls die Planung. Aber Arthur wurde nur zweiundsechzig. Die Kinder waren zu der Zeit gerade mal erwachsen. Dann kam die junge Anne zu mir, ach ja. Heinrichs Gesicht veränderte sich als Erstes. Verstehen Sie, was ich meine? Dieser Blick, dieser *Ausdruck*; er hat sich im Übrigen nie etwas anmerken lassen, aber man konnte es in seinen Augen lesen; besonders Anne hat das gespürt. Ich nehme an, er erhoffte sich nun endlich mehr als das, was damals nach Schwiegerpapas Tod für ihn blieb. Vielleicht steckte aber auch Helen dahinter. Gelegentlich haben Anne und ich uns gefragt, ob nicht sogar die Umstände, unter denen Arthur … – aber ich will gerecht bleiben. Die Erinnerungen verändern sich ja mit den Jahren, sagt mein Arzt. Mögen Sie Rosen?

Entschuldigung. Wie kann ich es Ihnen bloß am besten beschreiben – vielleicht trifft es das Wort *Ungeduld* am besten. Erst Heinrich, dann Helen. Beide. Sie fanden es, davon abgesehen, auch nie angemessen, dass ich an Arthurs Platz weiterhin ein Glas aufstellen ließ – ja genau wie dieses dort –, aber gesagt haben sie nichts. Und dann, als die Kinder in der Ausbildung waren und Heinrich sich erneut verspekulierte –, was hätten Sie da getan? *Natürlich* habe ich zu Haralds Studium beigetragen und auch Liliane unterstützt, aber nie zugelassen, dass sie alle es sich jetzt auf Dauer hier in diesem Haus bequem machten; nein, das wäre nicht in Frage gekommen. Ob es mir, so allein, denn nicht zu groß und zu einsam sei, meinten sie oft. Doch ich hatte immer viel zu tun, und ich hatte ja Anne. Heinrich besaß überhaupt kein Händchen für Geld, auch wenn er immer das Gegenteil behauptete. Ich finde, ein Mann und Familienvater muss für die Seinen doch zumindest in Ansätzen selber sorgen können, oder etwa nicht? Jedenfalls sagt das auch Anne, und sie hat ein so gutes Gefühl für solche Dinge.

Ich bin wieder etwas außer Atem geraten, verzeihen Sie. Im Rollstuhl sitze ich erst seit letztem Jahr, aber das Asthma habe ich schon sehr lange. Ich bin sicher, das begann nach meinem ersten Unfall, damals, als ich in den Teich gestürzt bin. Ja, ja, Sie haben richtig gehört, das war ein Jahr nach Arthurs Tod, an einem sehr kalten Spätherbstabend; Heinrich und die Familie waren zu Besuch, und ich kümmerte mich noch selbst um die Seerosen – wie überhaupt um den Garten. Achtundfünfzig war ich damals. Aber ich will nicht lamentieren. – Die hohe Einfassung war an einer Stelle rutschig gewesen – Anne meinte später, wie *Seife*. – Möchten Sie noch Milch in den Kaffee? Das Kännchen steht neben dem Zucker.

Anne hörte meinen Schrei; alle anderen sagten später, das Fernsehgerät sei zu laut gewesen. Das Wasser hatte höchstens zwei Grad. Die Lungenentzündung überstand ich, aber ich habe *lange* keine Einladungen mehr machen können. Geblieben ist mir bis heute Asthma. Mein Arzt meint, das eine habe mit dem anderen nichts zu tun, aber ich glaube ihm nicht. Die jungen Mediziner hegen heute alle zu viel Theorie-Krimskram im Kopf und haben zu wenig Sinn fürs Praktische, ist es nicht so? – Kein Jahr später war dann dieses *tragische* Autounglück, irgendetwas mit den Bremsen. Heinrich und Helen, ja. Zum Glück waren die Kinder schon aus dem Gröbsten; Harald hatte sein Studium fast fertig – Rechtswissenschaft –, und Liliane arbeitete zu der Zeit ja bei meinen Bekannten in unserem ehemaligen Betrieb. Ich habe die Beerdigung und alles andere arrangiert. Das war sehr traurig.

Keine Sorge, Bruno – ich bin völlig in Ordnung. Es ist nur die Erinnerung. Ich habe immer große Hunde geliebt. – Ja, wie sich manche Dinge doch seltsam entwickeln. Fast zehn Jahre gingen danach ins Land. Nachdem Arthur und mir eigener Nachwuchs versagt geblieben war, hatte ich gedacht, Heinrichs Kinder würden nun für die nächstfolgende Generation sorgen. Es wurde mir aber erst spät bewusst – und ich glaube, Heinrich und Helene haben es überhaupt nie erfahren –, dass mein Neffe ganz andere persönliche *Neigungen* hatte, wenn Sie verstehen, was ich meine. Nein, nein, ich bin vielleicht alt – warten Sie: vierundsiebzig werde ich in zwei Monaten –, und ich mag das zwar *bedauern*, doch ich verurteile nichts.

Auch nicht, dass die kleine Liliane nach mehreren gescheiterten Partnerschaften offenbar keine Lust mehr auf permanente Gesellschaft durch das männliche Geschlecht empfindet. Ja, ich nenne meine Nichte noch immer so, obwohl ich natürlich weiß, dass sie nur ein paar Jahre jünger als Anne ist, und die geht – tatsächlich! – auch schon auf die vierzig zu.

Lassen Sie mich kurz wieder zu Atem kommen. Sie wollen ganz bestimmt nichts mehr? Es ist noch genug Kaffee da. Nun, abgesehen von seinem Privatleben war Harald eigentlich ein ganz normaler junger Mann, Anwalt, viel unterwegs, und trotzdem meist ohne Geld, genau wie sein Vater. Nicht lange nach dem Tod seiner Eltern begannen schlimmerweise seine Augen die gleichen Zeichen zu zeigen wie früher die von Heinrich und Helen, und das blieb ihm dann; Anne hat das auch ganz klar gesehen. Wir trafen uns freilich lange nicht mehr so häufig wie ehedem, und vielleicht war das gut so. Trotzdem muss ich sagen, dass es mich bis heute nachdenklich macht, als just in der Nacht nach einem seiner selten gewordenen Besuche – übrigens genau an meinem siebzigsten Geburtstag, Liliane befand sich im Ausland, konnte nicht kommen, aber sie hatte eine reizende Karte geschickt – der Seitenflügel unseres Hauses brannte; hätte Anne nicht aufgepasst, mich geweckt und durch den Hinterausgang hinausgezerrt, wer weiß, was dann aus mir geworden wäre. Nein – Sie sehen heute nichts mehr davon, wir haben alles wieder renovieren lassen. Die Feuerwehr hat übrigens nie ganz klären können, wie es zu diesem Brand gekommen ist.

Kein Jahr später ist Harald verschwunden. Ja – sehen Sie mich nicht so an, so etwas passiert auch heute noch, glauben Sie mir. In seinem Fall mag vielleicht das besondere Milieu eine Rolle gespielt haben, in dem er sich privat bewegte. Es war wiederum nach einem Besuch bei mir. Er kam von einer Geschäftsreise, auf der offenbar wieder viel schiefgegangen war, machte bei uns Station – und dann war er weg, wie in Luft aufgelöst. Dreiunddreißig war er erst, furchtbar, nicht war? – Was ist? Bruno, du sollst nicht fremde Leute anknurren, hörst du? – Keine Angst, er beißt eigentlich nie. Anne muss bald zurück sein, dann geht sie mit ihm seine Runde. – Wie bitte? Ob man jemals irgendwelche Spuren von Harald fand? Nein, keine. Wir haben über zwei Jahre lang nach ihm suchen lassen – vergebens. Ich habe für ihn in Erinnerung ein besonders schönes Rosenbeet angelegt, ja.

Jetzt sind wir nur noch zwei, an dem großen Tisch da drüben, der so wunderbar gedeckt ist. Anne gibt sich immer sehr viel Mühe damit. Nur noch Liliane und ich, und vier leere Plätze. Ja, ich kann verstehen, wenn Sie das ein wenig seltsam anrührt, vor allem nachdem Sie nun schon so lange einer geschwätzigen alten Frau zugehört haben. Nein, nein, Sie müssen nicht unnötig höflich sein. Aber die Geschichte ist noch nicht ganz zu Ende. Sehen Sie, inzwischen muss ich an diesen Tisch geschoben werden, Miss Sophie im Rollstuhl, sozusagen. Bis letztes Jahr konnte ich noch selbst im Garten herumgehen, Liliane hat mich gelegentlich begleitet, sie ist neuerdings häufiger hier. Sie sehen ja – auch heute erwarte ich sie zum Abendessen. Sie hat sogar angefangen, ein *Interesse* für den Garten zu entwickeln, jetzt, da sie mehr Zeit hat, weil sie gerade wieder nicht arbeitet – es gab wohl erneut Differenzen mit einem Vorgesetzten. Ich würde Ihnen so gerne einiges zeigen – zu schade, dass ich letztes Jahr nun diesen wirklich *bösen* Sturz hatte. Liliane hatte sich zuvor zwei Tage lang draußen um die Pflanzen gekümmert, um Anne etwas zu entlasten. Aber Anne traut ihr nicht. Schauen Sie ihr doch ins Gesicht, meine liebe Madam, sagt sie schon länger zu mir – ja, so nennt sie mich tatsächlich häufig –, spüren Sie es denn nicht? Aber meine Augen haben leider so stark nachgelassen.

Eine Terrassenstufe war locker – vielleicht durch Regen oder Wind? –, jedenfalls hat sie nachgegeben, als ich hinaustrat. Und alte Knochen wachsen ja nur noch so *langsam* zusammen – wenn überhaupt. Ich weiß nicht, ob ich je wieder werde aufstehen können. Nun ja, irgendwann holen einen die langen Schatten ohnehin ein. Niemand sucht sich das selber aus. – Wie ich damit *umgehe*, dass so viele meiner Familie inzwischen schon vor mir fortgingen? Ach, es ist furchtbar, aber muss man die Dinge letztlich nicht nehmen, wie sie kommen? Immerhin hat Anne es schon sehr lange mit mir ausgehalten; das wird nicht ihr Schaden sein, wenn ich einmal nicht mehr bin. Und es gibt nun ja auch nur noch wenige, zwischen denen aufgeteilt werden müsste, sagt mein Notar; ja, ein recht trockener Mensch, aber sehr tüchtig. Doch was meinen Sie – ob tatsächlich auch Liliane diesen ungeduldigen Blick entwickelt hat? So fing es doch immer an, und wäre das nicht *entsetzlich*? Manchmal will mir nämlich fast scheinen, dass über unserer Familie eine mächtige unsichtbare Hand schwebt, die alles geduldig beobachtet und immer dann eingreift, wenn – ja, fast wie eine Art übernatürliche Regulierung –, aber das sind sicher nur die Spinnereien eines zu alt gewordenen Hirns.

Was gibt es jetzt schon wieder, Bruno – hörst du etwa Anne zurückkehren? Wie schön – dann springe doch zur Tür und begrüße sie. Sie hat das Konfekt besorgt, das Liliane so mag. Ich werde mir nicht nehmen lassen, es selbst für sie zu arrangieren. – Wie schade, Sie müssen jetzt langsam gehen? Nur noch eine letzte Frage? Aber gern – nein, Sie treten mir nicht zu nahe, es ist ja alles schon so lange her. Woran Arthur starb? Sehen Sie, mein Mann musste damals mit unerträglich gewordenen Magenbeschwerden ins Krankenhaus. Es ging dann sehr schnell; die Ärzte behaupteten später, es sei ein besonders bösartiger *Krebs* gewesen. Aber Anne – sie war dort Pflegerin, bevor sie auf Dauer zu mir kam – ist sich sicher, dass irgendetwas *anderes* nicht gestimmt hat. Ach, aber was kann unsereins schon wissen? Ich war immer nur eine einfache Frau, die das große Glück hatte, Arthur zu bekommen, später dieses schöne Haus, und ein Leben ohne materielle Sorgen. Und ich bekam Anne, natürlich, die zeitlebens so viel bessere Augen und ein so viel besseres Gespür für die Menschen und ihre geheimen Gedanken hatte als ich. Was wäre ich ohne sie?

Sehen Sie, da kommt meine Perle, und Bruno ist glücklich. Sind Sie sicher, dass Sie nicht doch noch ein paar Augenblicke bleiben wollen und vielleicht sogar ein wenig von dem Konfekt kosten? Ich bin sicher, Anne wird genug für Liliane übrig lassen.

Die hochgezogene Augenbraue

Savita Saskia Schulte

Das tust du mir nicht an!, presst meine Mama zwischen den Zähnen hervor. Die Tante setzt ihr Lächeln auf, bei dem man nie zurücklächeln möchte, aber es doch tut. Weil man Angst vor ihr hat. Sie erklärt der Mama, dass es um *das Wohl des Kindes* geht. Damit bin ich gemeint.

Die Tante sagt, Mama kommt mit mir nicht zurecht. *Das Kind leidet seelisch*, sagt meine Tante, *Das Kind braucht einen Vater.* Ich frage mich, warum. Ich hatte doch noch nie einen und ich vermisse nichts. Wenn ich den Onkel sehe, dann weiß ich nicht, wozu der gut sein soll.

Einmal gab es einen Mann für Mama. Erst fand ich es schön, sie hatte so rote Bäckchen und lächelte viel. Später habe ich mir Sorgen gemacht, denn Mama schrie nachts oder sie jammerte leise. Irgendwann hat er sie geschlagen, als ich dabei war, und da hat sie seine Sachen aus dem Fenster geworfen. Ich habe gesagt, die Tante würde jetzt echt dumm gucken, und dann mussten wir ganz verrückt lachen, die Mama und ich, und dann weinten wir zusammen.

Der Tante haben wir gar nichts erzählt, und bis Mamas blauer Fleck im Gesicht weg war, bin ich alleine zur Tante gegangen und habe gesagt, die Mama hat so viel zu tun. *Ja, ja*, hat da die Tante gesagt, *ich weiß genau, was die so treibt.* Wenn ich von der Tante zurückkam, saß Mama ganz unruhig da und fragte mich, was die Tante gefragt hatte und was ich geantwortet hatte und wie die Tante dabei geschaut hätte. Ich erzählte es, so gut es ging, und wenn Marna dann mit Tante telefonierte, stand sie ganz steif da und ihre Stimme war leicht gepresst, noch mehr als sonst. Sie schaute in den Spiegel, während sie redete, und kontrollierte, ob sie auch lächelte. Das überträgt sich auf die Stimme, hatte sie mir einmal erklärt. Also schaute ich auch in den Spiegel, wenn ich mit der Tante telefonierte. Aber wenn ich versuchte zu lächeln, kam immer so ein Grinsen heraus, und ich musste aufpassen, dass ich nicht kicherte.

Zum Lachen ist mir jetzt aber nicht zumute. Ich sehe, wie Mama ihre Hände zusammenkrampft. Sie und die Tante flüstern sich leise etwas zu, und ich verstehe nicht viel, außer der Tante, wie sie *un-e-he-lich* zischt. Meine Mama wispert zurück, die Tante soll sie in Ruhe lassen, *das ist doch heutzutage kein Problem mehr.*

Doch, sagt die Tante dann laut, *das ist ein Problem.*

Meine Tante ist Therapeutin. Meine Mama sagt, das liegt daran, dass die Tante selbst ganz verrückt ist. Ich habe die Tante gefragt, ob sie die Verrückten heilt. Da runzelte meine Tante die Stirn und schaute vorwurfsvoll zu Mama hinüber, die wieder die Zähne zusammenpresste. Man sieht richtig, wie Mamas Knochen heraustreten an beiden Seiten vom Gesicht. Aber dann lächelt sie wieder. So ist es eigentlich immer, wenn wir bei der Tante sind. Meine Mama lächelt und die Tante zieht die Augenbrauen hoch.

Die Tante erklärte mir, dass man *Verrückter* nicht sagt, sondern *Klient.* Ich habe der Tante erklärt, dass das Wort *Klient* aber doof ist, weil man es auf dem Schulhof nicht brauchen kann. Die Tante schaut streng und sagt, *das ist doch kein Schimpfwort.* Mama lächelt mich zwar immer noch an, aber ich weiß, dass sie jetzt wütend auf mich ist und mir am liebsten eine scheuern würde. Aber bei der Tante traut sie sich nicht. Die Tante hat irgendwie eine Macht über meine Mama, sodass sie sich schämt. Und weil ich oft der Grund dafür bin, dass die Tante meiner Mama erklärt, was sie alles in der Erziehung falsch macht, muss ich bei der Tante immer höllisch aufpassen. Fröhlich sein, ruhig und ausgeglichen sein. Mama droht mir immer, dass sie mich schlägt, wenn ich mich bei Tante nicht benehme. Sie macht es manchmal auch, aber erst hinterher, wenn Tante es nicht sieht. Sie zerrt mich dann um die nächste Straßenecke und haut mir eine runter.

Ich habe Mama einmal gefragt, warum wir überhaupt noch zur Tante gehen, und Mama hat gesagt, *es ist doch meine Schwester.* Und da bin ich wirklich froh, dass ich das einzige Kind von der Mama bin.

Die Tante trägt immer helle, weite Kleidung, und die ist eigentlich ganz kuschelig, aber ich will sie nie umarmen. Doch ich tue es, sonst sagt Tante wieder, *das Kind ist ganz verschreckt.* Die Tante ist unter ihrer Kleidung ganz hart, weil sie so viele Knochen hat und wenig Speck. Wenn man sie ansieht, hebt sie immer eine Augenbraue und dann macht es auch keinen Spaß mehr, selbst wenn sie mit mir spielt. Sie stellt dann immer so merkwürdige Fragen, und ich muss wieder aufpassen, was ich antworte. Sie fragt mich, was ich geträumt habe und warum ich einen Baum neben das Haus gemalt habe und so was. Wenn ich mit den Kusinen spiele, werden wir auch beobachtet, und ich bemühe mich wirklich, auch eine gute Kusine zu sein. Manchmal weiß ich gar nicht mehr, was ich machen soll, damit sie der Mama nicht mehr sagt, dass sie alles falsch macht und Mama dann so lächelt und nicht mehr aufhört mit dem Lächeln.

Ich finde Mamas Erziehung eigentlich ganz gut. Sie hat

mich wirklich lieb, auch wenn sie mich manchmal schlägt. Aber nicht so fest wie der Mann von der Tante die Kusinen. Der haut sie richtig zusammen, aber wenn die Tante kommt, lächeln alle und alles ist wieder gut. Ich habe der Mama erzählt, dass der Onkel die Kusinen schlägt, und da war Mama ganz neugierig und aufgeregt. Als sie das nächste Mal bei Tante war, hörte sie sich alles an, was die Tante sagte, aber sie saß ganz entspannt da und lächelte, ohne dass die Knochen an der Seite rausstanden. Ich habe auch ganz entspannt gemalt, sogar mit rot und schwarz, was ich mich schon lange nicht mehr getraut hatte.

Jetzt zeigt die Tante meiner Mama ein Papier, und Mama schreit *Nein!,* und die Tante sagt, *da sieht man wieder, wie labil du bist.* Das Wort *labil* kenne ich schon, das sagt die Tante oft. Es bedeutet, dass man nicht ruhig bleiben kann. Die Tante ist nie labil, und der Onkel ist nur labil, wenn die Tante nicht dabei ist, aber dann sehr. Mama schreit, dass sie mich nicht hergeben wird. Die Tante schweigt und lässt ihre Augenbraue sprechen. Ich sitze auf dem Boden und kann gar nicht weitermalen. Ich wollte eine Sonne malen und Blumen, damit die Tante denkt, ich bin ein gesundes Kind. Aber meine Hände werden ganz kalt und mein Herz schlägt ganz laut. Die Mama hat ein ganz rotes Gesicht und ruft: *Dein Arschloch von einem Mann kriegt mein Kind nicht in die Finger!,* und die Tante antwortet ganz ruhig: *Du bist doch nur neidisch, weil meine Kinder einen Vater haben.* Wenn du wüsstest, wie sich das auf die Psyche eines Kindes auswirkt, wenn ein Kind keinen Vater hat. Meine Mama sagt jetzt auch ganz ruhig: *besser keinen Vater als deinen Mann.* Die Tante hebt ihre Augenbraue und sagt: *Das ist eine Unverschämtheit, mein Mann kommt seinen Pflichten als Vater sehr gut nach.*

Meine Mama lacht ein ganz hartes, kurzes Lachen, was eigentlich keines ist. *Ja, und er schlägt deine Kinder.*

Da springt die Tante auf, und ich denke, endlich ist sie auch mal labil. Aber die Tante hat sich gleich wieder im Griff und setzt sich wieder hin, und sie hat diesen ganz kalten Blick, den sie immer hat, wenn Mama ihr widerspricht. Sie sagt, meine Mama lügt und *das sind Unterstellungen!*, das sagt sie ganz häufig.

Mama sagt, ich hätte ihr das schon öfter berichtet. Die Tante sieht mit Stirnrunzeln zu mir herunter, doch anstatt mit mir zu schimpfen, spricht sie wieder zu Mama. Die Tante spricht jetzt in einer ganz sanften, leisen Stimme. Ich glaube, diese Stimme nimmt sie auch für die Verrückten. Und ich finde, Mama ist gar nicht verrückt. Ich will nicht, dass meine Mama verrückt ist.

Siehst du denn nicht ein, sagt die Tante jetzt mit dieser Stimme, und sie klingt nett, vor allem, wenn man ihr nicht ins Gesicht guckt, *das Kind braucht mehr Aufmerksamkeit. Sie lügt doch nur, um etwas Zuwendung zu bekommen.*

Die sie von mir etwa nicht kriegt?, schreit Mama. Und Tante entspannt sich noch tiefer in ihren Sessel. Und meine Mama wird immer nervöser, sie weiß gar nicht mehr, was sie sagen soll, und verhaspelt sich. Ich kann sehen, wie die Tante mit einem Zipfel ihres Mundwinkels ein ganz bisschen lächelt, aber man muss schon genau hinsehen.

Sie braucht eine intakte Familie, sagt die Tante, *und die kannst du ihr nicht bieten.* Da fängt Mama zu weinen an, und die Tante reicht ihr ein Taschentuch und schweigt. Dann steht Mama auf, nimmt mich an der Hand und geht zur Tür. Mama hat mich so fest an der Hand, dass sie mir die Finger halb zerquetscht, aber ich sage nichts, ich will auch, dass wir ganz schnell nach Hause gehen und nie wiederkommen. Die Mama öffnet die Tür und sagt ganz leise: *Ich bring dich um,* dann wirft sie die Tür hinter sich zu, dass es donnert. Den ganzen Nachhauseweg schweigen wir.

Dann kriegt Mama einen Brief und sie nimmt mich in den Arm und weint ganz lange. Nachts wache ich auf, weil Mama Geschirr gegen die Wand wirft. Die Nachbarin kommt vorbei und redet bis morgens mit ihr.

Bei der Gerichtsverhandlung sagen meine Kusinen, dass sie noch nie geschlagen wurden. Meine Tante hält einen Vortrag über mich und erklärt, warum ich lüge und Phantasiegeschichten erzähle. Ich werde gefragt, ob Mama mich schlägt, und ich sage Nein.

Dann soll ich zur Tante ziehen. Mama weigert sich, und es kommt die Polizei und fährt mich zur Tante. Die Kusinen nennen mich *asozial* und *Klient*, und ich verstecke mich vor dem Onkel, falls er jetzt denkt, ich bin auch sein Kind. Meine Tante sagt, das Kind ist ganz verschreckt.

Mama darf mich alle zwei Wochen besuchen. Sie ist ganz bleich und bald so voller Knochen wie die Tante. Die Tante zieht die Augenbraue nicht mehr so hoch. Sie lächelt nur noch mit diesem Lächeln, wo man nicht zurücklächeln möchte. Mama lächelt nicht mehr. Als ich mich an Mama kuscheln will, sagt die Tante, das wäre nicht gut für mich, dann würde ich so zerrissen. Mama fängt an zu weinen und fragt: *Was noch? Was denn noch?* Da muss ich auch weinen, denn es zerreißt mir das Herz. *Siehst du,* sagt die Tante zu meiner Mama.

Ich würde die Mama gerne heimlich nach der Schule besuchen, aber ich gehe jetzt mit meiner Kusine Annett in die gleiche Klasse. Was Annett genauso blöd findet wie ich. Und wenn wir Klassenarbeiten schreiben und Annett die bessere Note hat, ruft meine Tante sofort die Mama an und sagt Dinge wie *kritischer Zustand* und *Lernstörung*. Die Kusinen stehen neben mir und lauschen auch, und manchmal kichern sie, wenn die Tante etwas über mich erzählt. Wenn ich eine gute Note habe, ruft sie meine Mama an und erzählt etwas über meine *positive Entwicklung*.

Ich sage zur Tante, was ist denn so verkehrt an der Mama. Und die Tante sagt, *das kannst du noch nicht verstehen, dafür bist du noch zu klein.* Aber ich höre, wie sie mit einer anderen Tante über meine Mama spricht und sagt, *die hat sich schwängern lassen und natürlich ist ihr der Kerl durchgebrannt. Anstatt dass sie eine richtige Familie gründet.*

Ich frage mich, was das ist, eine richtige Familie. Ich mag den Onkel und die Tante nicht. Die Tante weiß immer alles, aber sie nimmt meine Kusinen nie in den Arm. Der Onkel ist immer anders, wenn die Tante nicht da ist. Er schreit herum und wir verstecken uns, aber es ist kein Spiel, denn es gibt keine Regeln.

Einmal darf ich mit meiner Mama Eis essen gehen, obwohl das ungesund ist. Ich gehe mit Mama Hand in Hand, und ich schmiege mich an sie, an meine Mama. Ich sage der Mama, dass ich mich weigere, zur Tante Mama zu sagen, und Mamas Augen lachen, und sie sagt, dass sie mich lieb hat. Mama ist glücklich und aufgeregt. Im Eiscafé stellt sie mir einen Alfred vor, und ich spüre, sie will, dass wir uns gut verstehen. Also bin ich nett zu Alfred. Er fragt mich viel über die Tante und den Onkel aus und über die Kusinen, und er tauscht immer Blicke mit Mama. Auch hat er die Hand auf Mamas Bein gelegt, und sie lässt seine Hand da liegen, obwohl ich spüre, dass sie das nicht mag.

Am Ende erklärt sie mir, dass es Alfred nicht gibt und dass ich nie einen Alfred kennengelernt habe. Ich nicke. Sie sagt, das ist ein Spiel: *Wenn du es schaffst, Alfred zu vergessen, bist du bald wieder bei mir.*

Ich habe Alfred wirklich fast komplett vergessen. Vor lauter Freude. Weil ich wieder bei meiner Mama bin. Die Tante ist gestorben und der Onkel schwer verletzt. Sie sind zu schnell Auto gefahren, sagt die Polizei. Mama kümmert sich um mich und die Kusinen, aber vor allem um mich. Mama sagt, sie muss jetzt nicht mehr Putzen gehen, weil sie Geld bekommt für die Kusinen. Und Mama ist ziemlich lieb zu den Kusinen, obwohl die auch ihre Augenbrauen hochziehen. Aber da lacht Mama nur. Ich finde es nicht so einfach. Weil die Kusinen nie weinen und nie schreien. Die Kusinen sind so brav, dass ich manchmal Angst habe, dass Mama sie irgendwann lieber hat als mich. Wenn ich etwas spiele oder male, fühle ich mich von ihnen beobachtet. Und die Kusinen malen und spielen sowieso ganz anders als ich. Mama lobt die Kusinen viel, aber wenn ich dann ängstlich gucke, zwinkert sie mir zu. Dann weiß ich, dass ich ihr Kind bin, ihr einziges Kind.

Blumenkohl polnisch

Sabine Ludwig

Ein Schlüssel dreht sich im Schloss. Sie hört Schritte im Flur.

»Rosmarie?«

Sie reagiert nicht.

Auch nicht auf das Klopfen an der Tür.

»Röschen, bist du da?«

Vorsichtig wird die Türklinke heruntergedrückt. Schnell stellt sie sich ans Fenster und zupft ein welkes Blatt von den Alpenveilchen.

»Warum sagst du denn nichts? Hast du mich nicht gehört?«

Diesen leicht quengelnden Ton hatte er schon als kleiner Junge. Aber damals hat er wenigstens »Mama« gesagt. »Mama, darf ich runter?« – »Mama, gibst du mir Geld?« – »Mama, warum darf ich meine Freundin nicht mitbringen?«

Weil sie nichts taugt, darum.

Irgendwann hat er dann doch eine mitgebracht. Eine Sylvia. Oder Daniela? Und von da an war sie nur noch »Rosmarie« oder – wenn er sich bei ihr einschmeicheln wollte – »Röschen«.

»Sag doch bitte Mama zu mir.«

»Ich bin kein Baby mehr.«

»Aber es gibt nur einen Menschen auf der Welt, den man so nennen kann. Rosmaries gibt's zu Tausenden.«

»Dich gibt's nur einmal.«

Er sieht sich in ihrem Zimmer um. Das tut er jedes Mal, wenn er sie besucht, so als hoffe er, irgendetwas Neues zu entdecken. Aber das gibt es nicht. Seit sie vor zehn Jahren in die kleine Wohnung unter der seinen gezogen ist, hat sie nichts mehr verändert und wird das auch nicht tun. Bis zu ihrem Tod nicht.

Sie rückt das Alpenveilchen einen Zentimeter näher an sein Gegenstück im gleichen braunlasierten Übertopf. Eigentlich mag sie Alpenveilchen nicht, aber er hat sie ihr zum Geburtstag geschenkt. »Die hattest du früher doch auch immer«, hat er gesagt. Und das »Mama«, auf das sie so sehnlichst wartet, war wieder nicht gekommen.

Daran war nur diese Sylvia schuld!

»Sei doch froh, dass er endlich eine Freundin hat«, hatte ihre Cousine Traudl gesagt, mit der sie einmal in der Woche einen Gymnastikkurs besucht. »Dann ist er wenigstens nicht schwul.«

Sie weiß, dass hinter ihrem Rücken getuschelt wurde. Nur Traudl hat es ihr offen ins Gesicht gesagt: »Das ist nicht normal, dass du dem Jungen mit über dreißig immer noch die Wäsche wäschst, ihm sein Essen kochst und die Bude putzt.«

Die Bude, das war eine Einzimmerwohnung, die ihr Junge sich gemietet hatte, als er seine erste Stelle antrat. Sie war jeden zweiten Tag hingefahren, obwohl sie dreimal hatte umsteigen müssen, aber sie kennt doch ihren Jungen. Der hätte sich nie was Anständiges zu essen gemacht. Hat ja schwer genug gearbeitet. Acht Stunden am Tag, dazu die Mittagspause von zwanzig Minuten und man weiß ja, wie ungesund Kantinenessen ist.

Jetzt hat er die schöne Wohnung mit Balkon in einer anständigen Gegend, und seit sie nach Horsts Tod hierhergezogen ist, muss sie nur noch eine Treppe hoch und ist bei ihm.

»Hast du heute Abend schon was vor?«, fragt er und streicht mit der Hand über die Sessellehne.

Warum fragt er das? Vielleicht will er sie ja ins Kino einladen? Ihr Herz klopft wie bei einem jungen Mädchen.

»Ich finde, du hättest dir beim Umzug auch gleich neue Möbel anschaffen sollen.« Er lächelt. »Aber dafür ist es ja nie zu spät.«

»Das lohnt sich nicht mehr für mich alte Frau«, sagt sie.

Seit längerem liebäugelt sie mit einer Sitzgarnitur in elegantem Blaugrau. Ein Zweisitzer statt des hässlichen braunen Sofas, auf dem Horst immer seinen Mittagsschlaf gehalten hat und das schon völlig durchgesessen ist. Aber der Umzug hat so viel Geld gekostet und sie ist so dankbar, dass sie in der Nähe ihres Jungen sein kann, da verzichtet sie gern auf irgendwelche Extravaganzen. Außerdem will sie ihm beweisen, wie anspruchslos sie ist. Sie verbraucht ihre Rente – das Beste an Horst war seine Beamtenstellung – nur zu einem kleinen Teil. Jeden Monat legt sie eine nicht geringe Summe auf ein Sparbuch, das später einmal eine große Überraschung für ihren Jungen sein wird. Knapp zwanzigtausend Euro hat sie bereits eingezahlt und auf fünfzigtausend will sie kommen. Fünfundachtzig müsste sie mindestens werden. Warum nicht? Sie ist gesund, hält sich fit mit Gymnastik und langen Spaziergängen, auch im Winter. Selbst Traudl hat neulich ein wenig neidisch gesagt: »Deine siebenundsiebzig sieht man dir wirklich nicht an.«

Nicht zu vergessen die jährliche Kur in Bad Kreuznach. Das ist wirklich der einzige Luxus, den sie sich leistet, und ein wenig hat sie auch jedes Mal ein schlechtes Gewissen dabei. Und Angst. Denn, als sie vor drei Jahren rundum erholt und entspannt zurückgekommen war, hatte er ihr mal wieder eine »Freundin« vorgestellt. Angeblich eine Arbeitskollegin. Von wegen! Ein Luder, das hat sie gleich gesehen. Blond gefärbt und außerdem viel zu jung. Was wollte er denn mit seinen knapp fünfzig mit einer Dreißigjährigen? Die würde womöglich noch Kinder bekommen.

»Willst du nicht mal Oma werden?«, hat Traudl schon oft gefragt. Nein, sie will nicht Oma werden. Traudls Enkel sind ja ganz nett, obwohl die Älteste inzwischen in der Pubertät und dementsprechend unausstehlich ist, aber Oma werden bedeutet auch, sich mit einer Schwiegertochter herumschlagen zu müssen. Sie will ihren Jungen nicht verlieren, weder an eine Frau noch an Kinder.

»Was ist denn jetzt, Röschen? Hast du heute Abend etwas vor oder nicht?«

»Dienstags läuft doch immer die Kochshow, aber ich muss die nicht sehen.«

»Nein, nein, guck ruhig. Ich dachte nur …«

Jetzt nimmt er eins der Bücher aus dem Regal und stellt es wieder hinein. »Ich hab Besuch zum Essen eingeladen«, fährt er fort und sieht sie immer noch nicht an. »Natürlich mach ich nur was Kleines, aber ich fänd's schön, wenn du dabei wärst.«

»Wer kommt denn? Dein Freund Klaus?«

Klaus ist natürlich kein Freund, sondern ein Kollege. Ihr Junge hat keine Freunde. Wie denn auch, er hat ja kaum Zeit für seine Mutter, wie soll er da Zeit für Freundschaften haben? Man muss muss sich eben entscheiden im Leben, entweder für ein erfolgreiches Berufs- oder ein glückliches Privatleben. Wobei beruflicher Erfolg sehr viel einfacher zu erreichen ist als Glück in einer Beziehung. Das weiß keiner besser als sie, schließlich hat sie fast vierzig Jahre mit einem Mann wie Horst verbringen müssen. Und das ist wahrlich kein Zuckerschlecken gewesen.

»Nein, nicht Klaus.« Jetzt sieht er sie an und sie wappnet sich innerlich vor dem Schlag, den er ihr gleich versetzen wird.

»Sie heißt Marion. Und mir …« Er holt kurz Luft. »Und mir liegt sehr viel daran, dass du sie kennenlernst.«

Sie muss sich hinsetzen. Sie darf jetzt keinen Fehler machen. Bisher ist sie immer mit ihnen fertig geworden. Mit all diesen Sylvias, Danielas, Gabis und wie sie alle hießen. Sie sind aufgetaucht und wieder verschwunden.

»Das ist ja … das ist ja eine Überraschung. Aber weißt du was, mein Junge. Wäre es nicht viel netter, ihr kämt zum Essen zu mir? Ich mache meinen Kartoffelsalat und dazu Schweinelendchen mit Blumenkohl.« Sie versucht ein Lächeln. Ein offenes, mütterliches Lächeln. »Den Blumenkohl natürlich mit gerösteten Semmelbröseln.«

»Blumenkohl polnisch.«

Sie nickt. »Ich weiß doch, was, dir schmeckt, und die … deine Freundin wird es sicher auch mögen.«

Er grinst schief. »Solange du keine Pilze dazu machst.«

»Ach, Junge!« Sie versucht ein Lachen und muss husten. »Die Pilze waren gut, ganz bestimmt. Diese, wie hieß sie noch gleich …?«

»Gabi«, kommt er ihr zu Hilfe.

»Ja, natürlich. Diese Gabi muss allergisch gegen Pilzeiweiß gewesen sein. Das gibt's. Außerdem, wo sollte ich denn jetzt Pilze herbekommen? Im Februar!«

Sie schiebt ihn zur Tür. »Aber jetzt raus mit dir, ich muss einkaufen. Bisschen Ordnung machen. Soll doch alles hübsch sein heute Abend.«

Er beugt sich vor und gibt ihr einen Kuss auf die Wange. Sie schließt die Tür hinter ihm und möchte am liebsten schreien. Nicht schon wieder! Seit der letzten »Dame«, wie sie seine Freundinnen bei sich nennt, sind mittlerweile zwei Jahre vergangen. Sie hat so gehofft, dass es nach dieser Gabi keine weitere Dame geben würde. Hartnäckig war die gewesen, hatte sich schon häuslich bei ihrem Jungen eingerichtet. Aber die

Wäsche hat sie ihm nicht gewaschen, auch nicht geputzt. Keinen Finger gerührt hat diese Person. Stattdessen morgens um neun noch im Bett rumgelungert und sich auch nicht von ihrem Staubsauger stören lassen.

Die Dame davor war leichter in die Flucht zu schlagen gewesen. Wie hieß sie noch? Sylvia, Daniela? Egal, alle austauschbar: jung, dumm, aber scharf auf eine gute Partie. Und ihr Junge ist eine gute Partie. Immer gut gekleidet. Immer sauber und höflich. Manchmal sogar witzig. Wenn er was getrunken hat. Aber das tut er selten. Glücklicherweise kommt er da nicht nach seinem Vater.

Horst. Unter der Woche immer korrekt, aber Freitag Schlag zwei Uhr, wenn er aus dem Büro gekommen war, rauf aufs Sofa und rein mit dem ersten Bier. Und das ging dann so weiter bis zu den Tagesthemen am Sonntagabend. Wenn sie sich da nicht immer um ihren Jungen gekümmert hätte, mit ihm in den Zoo gegangen wäre, die putzigen Schimpansen anschauen. Oder ins Kino. Ach, was war das schön! Im Dunkeln mit ihrem Jungen. Er hat sich die Filme aussuchen dürfen. War natürlich nicht ihr Geschmack. Viel zu viel Blut und Gewalt. Das mag sie gar nicht. Hat immer die Augen zugemacht und sich an ihn gedrückt. Ewigkeiten ist das her!

War jedenfalls gut, dass sie ihn an den Wochenenden von seinem Vater ferngehalten hat. Von wegen Fußball spielen! Auf so einen Quatsch konnte auch nur Horst kommen. Hat sich seinen Sohn nie richtig angeguckt, sonst hätte er doch sehen müssen, dass er viel zu zart gebaut ist für so einen brutalen Sport. Und auch das mit dem Bowlen hat sie ihm schnell ausgeredet. Der Sohn einer Nachbarin hat sich mal drei Finger gebrochen in so einer Kugel. Gut, der war auch ziemlich dick, hat die Finger wahrscheinlich nicht mehr rausbekommen.

Aber diese Sylvia-Daniela, da muss sie ja heute noch staunen, wie schnell die wieder verschwunden war. Nur, weil sie ihr ein altes Foto von ihrem Jungen gezeigt hat. Im Kleidchen mit einer großen Schleife im Haar. Zweieinhalb muss er da gewesen sein. Und süß sah er aus als Mädchen. Die großen Augen, die Stupsnase. Horst hat das Photo gehasst. War ja auch dagegen gewesen, dem Jungen eine Puppe zu schenken. Und heute liest man überall, dass es gut für Jungen ist, wenn sie mit Puppen spielen. Den Blick, den diese Daniela? Ja, Daniela hieß sie, Sylvia war die mit den dicken Knien. Also den Blick, den diese Sylvia ihm zugeworfen hat, wird sie jedenfalls nie vergessen. Und nicht lange danach war die Dame verschwunden. Sie hat ihren Jungen nie gefragt, warum und wieso. Sie ist diskret, und das schätzt er an ihr.

Diese Gabi ist da schon ein anderes Kaliber gewesen, hatte doch wirklich verlangt, dass er ihr die Wohnungsschlüssel abnimmt. Ihr, seiner Mutter! Wollte wahrscheinlich ungestört in seiner Wohnung herumschlampampen. Aber das hatte sie ihr gründlich ausgetrieben. War ein gutes Pilzjahr gewesen. Sie hat immer viel gesammelt und getrocknet. Kalbsragout in Morchelrahmsoße hat sie für ihren Jungen und die Schlampe gekocht. In Gabis Soße waren ein paar Lorcheln. Man kann sich ja mal vertun. Morchel, Lorchel, ist doch kein großer Unterschied, sehen sich auch noch ähnlich. Dummerweise sind Lorcheln giftig. Natürlich nicht gleich tödlich, nicht in dieser Menge. Aber der Notarzt musste kommen und im Krankenhaus haben sie der Dame dann den Magen ausgepumpt. So ein Aufwand wegen dem bisschen Übelkeit. »In Zukunft sammeln sie bitte nur Pilze, die Sie kennen«, hatte der Arzt zu ihr gesagt, als sie ihren Jungen ins Krankenhaus begleitet hat. Und angeguckt hatte der sie, als ob sie senil wäre. Dabei kennt sie sich mit Pilzen aus. Und wie! Traudl sagt immer: »Du bist ein wandelndes Pilzbuch!« Aber die denkt ja auch, eine Krause Glucke sei ein Huhn.

Nun muss sie sich sputen. Einkaufen. Sauber machen. Wo ist das Fotoalbum? Das legt sie hübsch sichtbar auf den Couchtisch. Bisher haben noch alle neugierig drin geblättert. O ja! Sie wird dieser Dame einen Empfang bereiten, den die so schnell nicht vergessen wird.

Punkt halb sieben schneidet sie die Medaillons auf, trennt säuberlich die Fettränder ab, die mag ihr Junge nicht. Der Kartoffelsalat ist angerichtet, der Blumenkohl liegt in Röschen – Röschen, haha! – zerteilt im Sieb. Den kocht sie, wenn die beiden die Vorspeise essen. Krabbencocktail. Sie hat extra die teuren Nordseekrabben gekauft und nicht die billigen rosafarbenen, die nach nichts schmecken. Ihr Junge soll sich nicht beklagen. Was meinte er mit »mir liegt viel daran, dass du sie kennenlernst«? Doch nicht etwa? Nein, nein. Gerade neulich hat er von einem Kollegen erzählt, dessen Frau sich hat scheiden lassen und die nun ihren Exmann bis aufs Blut auspresst. »Ist schon ganz gut, dass dieser Kelch bisher an mir vorbeigegangen ist«, hat er gesagt. Ist schließlich nicht dumm ihr Junge.

Sie rührt Tomatenketchup unter die Mayonnaise und gibt klein gehackte Zwiebeln und Cornichons dazu. Jetzt schnell die Schürze abgebunden, ein wenig Rouge aufgelegt. Obwohl das gar nicht nötig wäre, denn sie ist mit ihrem Aussehen heute sehr zufrieden.

Es klingelt. Was soll das denn? Ihr Junge hat doch einen Schlüssel, aber wahrscheinlich will er ihr Zeit geben, sich zu sammeln. Wie rücksichtsvoll von ihm. Sie schaut in den Spiegel in der Diele und probiert ein strahlendes Lächeln. Ja, so ist es gut. Sie öffnet die Tür und das Lächeln fällt auseinander. Da steht keine Sylvia-Daniela-Gabi, kein junges Ding mit frechem Grinsen im Gesicht. Da steht eine Frau, die mindestens zehn Jahre älter ist als ihr Junge. Jetzt streckt sie die Hand aus.

»Guten Tag, ich freue mich, dass wir uns endlich kennenlernen. Ich bin Marion.«

Eine angenehme Stimme, warm und tief.

»Wir müssen hier doch nicht im Hausflur rumstehen«, sagt ihr Junge und lacht nervös. »Komm rein, Liebes.«

»Liebes«! Sie muss sich zusammennehmen, um ihren Abscheu nicht zu zeigen. »Geht doch schon mal ins Wohnzimmer und setzt euch.«

Ihr Junge hält ihr eine Flasche Sekt hin. Sie ist vor Kälte ganz beschlagen.

»Wo sind die Sektgläser, Röschen?«

Als ob er das nicht wüsste!

»In der Anrichte, im oberen Fach.«

Sie eilt in die Küche und lässt kaltes Wasser über ihre Handgelenke laufen. Warum bringt er Sekt mit? Er weiß doch, dass sie davon Sodbrennen bekommt. Zu Weihnachten und zum Geburtstag schenkt er ihr immer eine Flasche dänischen Kirschlikör. Den gießen Traudl und sie übers Vanilleeis, wenn sie nach ihrem Gymnastikkurs bei ihr noch ein wenig fernsehen. Sie stellt die Gläser mit dem Krabbencocktail aufs Tablett und trägt sie ins Wohnzimmer.

Die Frau erhebt sich. »Darf ich Ihnen ein wenig zur Hand gehen?«

»Nein, nein!«, wehrt sie ab und will zurück in die Küche.

»Warte doch, Rosmarie, lass uns erst einmal anstoßen.«

Ihr Junge hält ihr ein Glas Sekt hin. Sie verzieht schwach die Mundwinkel. »Gibt's was zu feiern?«

Die Frau und ihr Junge sehen sich an. Du meine Güte, die ist ja richtig alt! Hat tausend kleine Fältchen um den Mund herum. Der Lippenstift sieht schon ganz ausgefranst aus.

»Allerdings, Marion hat sich bereit erklärt, mich den Rest meines Lebens zu ertragen.«

»Ich hoffe, dass wir gute Freundinnen werden.«

Ihr schwirrt der Kopf. Was soll das alles heißen? Sie will nicht die Freundin dieser Frau werden.

»Ihr wollt doch nicht etwa …

»Doch, Röschen, wir wollen … wir werden heiraten. Von mir aus sofort, aber Marion hat Juni vorgeschlagen. Papa und du, habt ihr nicht auch im Juni geheiratet?«

Sie kippt den Rest des Sekts runter und muss aufstoßen. Auch das noch!

»Ich weiß, was Sie denken«, sagt die Frau. »Sie denken bestimmt, dass ich viel zu alt bin für Ihren Sohn, nicht wahr?«

Sie kann nur nicken.

»Rosmarie!«

Die Frau macht eine beschwichtigende Handbewegung. »Ich habe genau die gleichen Bedenken gehabt, schließlich bin ich 56.«

»Sieben Jahre, lächerlich!«, ruft er dazwischen.

»Er wollte mich schon gleich nach vier Wochen heiraten, aber ich hab ihm immer einen Korb gegeben, dachte, irgendwann kommt er wieder zur Vernunft.« Die Frau dreht sich zu ihrem Jungen um und gibt ihm lachend einen Rippenstoß.

»Ich war mein ganzes Leben noch nie so vernünftig.« Jetzt küsst er sie auch noch.

»Wir sind jetzt seit acht Monaten zusammen«, sagt die Frau.

Sie rechnet schnell nach. September. Natürlich, da war sie zur Kur. Hätte sie doch bloß nicht …

»Das habt ihr aber gut geheim gehalten«, stößt sie hervor.

»Ich weiß, dass es vorher einige … nun Probleme mit seinen Freundinnen gab.« Die Frau lächelt. »Und ich wollte erst ganz sicher sein, bevor ich Ihnen Ihren Jungen einfach so wegnehme.«

»Wegnehme?«

»Wir brauchen natürlich eine größere Wohnung, aber das hat Zeit, darüber können wir ja später noch reden, Röschen.«

»Ich muss nach dem Blumenkohl schauen«, sagt sie.

Sie hat ein merkwürdiges Sirren im Kopf. Ist das der Sekt, die Wut, ein Hörsturz? Soll man ja bekommen nach einem Schock. Sie sticht mit dem Messer in den Blumenkohl und stellt sich vor, es wäre der weiße Hals dieser Marion. Der Blumenkohl ist weich. Schon fast zu weich. Sie gießt ihn ab. Gibt Butter in die Pfanne und schüttet Semmelbrösel dazu. Rührt und rührt. Holt die Schweinemedaillons aus dem Ofen. Legt sie auf die Teller, garniert sie mit Blumenkohl. Ein Klacks Kartoffelsalat dazu. Nun noch die Semmelbrösel. Sie schiebt einen der Teller ein wenig beiseite. Zieht ein Gewürzglas ganz hinten aus dem Regal. Gelblich braunes Pulver. Sie hat es für den Notfall aufbewahrt. Seit Jahren. Vielleicht wirkt es nicht mehr. Sie muss es versuchen, schmecken wird man es nicht. Und die leichte Übelkeit zu Beginn wird auch vergehen. Und dann ... dann ist es zu spät. Sie vermischt einen Esslöffel Pulver mit einem Teil der Semmelbrösel und verteilt sie auf dem Blumenkohl. Ein Esslöffel, das entspricht der Menge von drei Knollenblätterpilzen. Blumenkohl tödlich, nicht polnisch. Sie muss lachen. Und aufpassen, dass diese Marion den richtigen Teller bekommt.

»Fangt nur schon an mit dem Essen, damit's nicht kalt wird!«

»Isst du nicht mit?«

»Der Sekt ... die Aufregung ... ich muss noch die Vanillesoße machen für den Nachtisch.«

Sie hört noch, wie er sagt: »Das ist nicht bös gemeint, sie isst nie viel am Abend.«

Die Frau verabschiedet sich früh. Sie will noch nach ihrem Vater schauen. Im Altersheim. »Ein wirklich gepflegtes Haus. Er fühlt sich da sehr, sehr wohl.«

Das könnte dieser Marion so passen, sie in ein Altersheim

zu stecken! Merkt ihr Junge denn nicht, was hier vorgeht? Er sieht glücklich aus. Glücklich und ein wenig beschwipst.

»Soll ich dir in der Küche helfen, Röschen?«

»Nein, nein, leg du dich mal hin.«

Sie spült die Teller ab, bevor sie sie in die Spülmaschine stellt. Leert das Gewürzglas ins Klo und wäscht es heiß aus.

Als sie im Bett liegt, fühlt sie sich wie nach ihrem Gymnastikkurs: völlig erschöpft aber glücklich darüber, etwas für sich getan zu haben.

Die Türklingel reißt sie aus dem Schlaf.

Ihr Junge!

»Ich ... mir ist so schlecht ... hast du was da?«

Schlecht? Wieso ist ihm schlecht? Sie schiebt ihn zum Sofa. Setzt sich neben ihn.

Schweiß steht auf seiner Stirn. »Hab wohl zu viel ... von den Semmelbröseln ... auch noch die von Marion ... sie mag das Fettige nicht und ... hat sich nicht getraut ... ich ...«

Ein Zucken durchfährt ihn. Er sieht sie an. Mit riesigen Augen. Das Stupsnäschen ganz weiß. Fehlt nur die Schleife im Haar.

»Mama!«, schreit er laut, bevor er sich in ihren Schoß erbricht.

Geheime Absichten

Petra Greschitzek

Nach zehn Nachtschichten und Tagesbereitschaftsdiensten fuhr Georg Winter im Licht der aufgehenden Sonne nach Hause, um endlich mal wieder auszuschlafen. In der Klinik dachten immer noch alle, er würde mit Wachsmann um die frei werdende Stelle des Stationsarztes konkurrieren, doch er hatte längst andere Pläne. Er wollte eine eigene Praxis aufmachen, mit einem Edelstahlschild am Eingang und Lounge-Möbeln, hübschen, jungen Arzthelferinnen und einem Konto mit schwarzen Zahlen. Georg trank ein Glas Milch, legte sich ins Bett und war nach wenigen Sekunden eingeschlafen.

Am Nachmittag bei einem starken Kaffee las er die Zeitung des Vortags. Als er den Wirtschaftsteil aufschlug, traf ihn die Nachricht wie ein Tritt in den Unterbauch. Die japanische Firma, in die er seine gesamten Ersparnisse investiert hatte, musste Konkurs anmelden. Die Aktien waren keinen Pfifferling mehr wert. Er war nicht nur pleite, sondern verschuldet. Und sein Traum von der eigenen Praxis winkte ihm zu, mit einer weißen Fahne auf einem brennenden Boot mitten im Pazifik, bevor er gluckernd unterging. Adieu, niedergelassener Arzt! Die Wut trieb Georg Tränen in die Augen. Sein ganzes Erspartes war weg und das Geld, das er bei der Bank aufgenommen hatte, um mit dem vermeintlich schnellen Aktiengewinn eine eigene Praxis aufmachen zu können. Johanns

Stimme dröhnte noch in seinem Kopf, als wäre es gestern gewesen. »Bombensichere Sache, Alter, Gentechnik. Wer jetzt nicht einsteigt, ist dumm. Neuer Markt war gestern, Biotechnologie ist die Zukunft.« Mitten in Georgs Weltuntergangsstimmung schrillte das Telefon. Es war Rita Brenner.

»Hallo, Georg, ich wollte dich für heute Abend einladen. Ein lauer Sommerabend mit Cocktails und Musik, was hältst du davon?«

»Ach, ich weiß nicht.«

»Komm schon, Georg. Bald ist der Sommer vorbei und wir haben nicht einmal zusammen auf der Terrasse gesessen. Allerdings muss ich dich gleich warnen. Meine Schwester will unbedingt auch dabei sein.«

»Ich weiß nicht. Mir geht's nicht so gut.«

»Eben deshalb solltest du rüberkommen und das Krankenhaus für ein paar Stunden vergessen.«

»Also gut. Wann soll es losgehen?«

»Um acht. Und bitte sei pünktlich.«

»Ich bin immer ...«, begann er, als er bemerkte, dass sie schon aufgelegt hatte. Die Brenner-Schwestern waren so anstrengend wie eine sechsstündige OP, aber sie hatten richtig Geld. Kennengelernt hatte er Rita Brenner bei einer Wohltätigkeitsveranstaltung für die neue Kinderkrebsstation, bei der sie einen Scheck in Höhe von 50 000 Euro überreicht hatte. Sie war im Vorstand eines Wohltätigkeitsclubs und anlässlich derartiger Veranstaltungen öfter in der Presse zu sehen, seit ihr Vater vor drei Jahren bei einem Unfall gestorben war. In der Wirtschaftswunderzeit hatte er die Brenner Maschinenbau GmbH aufgebaut und seine Töchter zu Millionärinnen gemacht. Seine Frau war bereits 1975 bei der Geburt der zweiten Tochter gestorben, das hatte Rita ihm erzählt. Die Schwestern hatten keine Angehörigen, Rita Brenner war nach einem richtigen Rosenkrieg kinderlos geschieden und hasste ihren Exmann. Irene Brenner hatte bisher niemanden gefunden, der sie zum Traualtar führen wollte.

Georg zog eine helle Leinenhose und ein schwarzes Hemd an, dass seinen dunklen Teint verstärkte und die weißen Zähne blitzen ließ. Er legte das neue, extravagante Eau de Toilette auf und stieg wenig später in sein Cabrio. Er genoss die idyllische, kurvenreiche Bergstraße, das satte Motorgeräusch, die Geschwindigkeit. Die tief stehende Sonne glitzerte durch das üppige Laub und der laue Fahrtwind fuhr durch sein Haar. Jetzt einfach weiterfahren, dachte er, bog aber trotzdem ab, als die Abfahrt auftauchte.

Als er um Viertel vor acht in der Straße ankam, in der die Brenner-Schwestern wohnten, war kein Mensch zu sehen. Die Jugendstilvilla lag am Ende eines Wendehammers. Georg parkte etwas weiter vom Haus entfernt, nahm die kleine schwarze Reisetasche aus dem Kofferraum und ging am Eingang vorbei. Mit einem athletischen Sprung hechtete er auf die Steinmauer, die den Garten umgab. Gebückt lief er hinüber zum Carport, nahm das Radkreuz aus seiner Reisetasche und lockerte die Schrauben der Vorderräder an Ritas BMW. Nur nicht ganz losdrehen, sonst fielen die Dinger bereits in der Toreinfahrt ab und sein Plan war gescheitert. Rita war zwar hübscher als Irene, aber auch anstrengender und viel zu eigensinnig. Als er fertig war, tätschelte er Irenes fast zehn Jahre alten Golf, packte das Werkzeug wieder in die Tasche und verließ den Garten auf dem gleichen Weg, den er gekommen war.

Eine Chance im Leben hat jeder verdient, dachte er, während im Haus die Schwestern seinem Besuch entgegenfieberten.

»Hast du auch nicht zu viel Pfeffer an den Salat gemacht?« Rita rührte ungeduldig in dem Lollo Rosso mit Mandarine und Haselnüssen herum.

»Wenn ich so viel Pfeffer genommen hätte wie du Parfüm, dann könnten wir gleich alles in die Mülltonne werfen.«

»Ach, ja? Nur weil du immer nach Kölnisch Wasser und Kernseife riechst, brauchst du mich nicht anzugreifen, wenn ich mich ein bisschen zurechtmache.«

»Zurechtmachen nennst du das? Pass auf, dass Georg nicht in Ohnmacht fällt, wenn er dir zu nahe kommt.«

»Wenn, dann nur weil ich so phantastisch aussehe!« Rita warf ihre langen, schwarz gefärbten Haare mit einer affektierten Bewegung zurück. Ich in Konkurrenz zu Irene, einfach lachhaft, als wenn eine Araberstute gegen ein Brauereipferd ins Rennen zieht. Ihr Vater hatte sie immer anerkennend gemustert, wenn sie von einem ihrer Freunde abgeholt wurde. Ihr zwinkerte er zu, während er Irene mitleidig übers Haar strich.

»Aussehen ist nicht alles im Leben, protestierte Irene mitten in Ritas Erinnerungen. »Georg sieht das bestimmt auch so.«

»Ha, ha, ha, weißt du was, Irenchen, du konzentrierst dich jetzt besser auf die Cocktails, die müssen nämlich zur Begrüßung fertig sein.«

»Die Wahrheit verträgst du jedenfalls nicht«, zischte Irene und sah ihrer Schwester hinterher. Vermutlich würde sie sich noch mehr einsprühen und wieder versuchen, auf Georgs Schoß zu rutschen, aber diesmal würde sie ihr einen Strich durch die Rechnung machen. Irene nutzte die Gelegenheit und schüttete pulverisiertes Schlafmittel in das Glas mit dem roten Schirmchen. Sie hatte die Tabletten nach dem Tod ihres Vaters von Dr. Schormann bekommen, weil sie einfach nicht mehr einschlafen konnte. »Zwei vorm Schlafengehen reichen«, hatte er immer gesagt. Für Ritas Drink nahm sie vier Kapseln. Anschließend steckte sie blaue und gelbe Schirme an die beiden anderen Gläser und ging in ihr Schlafzimmer, um etwas Lippenstift und Lidschatten aufzutragen. Wenn Rita erst eingeschlafen war, würde sie Ihre Chance nutzen und Georg überreden, heute bei ihr zu bleiben. Auf den Gesichtsausdruck von Rita freute sie sich jetzt schon, wenn Georg morgen aus ihrem Schlafzimmer kam! Sie puderte sich noch schnell und presste die roten Lippen aufeinander. Als sie wieder in die Küche kam, lehnte Rita an der Anrichte. Ein maliziöses Lächeln spielte um ihre Lippen, als sie Irene sah.

»Was ist denn?«, empörte die sich.

»Du ... Was hast *du* denn gemacht?«

»Was meinst du?« Irene sah irritiert an sich hinunter.

Rita fuchtelte mit dem Finger vor Irenes Gesicht herum und krümmte sich jetzt vor unterdrücktem Lachen. Du, du hast dich geschminkt!«

»Ja, und?«

»Du liebes bisschen, man merkt, dass du das nicht oft machst. Du siehst aus wie ein trauriger, besoffener Clown! Wisch es lieber wieder ab!«

Irene suchte nach einer schlagfertigen Antwort, als sie von der Türklingel erlöst wurde. »Ich geh schon!«, rief sie aufgeregt Rita zu, die immer noch in der Küche stand und hinter ihrem Rücken das Fläschchen mit dem Abführmittel versteckte. Hastig schüttete Rita den gesamten Inhalt in das Glas mit dem blauen Schirmchen. Gott sei Dank war Irene sofort einverstanden gewesen, als Rita Campari mit Orangensaft für den Begrüßungscocktail vorschlug, in dem leicht bitteren Drink fielen die Tropfen bestimmt nicht auf. Irene würde diesen Abend auf der Toilette verbringen, während sie Georg verführte. Sie hatte sich für diesen Zweck sündhaft teure, rote Dessous gekauft. Eine Nacht, nun gut, vielleicht einige Nächte, mehr wollte sie gar nicht und mehr war nicht drin, das wusste sie. Aber dieser Nacht fieberte sie jetzt seit Monaten entgegen und immer war etwas dazwischengekommen.

Rita rührte hektisch mit dem langen Löffel im Glas herum, die Eiswürfel klirrten noch gegen die Glaswand, als Georg sie in der Küche begrüßte.

»Hallo, Georg«, hauchte sie und hielt ihm ihre Wange zum Kuss hin. Anschließend küsste er auch Irenes Wange, die daraufhin unter ihrem Puder errötete.

»Lasst uns anstoßen«, schlug Rita vor und hielt das Tablett auffordernd in Georgs Richtung.

Der griff nach dem rot beschirmten Cocktail, doch Irene hielt überraschend heftig seinen Arm fest.

»Ähm, Georg, rot ist doch Ritas Lieblingsfarbe!«

»Na gut, dann tauschen wir eben die Schirmchen«, entgegnete er und steckte seinen Schirm in Ritas Glas, während die lachend ihren gelben Schirm in die Orangenscheibe an Georgs Drink bohrte.

Verdammter Mist, dachte Irene und Rita sagte: »Auf einen amüsanten Abend!« Georg prostete beiden zu und trank sein Glas halb aus. Auch die beiden Frauen nahmen einen großen Schluck. Heiß strömte der Alkohol in ihre Glieder. Irene war Alkohol nicht gewohnt, sie hatte das Gefühl, ein schwerer, kleiner Affe säße in ihrem Genick und hindere sie am klaren Denken. Sie fühlte sich gleichzeitig schwer und leicht und hätte sich am liebsten auf den Boden gelegt.

»Lasst uns schnell austrinken und auf die Terrasse gehen«, schlug Rita vor. Sie hatten Salate und Canapees vorbereitet, zwei Flaschen Rotwein dekantiert, und während sie aßen, fragten die Schwestern Georg über seine Arbeit im Krankenhaus aus. Rita sagte dauernd »Medizinmann« zu Georg und rutschte mit ihrem Stuhl immer näher heran, um sich an ihn zu pressen.

»Ich hab den Salat gemacht«, fuhr Irene dazwischen. »Unser Vater mochte den so gerne. Du bist eine wundervolle Köchin, hat er immer gesagt. Der Mann, der dich einmal bekommt, kann sich glücklich schätzen.« Mit verträumtem Blick sah sie erst ihn an, dann Rita, die ihr in die Augen starrte, dass Irene glaubte, sie würden gleich an ihrem Hinterkopf wieder austreten.

»Ja«, sagte Rita und setzte sich auf Georgs Schoß, »und er hat auch gefragt, ob ich Irene nicht einen meiner Verflossenen vermitteln kann. Er hatte Bedenken, dass meine kleine Schwester sonst niemals einen Kerl zum Heiraten findet.« Triumphierend beobachtete Rita, wie Irenes seliges Erinnern einer schmerzhaften Gesichtslähmung gewichen war.

Irene war irgendwie übel, Rita auf Georgs Schoß, der Alkohol und dazu diese Beleidigungen in seiner Gegenwart, das war zu viel für sie. Auch Georg schien plötzlich sehr müde zu sein. Mit schweren Armen schob er Rita von seinem Schoß, stand auf, schwankte ein wenig, setzte sich dann überraschend neben Irene auf die Hollywoodschaukel und legte den Kopf an ihre Schulter.

»Isch glaub, isch muss nach Hause«, stöhnte er. »Wo sinn meine Audoschüssel?«

»Georg! Du kannst doch in unserem Gästezimmer schlafen!«

»Isch muss nach Hause!«, insistierte er und torkelte los.

»Also gut, aber ich fahre«, sagte Rita.

»Nee, nee, nee«, lallte er.

»Komm schon, du brauchst dir keine Sorgen um deinen schönen Mercedes zu machen. Wir nehmen mein Auto und du kommst morgen, wenn es dir besser geht, einfach vorbei und holst deins ab.«

»Bidde nich, das is doch nich nödich ...«, schnorchelte Georg.

»Keine Widerrede, wir fahren zusammen«, ergriff Irene resolut die Initiative. Erstaunt über sich selbst und mit dem Übermut der Betrunkenen, zog sie Georg von der Hollywoodschaukel und hakte ihn unter. Rita umarmte Georg von der anderen Seite und mit vereinten Kräften stützten sie den sich sträubenden Georg und bugsierten ihn zu Ritas BMW. Nachdem sie ihn auf dem Rücksitz angeschnallt hatten, setzte sich Irene auf den Beifahrersitz. Sie würde Georg nicht kampflos ihrer Schwester überlassen. Vielleicht wirkte das Schlafmittel bei einem Mann nicht so lange und er kam wieder zu sich, während sie ihn gerade auszog.

Rita zischte Irene etwas Bösartiges zu, als sie einstieg, aber sie wusste auch, dass sie Georg in seinem Zustand gar nicht allein aus dem Wagen bekam. Auf halber Strecke, kurz vor einer scharfen Kurve, schoss ein heißer Schmerzpfeil durch Irenes Unterleib.

»Anhalten!«, schrie sie und Rita wäre vor Schreck beinahe von der Straße abgekommen.

»Bist du wahnsinnig?« Rita drehte ihr erhitztes Gesicht der Schwester zu. »Du hättest uns beinahe umgebracht! Weißt du eigentlich, wie tief es hier runtergeht?«

Doch Irene hatte schon die Wagentür aufgerissen und war ein paar Meter weiter in das nächste Gebüsch gestolpert.

»Verdammt noch mal, ich habe Durchfall von den blöden Shrimps, die du gemacht hast!«, presste sie heraus.

Rita stieg aus.

Von Irene war nur der hellblusige Rücken zu sehen, sie verrichtete ihre Notdurft direkt am Abhang. Ein kleiner Schubs nur, eine kleine Bewegung und die Schwerkraft würde sie für immer von der braven Nervensäge befreien. Sie stand jetzt direkt hinter Irene und der Geruch von Weichspüler und Durchfall erzeugten einen so großen Widerwillen in ihr, dass ihr Bein sich fast von selbst hob und gegen ihre Schwester trat. Mit einem erstaunten Aufschrei flog Irene den Abhang hinunter. Äste krachten und dumpfes Gepolter war noch zu hören, als Rita schon nichts mehr sehen konnte.

Rita ging zurück zum Auto. Georg hing schief auf der Rückbank.

»Wassen los?«

»Gar nichts«, beruhigte sie ihn.

»Wo issen Irene?«

»Irene ist doch gar nicht mitgefahren, Georg. Sie ist zu Hause geblieben.«

»Ach so. Und ich hädde schwörn könn, dass sie im Audo war.«

»Ja, ja, je schlechter das Gedächtnis, umso reiner das Gewissen.«

Rita startete den Wagen und sie fuhren in die dunkle Nacht, der nächsten Haarnadelkurve entgegen. Die nächtliche Stille wurde nur kurz von dem Geräusch brechender Äste und einem dumpfen Knall unterbrochen.

Alle oder keiner

Amaryllis Sommerer

Endlich ist es Nacht. Endlich ist diese fette Krankenschwester mit ihren wetzenden Gummisohlen gegangen. Hella fährt sich mit ihrer alten Hand, die einem dürren Ast gleicht, über die kalte Stirn. Morgen wird sie kommen, diese Bagage, die sich ihre Familie nennt. Diese kleinen falschen Würmer, die sich überall hinwinden, egal wohin sie sie bestellt. Sie kriechen zu Kreuze wie winselnde, kopflose Köter, die endlich Beute, sprich Hellas Geld, riechen. Aber was hat sie denn noch vom Leben, außer ihr Sterben? Sollen sie nur kommen, die kleinen Bastarde.

Ich reise also an. Wie jedes Jahr. Denn einmal im Jahr wird in unserer Familie gestorben. Die große blonde Hella, mit 92 die Älteste unserer Truppe, hat zum jährlichen Rapport auf neutralem Boden gerufen. Dieses Mal ins Gästehaus eines Wiener Sanatoriums.

Mehrere Fraktionen sind es, die da aufeinandertreffen: die Ösis, die hauptsächlich in Linz wohnen, und die Piefkes, damit sind die Berliner und Münchner gemeint. Die Linzer kommen geschlossen mit der Bahn und sind bereits in St. Pölten leicht alkoholisiert. Die Deutschen reisen individuell und verhalten sich vorerst unauffällig. Ich gehöre zum unbedeutenden Rest der Familie. Ich, das graue Mäuschen, das immer nur will, dass sich alle vertragen und an das Gute im anderen glauben. Das Ergebnis meiner Wünsche ist, dass ich mich drei Wochen vor Termin bereits für alle möglichen Vorkommnisse verantwortlich fühle und von da an abwechselnd von Angstattacken oder Gewaltphantasien überfallen werde. Aber das Treffen einfach schwänzen, einfach nicht hingehen? Nein! Um keinen Preis!

»Alle oder keiner« heißt Hellas letzter Wille, was im Klartext bedeutet: Wenn einer nicht kommt, erben die anderen auch nichts.

Also kommen wir alle. Wie das Amen in Hellas letztem Gebet.

Die Münchner und Berliner sind trotz ihrer weiteren Anreise immer vor den Linzern da. Sie kriegen also die besseren Zimmer mit Ausblick im Gästehaus des Sanatoriums, das früher eine Unterkunft für schwer Erziehbare war. Den Linzern sind die Zimmer mit Ausblick egal. Wichtiger ist ihnen, dass sie zusammenbleiben und keinen unterwegs verlieren. Jeder weiß, dass sich so ein zusammengeschweißter Linzer Gruppenkörper nun einmal viel langsamer vorwärtsbewegt als flinke deutsche Kleingruppen, also kommen sie halt später.

Die drei Fraktionslosen, zu denen auch ich gehöre, dürfen sich um die übrig gebliebenen Einzelzellen mit Kaltwasser streiten. Aber zum Glück taucht da schon Hellas Krankenschwester auf, drückt jedem von uns einen Zimmerschlüssel in die Hand und mahnt zur Beeilung. In einer halben Stunde werde gegessen. Und zwar alles!

Knapp neben mir, in meinem Windschatten, steht ein blondes, magersüchtiges Engelsgeschöpf. Der Schlüssel in seiner Hand zittert. Wahrscheinlich ist das junge Wesen heuer großjährig und damit erstmals zum Familienrapport gezwungen worden. Es ist ja bloß für einen Tag, flüstere ich ihm zu.

Den verarmten Adeligen unserer Familie, Onkel René aus

der Provence, stets mit Jagdflinte im Reisegepäck, kann ich beruhigt ignorieren. Er würde sich von mir ohnehin nichts sagen lassen.

Evita, so nennt sich der Engel an meiner Seite, ist, wie sich herausstellt, das uneheliche, in einer Klosterschule untergebrachte Kind von Heike, der Schwester von Gunda, die wiederum mit Steffen verheiratet ist, ... okay, ich gebe zu, die Verhältnisse meiner Familie noch nie überschaut zu haben. Nicht dass ich alt und verkalkt wäre, nein, ich bin gerade erst dreißig geworden – was heutzutage auch nicht mehr jung ist –, aber ich war schon immer etwas langsam und träge. Was vielleicht daran liegt, dass ich in einem Kurort, in Baden bei Wien, unter lauter uralten Menschen aufgewachsen bin.

Endlich ist es so weit. Mit mehr oder weniger von Trauer gezeichneten Gesichtern versammeln wir uns also im Speisesaal des ehemaligen Erziehungsheimes. Hella, weiß wie die Wand, wird von ihrer Krankenschwester samt Bett hereingefahren. Ein Scharnier quietscht dabei wie eine sterbende Ratte, die Gummiräder hinterlassen schwarze, brutale Spuren auf dem alten Parkett.

Ich muss schon sagen, Hellas Inszenierung wird immer besser.

Wie jedes Jahr hat sie Namenskärtchen verteilen lassen, die uns unsere Plätze an der Tafel zuweisen. Lieblingsfeinde garantiert.

Neben mir der intellektuelle Henning aus Berlin-Mitte, der immer noch, ganz in Schwarz, dem Tode Heiner Müllers nachtrauert. Seit Jahren schreibt er sich an einer Heiner-Biografie ab und ist darüber schon recht alt geworden. Aber, worunter er wirklich leidet: Hier kennt keiner Heiner! An meiner anderen Seite hat der stets gut gelaunte Linzer Gerry, im Brotberuf beim oberösterreichischen Landesstudio tätig, Platz genommen. Zwinkernd mahnt er den Kellner, endlich mit dem Servieren der Suppe anzufangen, denn um acht beginne die Übertragung des Formel-1-Rennens, das er auf keinen Fall versäumen möchte. Das ganze Theater, dass Hella hier inszeniert, gehe ihm – wie er es ausdrückt – am Arsch vorbei, er sei nur aus Solidarität zu seinen Geschwistern hier, die sind es schließlich, die Hellas Kohle brauchen. Also, gemma, gemma, anfangen! Während wir also artig Hellas Lieblingssuppe, graue Graupen, löffeln, kann ich in Sichtweite Gerrys Bruder, den schwitzenden, schwer verschuldeten Robert erkennen, der jedes Jahr versucht, nicht nur Hella, sondern auch den Rest der Familie, um Geld für sein Linzer Call-Center anzupumpen. Verärgert stellt er fest, dass er nicht in Reichweite der begüterten Hella sitzt, sondern neben dem mittellosen Friedrichshainer Jürgen, blasser Surfpoet und flügge gewordener Sohn von Gunda und Steffen, dem Münchner Lehrerpaar.

Die weiter weg Gesetzten kann ich nicht mehr so gut erkennen. Ich sehe nämlich seit meinem dreißigsten Geburtstag noch schlechter als bisher, kann mich aber noch immer nicht zu einer Brille durchringen, denn wie soll ich damit noch einen Mann kriegen, wenn ich es schon ohne nicht schaffe. Ich blinzle also hinüber zum Kindertisch. Dort wirft das geballte Leben mit Kinderschnitzeln um sich. Nebenan wartet schon das Fernsehzimmer, wohin sich die Kleinen dann schnell hinverziehen werden wollen, nicht wissend, dass sie sich demnächst mit Gerry wegen des Formel-1-Rennens werden streiten müssen. Aber was geht mich das an! Ich will ihn gar nicht sehen, den Familiennachwuchs, diese blühenden Früchte vergangener sexueller Ekstasen, die sich überall auf der Welt abspielen, nur nicht bei mir, in Baden bei Wien.

Plötzlich kriecht Hellas weiße Knochenhand langsam, aber mächtig unter der Decke hervor, um uns mit ihren Krallenfingern etwas mitzuteilen. Die Erwachsenen sind sofort still, die Kinder nicht. Also steht Heike, die gerade eine Entziehungskur hinter sich hat und sich am Leben erproben will, auf, geht auf den Kindertisch zu und macht – nach einer Minute brüllender Ohnmacht, keines der Kinder nimmt von ihr Notiz – wieder kehrt. Woraufhin Simone, Untersendlingerin, Witwe und Mutter von vier Kindern, eine kurze, aber wirksame Zauberformel flüstert. Die Kinder verstummen augenblicklich. Simone lächelt versonnen, Heike erdolcht sie mit einem hässlichen Blick und stürzt schnell ein Glas vom Roten runter. Leider, seufzt plötzlich die hagere, kalkweiße Hella und sieht mit ihren wässrigen Augen vorwurfsvoll in die Runde, leider müsse sie feststellen, dass einer von uns noch fehle.

Ein unmerkliches, ängstliches Raunen weht plötzlich über die Servietten: Was? Das gibt's doch nicht! Wer? Wer denn? Wer wagt es?

Robert kriegt neben mir einem heftigen Schweißausbruch, das verschuldete Call-Center klingelt geradezu aus all seinen Poren. Gunda und Steffen, das Lehrerpaar, blättert sofort suchend in seinem mit der Hand geschriebenen Telefonbüchlein. Man zählt und rätselt, sieht einander zuerst mit Skepsis, dann mit verborgener Scham an. Wieso ist es möglich, dass keinem, außer Hella, das aufgefallen war. Wer kann das denn sein, der niemandem abgeht?

Linzer kann es keiner sein, die sind laut und vollzählig wie immer. Ebenso unsere drei Berliner. René, unser Adeliger, döst, unberührt von allem, vornehm vor sich hin. Die Neue, die dünne Evita, starrt brav auf ihren Teller. Der Badener Single – das bin ich – ist auch da. Also kann es sich nur um einen Münchner handeln.

Die müssen aber auch immer alle einzeln unterwegs sein, können die nicht gemeinsam anmarschieren, so wie er, nörgelt Robert.

Henning rückt bloß verächtlich seine schwarze Brille zurecht, denn schon Heiner hätte gewusst, dass die Menschheit nur im Kollektiv überdauern würde, und jetzt haben wir den Salat!

Ich bin sicher, dass ihr euch darum kümmern werdet, haucht Hella schadenfroh in die Runde. Also lasst es euch schmecken, Kinder!

Sofort ergreift mich diese leise Panik, die mich ganz schnell in Gruppen befällt, wenn ich das Gefühl habe, die Sache gerät ins Rutschen. Denn wenn diese eine fehlende Person heute nicht auftaucht, woher auch immer, bin sicher ICH daran schuld, ich weiß nur noch nicht, warum. Ich versuche, mich an letztes Jahr zu erinnern. Zuerst fällt mir der damalige Kellner ein und dann: Rita! Natürlich! Rita fehlt! Rita, die sich, außer zum jährlichen Sterben, nie blicken lässt, Rita, von der keiner weiß, wo sie wohnt, die Telefonnummern hergibt, bei denen sich dann keiner meldet, ja natürlich Rita, die ewig blasse, freundliche Rita, die, wer weiß, von was lebt, die wahrscheinlich schon in der Gosse gelandet ist mit ihrem räudigen Straßenköter. Rita kann uns doch nicht im Stich lassen! Robert geht doch sonst in Konkurs! Und Jürgen braucht die Kohle für seine Dichterrunde im Café Moskau! Und Simone, Witwe mit vier Kindern, hat es auch nicht leicht als Badefrau zwischen ertrinkenden Babys und absaufenden Rentnern! Ebenso wenig Onkel René, den man ohne Hellas Apanage aus seiner Jagdhütte in Südfrankreich rausschmeißen würde! Und Henning müsste sein letztes originales Heinersches Brillenputztuch verscherbeln! Nein. Lieber sterben!

Und wer hat Schuld an dem ganzen Dilemma? Na, wer schon! Schon fühle ich alle Blicke auf mir, während ich in der braunen Senfsahnesoße rund um den Hackbraten herumstochere, weil ich es doch war, die im letzten Jahr das Rennen um den Teilzeitkellner, der uns damals bediente, gemacht hatte. Dabei hätte der doch so viel besser zu Rita gepasst. Zu Rita, die ich vergrault habe. O Gott, sie werden mich bei lebendigem Leibe rösten, wenn Rita heute nicht auftaucht! Wer hat Rita wann und wo das letzte Mal gesehen? Wo wohnt sie eigentlich zur Zeit? Was sind ihre Lebensgewohnheiten? Welche Mittelsmänner und -frauen könnte man ausfindig machen, um Rita zu kontaktieren?

Robert kommt auf die Idee, Gerry, der ja Techniker beim Fernsehen ist, zu einer Durchsage im Rundfunk oder besser noch per TV, am besten aber über Euro-News zu überreden. Aber Gerry beharrt darauf, bloß für das Landesstudio Oberösterreich zu arbeiten, das sei Arbeit genug, alles andere interessiere ihn nicht. Und außerdem schielt er dauernd auf die Uhr wegen des Formel-1-Rennens, und außerdem ist ihm Robert mit seinem Unternehmergehabe und diesem aufgeblasenen Call-Center immer schon auf den Sack gegangen.

Meine Worte, stichelt Hella von ihrem Krankenlager aus. Meine Worte! Robert steigt die Hitze der Wut in den Kopf und beinahe greift er zu seiner kalten Schmorgurke auf dem Teller vor ihm und beinahe packt er Gerry mit der einen Hand am Kopf und beinahe stopft er ihm das angebrannte Gemüse mit der anderen Hand in den Hals. Aber nur beinahe! Noch bohrt Robert seine Gabel wie einen Anker ins edle Eichenholz des Tisches und beginnt, einen Münchner nach dem anderen zu verhören. Schließlich ist Rita ja eine von ihnen! Irgendjemand müsse sie doch irgendwo in dieser verdammten Stadt gesehen haben!

Mein lieber Robert, schaltet sich Henning ein, München ist eine Großstadt!

Was weißt denn du? Du bist doch als Brötchenverkäufer am Eingang der Volksbühne noch nie über den Rosa-Luxemburg-Platz hinausgekommen!

»Der Hass, der aus dem Abgrund hinter dem löchrigen Zaun seiner Zähne quillt ...«, versucht Henning zu zitieren, doch Robert, vollkommen Heiner-immun, unterbricht ihn:

Iss lieber dein Faschiertes! Die Hella mag's nicht, wennst net z'samm' isst! Ich weiß, was eine Großstadt ist. Ich war lang genug in Berlin! Arschkalt war's dort, und sonst gar nix.

Das war »der Schauer der Entfremdung«, doziert Henning.

Oba net wirklich!, schaltet sich nun der Linzer Großvater Franz ein: Wenn der Robert sagt, es war kalt, dann war's kalt!

Diese knorzenden Stiegenhäuser, wettert Robert weiter. Jeder Schritt ...

Hat dich wohl daran erinnert, wie fett du geworden bist, ey?, meldet sich auf einmal die unübersehbar alkoholisierte Heike zu Wort: Ihr österreichischen Weicheier habt doch keine Ahnung von Berlin!

Was soll denn das jetzt wieder heißen, bellt Robert Richtung Heike. Wem war denn Linz zu blöd? Zu klein? Zu provinziell?

Ach, leck mich doch am Arsch! Ihr könnt mich doch alle! Das Einzige, was mich interessiert, ist, wo die Rita geblieben ist!

Rita! Rita! Rita!, beginnen die Kinder zu johlen.

Der sonst so souveränen Simone rutscht die Hand aus. Schnell verfrachtet sie die Kinder ins Fernsehzimmer, Gerry folgt ihr unauffällig.

Hellas gieriger Blick streift durch den Raum auf der Suche nach jungem, festem Frischfleisch. Die alten Versager, die sich da gegenseitig fertigmachen, ekeln sie an. Sie hat sich sattgefressen an den immer gleichen Zankereien. Aber dort, am unteren Ende der Tafel, einsam und stumm, sitzt das junge Gemüse, das Hella den giftigen Speichel hinter ihren Greisenlippen zusammenlaufen lässt: Evita, der Engel. Unverbraucht. Ahnungslos.

Mit einem knappen Wink schickt Hella die Krankenschwester los, die gleich darauf das dünne Mädchen auf einen harten Stuhl neben Hellas Krankenbett drückt.

Es bedeutet nichts Gutes, wenn Hella anfängt, jeden von uns einzeln zu sich zu rufen. Alleine der Gedanke, den Geruch von Hellas Hämorrhoidensalbe einzuatmen – seit ich selber eine verwende, weiß ich, dass es sich um Hämorrhoidensalbe handelt –, also alleine dieser Gedanke demnächst von Hella ausgequetscht zu werden, wieso ich denn noch immer Single bin, wo es doch so viele hübsche junge Männer gäbe, was denn mit mir nicht stimme, ob ich vielleicht unfruchtbar oder sonst wie abnormal sei … Hilfe! Neben mir fliegt ein Teller über den Tisch und dann noch einer. Im Streit darüber, wer denn jetzt tatsächlich daran schuld sei, dass Rita nicht komme, geht meine Familie inzwischen in Kleingruppen aufeinander los. Hella krächzt zufrieden.

Simone flüchtet zu den Kindern ins Fernsehzimmer. Gunda und Steffen flehen mit glühenden Ohren in ihre Handys: Rita, bitte kommen! Robert und Heike fangen an, handgreiflich zu werden. Großvater Franz fragt Heike laut, ob die deutschen Entziehungskliniken noch immer wie KZs organisiert seien, woraufhin Gunda, um die Situation mittels kleiner Geschenke zu beruhigen, beginnt, hektisch nach ihren Mitbringseln zu suchen. Inzwischen drückt Heike Großvaters alte Schnauze, wie sie seine Nase nennt, in eine halb leere Salatschüssel, untermalt von den grellen Schreien Simones aus dem Fernsehzimmer. Dort hat nämlich Gerry die Kinder mit einer Schachtel Marlboro ruhiggestellt und den Fernseher übernommen. Simone taumelt, völlig aufgelöst, die Kleinsten an ihren Händen, zurück in den Speisesaal. Gunda und Steffen überhäufen sie sofort mit ihren Gastgeschenken. Vier lustig bemalte Kinderhandys, schau! Doch Hella gefällt diese Wende zum Guten gar nicht und scheinheilig fragt sie:

Und was hast du für unsere liebe Rita mitgebracht, Gunda?

Rita! Das Reizwort Rita ist gefallen. Rita, ohne die wir uns den ganzen Aufmarsch hier hätten ersparen können! Rita, die

Hassenswerte! Rita, die uns alles eingebrockt hat! Rita, die an allem schuld ist!

In dumpfer Verzweiflung stopft Steffen der schluchzenden Gunda eines der gut gemeinten Kinderhandys ins Maul. Robert zertrümmert das restliche Tafelgeschirr, um es nach Heike zu werfen. Onkel René greift unter dem Tisch nach seiner Flinte. Die Kinder an Simones Händen beginnen zu plärren.

Sie wird schon noch kommen, versuche ich leise mein Bestes.

Wird sie nicht!

Ego-Schlampe!

Falsche Sau!

Verdammte Rita!

Hella lässt sich von ihrer Krankenschwester noch ein Polster unterschieben, damit sie das familiäre Gemetzel besser mit ansehen kann. Mir wird schlecht. Ich geh hinaus. Merkt eh keiner.

Draußen ist es dunkel. Ich wanke über den Parkplatz zu meinem Wagen. Ich will mir gar nicht vorstellen, was die da drinnen weiter aufführen. Das wird ewig so weitergehen, jedes Jahr das Gleiche, so lange bis die alte Hexe – ich presse die Lippen aufeinander, es durchfährt mich der eisige Schauer meiner Mordlust. Ich fühle schon die kalte Hand des schlechten Gewissens auf meiner Schulter, drehe mich um, um den Alp abzuschütteln – da steht plötzlich Rita vor mir.

Die liebe, freundliche Rita in ihren bunten Klamotten.

Sie fürchtet sich – wie ich – vor den anderen da drinnen und versucht verzweifelt, ihren verspielten schwarzen Köter in eine Reisetasche zu zwängen, um ihn unbemerkt ins Haus schleusen zu können.

Ich weiß gar nicht, was ich zuerst tun soll. Rita vor Freude umarmen oder ihr helfen, den Hund ruhigzustellen. Doch der knurrt so unwillig, dass ich mit ihm draußen bleibe und »Rita« dränge, schnell hineinzugehen, sie werde schon sehnsüchtig erwartet.

Drinnen ein Aufschrei des Glücks, quer über den Wienerwald.

Der Hund jault mit. Ich halte ihm schnell das Maul zu.

Rita! Rita ist da! höre ich sie drinnen johlen. Endlich kann die Kohle aufgeteilt werden! Rita! Unsere liebe, unsere einzige Rita!

Doch mit jedem »Rita« wird das Tier in meinen Händen unruhiger, es jault und winselt, ich kann den Hund kaum noch halten. Der schwarze Köter entwickelt ungeahnte Kräfte, will hinein zur Meute, hin zum Rudel, zur Familie, wo er hingehört, wo er seinen Platz und seine Aufgabe hat. Er reißt und zerrt und fletscht die Zähne, der Geifer rinnt ihm von den Lefzen, er schnappt nach mir.

Ich krieg's schon wieder mit der Angst, lasse los, die entfesselte Kreatur schießt Richtung Haus, und ich steh da mit leeren Händen auf einem nachtschwarzen Parkplatz.

Langsam geh ich zurück zum Haus. Nach wenigen Metern höre ich entsetzte Schreie und hysterisches Kreischen, ein Gurgeln und Würgen, ein Poltern und Schlagen, ein Schluchzen und Wimmern.

Ich bleibe stehen.

Ich warte ab.

Kein Schuss.

Ich gehe weiter.

Ich ahne was. Es ist nicht schön.

Ich gehe weiter.

Ich trete durch die Tür zum Speisesaal.

In einem Meer von schwarzen Hundehaaren, die langsam zu Boden segeln, liegen Hellas dürre Reste im ganzen Raum verteilt. Hier wurde gründlich gewütet. Schnell, aber nicht schmerzlos. In unscharfer Entfernung sehe ich da und dort blutige Lippen, zerkratzte Haut, einen verlorenen Zahn, einen abgerissenen Hemdsärmel. Blut. Das kann nicht alleine der Hund gewesen sein.

Fischmarkt

Katrin Stehle

Anita liegt auf dem Boden im Stall. Ganz still liegt sie da. Ein Fleischklops auf Beton. Manchmal gibt Lore mir Fleischklopse. Mein Doktor sagt, das ist ungesund für mich. Aber mir geht's gut. Und dabei bin ich nicht mehr der Jüngste.

Anitas Haare sind schön. Sie riechen nach Blumen. Jetzt nicht. Strähnig und feucht sind sie. Und sie stinken nach der dicklichen Flüssigkeit, die rund um ihren Kopf verbreitet ist. Ich tapse näher heran. Blut. Meine Nackenhaare stellen sich auf. Keine Spur mehr von Blumen. Der menschliche Tod stinkt.

Ich schleiche raus. Unter dem Holunder riecht es gut. Erde. Gras. Holz. Lore ist bereits wach. Sie packt einen großen Koffer in ihr Auto. Ein paar Taschen. Den Korb mit ihrem Strickzeug. Lore mag Stricken. Und ich mag, wenn Lore strickt. Aber dann mag Lore mich nicht. Dabei ist Wolle wie ein Labyrinth. Unendlich. Verwirrend. Wunderbar.

Lore sieht das Haus an. Mit einem nachdenklichen Blick sieht sie es an, ein wenig traurig. Sie seufzt. Das mag ich nicht. Tut mir in den Ohren weh. Sie sieht sich um. »Sandy?«, ruft sie leise. »Sandy?«

So nennt sie mich. Manchmal komme ich, wenn sie Sandy ruft. Dann werde ich gestreichelt. Aber heute ist sie komisch. Da weiß ich nicht, ob ich kommen will. Ich kratze ein wenig am Baum herum. »Sandy, dir wollte ich doch Tschüss sagen!«, Tschüss? Tschüss, sagt man, wenn man geht. Lore will gehen? Und wer gibt mir dann meine Fleischklopse? Ich krieche an den Rand des Gebüsches. Das nasse Gras kitzelt mich an der Schnauze. Ich mag das nicht.

Lore sucht mich. Ich sehe, wie sie ums Haus herumgeht zu den Hühnern. Die jage ich gerne.

Dann geht alles schnell. Ich mache einen Satz, noch einen. Schon bin ich im Auto. Es ist warm und ein wenig stickig. Aber der Strickkorb ist weich. Die Wolle riecht nach Lore. Meine Schnauze wird wieder trocken.

Die Tür wird zugeschlagen. Lore steigt ein. Das Auto beginnt zu vibrieren. Steinchen knirschen unter den Rädern. Bei der Kurve rutscht der Korb die Bank entlang. Ich kralle mich in der Wolle fest. Musik erklingt. »First I was alone, feeling petriefied ...«, singt eine Frauenstimme. Ich wühle mich tiefer in die Wolle. Alles ist so warm und riecht gut.

Als ich wieder aufwache, steht das Auto. Es ist gar nicht so einfach aus der Wolle rauszukommen. Eine Schnurr ist um meinen Hals gewickelt und würgt mich. Ich zapple. Und dann schreie ich.

»Sandy!« Lore ist bei mir und wickelt meinen Kopf aus den Fäden. »Du dummer Kater!« Sie drückt ihr Gesicht an meinen Kopf und schnüffelt.

Wir sind in einer seltsamen Gegend. Riesige Steine ragen bis zum Himmel. Ein kühler Wind weht und die Bäume sind klein. Ich fürchte, hier gibt es wenig Mäuse. Lore nimmt mich auf den Schoß und streichelt mich, krault mich. Ich schnurre und mir ist egal, wo wir sind. Lore ist da und bestimmt bekomme ich bald meine Fleischklöpse.

»An der Grenze musst du schön im Korb bleiben«, sagt Lore.

Ich habe keine Ahnung, was sie meint, und reibe meinen

Kopf an ihrem Bauch. Der ist warm und riecht nach Pfannkuchen.

»Braves Tier.« Lores Stimme klingt gepresst und etwas Nasses tropft auf mein Fell. Ich schüttle mich. Lore lacht ein wenig, aber ihr Gesicht sieht seltsam aus.

Als ich das nächste Mal aufwache, ist es unheimlich heiß. Dabei ist es fast dunkel. Ein seltsames Surren und Zirpen ist in der Luft. Ich wühle mich aus dem Nest, das Lore mir gebaut hat. Mit einem Satz bin ich auf der Rückbank und drücke meine Schnauze gegen das Fenster. Lore redet stockend mit einem fremden Menschen.

»… ein paar Wochen, molto mesi …«, sagt sie.

Der Mann streicht sich durch sein schütteres Haar. »Si signora.«

Er klappert mit einem großen Schlüsselbund, der gegen seinen gewaltigen Bauch schlägt. Ein wenig Fell schaut unter seinem knappen T-Shirt hervor. Lore steigt wieder ein. Sie zuckt zusammen, als sie mich sieht. »Ganz ruhig, Sandy. Ein bisschen musst du noch versteckt bleiben …«

Ich springe auf den Sitz, weil das Auto einen kleinen Satz macht. Sie atmet auf. Wir fahren langsam über eine Straße mit vielen Löchern. Ich klammere mich am Polster fest. Lore knallt die Tür hinter sich zu, als sie schnell aussteigt. Ich habe keine Möglichkeit hinterherzukommen. Wieder höre ich dieses seltsame Summen. Ich wüsste zu gerne, was es ist.

Lore kommt zurück, hebt mich an und steckt mich unter ihre Strickjacke. Es riecht nach Schweiß. Ich beschwere mich ein wenig. Lores Hand kriecht unter die Jacke und krault mich hinter den Ohren. Das Summen wird fast unerträglich laut. Lore hält mich an sich gepresst. Sie tritt über eine Schwelle, eine Tür fällt zu. Und plötzlich riecht es ganz wunderbar. Mäuse. Ich zapple mich frei und hüpfe auf den Boden.

Kalte Steine, ein wenig rutschig, aber dieser Geruch. Ich höre Lore noch lachen, dann existieren nur noch Mäuse für mich. Leckere Mäuse, die ganz anders schmecken als zu Hause. Ich bringe Lore eine. Lore macht ein seltsam glucksendes Geräusch. Dann schnieft sie und streichelt mich. Aber essen will sie die Maus nicht. Sie trinkt lieber dieses rote Zeug. Ausnahmsweise darf ich neben ihr auf dem Tisch liegen.

Nachts will sie mich nicht rauslassen. »Wenn du dich ein wenig auskennst, Sandy«, sagt sie. Was für ein Schwachsinn! Schlafen kann ich auch nicht. Sie wälzt sich hin und her und stöhnt. Unerträgliches Geräusch. Ähnlich wie das, das Anita gemacht hat, als sie auf dem Boden lag, bevor sie so still wurde. Ich gehe auf die Jagd, fange alle Mäuse im Haus und lege sie in eine ordentliche Reihe. Fünf Stück.

Am nächsten Morgen lässt Lore mich endlich nach draußen. Ich streife ein wenig um das Häuschen, das furchtbar klein ist und total niedrig. Mit einem Satz kann man aufs Dach springen. Kein Vergleich zum Stall zu Hause, wo man wahnsinnig tief fallen kann, so tief, wie nur wir Katzen fallen können, ohne dass es uns was macht. Einmal ist mir eine Maus davongelaufen und hinuntergefallen. Die war Matsch und unessbar. Aber wenigstens hat sie nicht so gestunken wie Anita. Lore sitzt auf der Stufe vor dem Häuschen, trinkt Kaffee und isst Brötchen. Sie hat die nackten Beine ausgestreckt und sieht fremd aus. Ich springe auf ihren Schoß. Sie streichelt mich. Alles an ihr ist locker, weich. Ich glaube, es geht ihr gut. Sie singt sogar ein wenig. Die Bäume hier sehen völlig anders aus. Die Rinde ist rau und die Nadeln sind ganz groß. Der ganze Boden ist davon bedeckt. Die Luft riecht salzig.

Nach dem Kaffee macht Lore einen Spaziergang. Sie lacht, als sie sieht, dass ich neben ihr hergehe. Die Beschaffenheit des Bodens ändert sich, wird weich und körnig. Super zum Scharren. Als ich mit meiner Morgentoilette fertig bin, ist Lore fort. Ich gehe einfach weiter in die Richtung, in die sie vermutlich gegangen ist. Das körnige Zeug wird immer mehr und heißer. Endlich sehe ich Lore wieder. Sie steht mit den Füßen im Wasser. Einem riesigen Wasser, das immer wieder in ihre Richtung rollt! Schnell drehe ich mich um und renne zum Häuschen zurück, lieber suche ich noch ein wenig nach Mäusen.

Lore ist anders als früher. Sie liest Bücher, strickt ganz große Sachen, die sie selbst anprobiert, und läuft mit nackten Füßen herum. Außerdem hat sie viel Zeit, mich zu streicheln und zu kraulen. Nur wir beide. Ich vermisse die Hühner ein wenig. Hier gibt es nur komische Vögel, die ich jagen kann. Aber sonst ist alles viel besser. Uns geht es gut. Das seltsame Surren kommt von grünen Tieren. Es macht fast noch mehr Spaß sie zu jagen als Hühner. Sie sind furchtbar schnell und ich erwische nur ganz selten eines. Fast vergesse ich, dass es nicht immer so war. Vergesse die lauten Stimmen der Kinder, vergesse den blöden Gerhard und dass Lore immer müde war und viel mehr Falten auf der Stirn hatte. Sogar Anita vergesse ich. Und den Mann mit der Polterstimme, der manchmal mit ihr kam. Ich vergesse, dass Lore oft in der kleinen Kammer mit dem Wasserstuhl, in der es manchmal schrecklich stinkt, am Boden gesessen hat, schauerliche Laute von sich gebend, Wasser im Gesicht. Ich weiß nicht, warum die Menschen so viel Wasser um sich haben müssen. Alle haben manchmal Wasser im Gesicht. Nur Gerhard nicht. Und Anita.

Anita merkt es gar nicht, wenn andere Menschen Wasser im Gesicht haben. Nur einmal bei Lore.

»Was hast du denn, du hast doch sonst nichts zu tun?«, hat sie am Tag, bevor sie still auf dem Stallboden lag, gesagt.

»Aber die Kinder machen auch eine Menge Arbeit!« Lore hat einen Topf aus dem Schrank geholt, obwohl sie nicht kochen wollte.

»Die sind bald erwachsen. Du schaffst das mit links.«

Ich habe Lore schlucken sehen.

»Und sonst wäre dein Leben doch nutzlos. Du bist die Versorgerin. Nicht so wie ich. Ich muss auftreten, damit endlich mal jemand mein Talent erkennt! Es ist Sünde, wenn man seine Talente verkümmern lässt! Ich möchte heute meine Schokolade mit Honig. Du heulst doch nicht etwa?«

»Ich hab was im Auge!« Nicht mal ich glaube, was sie da sagt. Anita schon. Sie redet einfach weiter.

»Er schimpft manchmal, aber er ist eine gute Gesellschaft. Ihr könnt abends zusammen fernsehen!«

Lore hasst Fernsehen.

»Bin gleich wieder da. Und gib nicht wieder Gerhard meine Tasse!«

Ich krieche unter dem Tisch hervor, als sie endlich draußen ist, und streiche um Lores Füße. Sie zuckt zusammen. Ach du bist's, Sandy. Sie beugt sich zu mir hinunter und streichelt mein Fell. Aber ihre Hand ist starr und es fühlt sich nicht schön an. »Nee, nicht den alten Meckerer!«, flüstert sie, »den ertrage ich nicht! Endlich will ich auch mal leben, endlich! Das hab ich doch verdient, Sandy. Ich habe immer davon geträumt …«

Sie bricht ab, weil Anita wieder reinkommt. Lore richtet sich auf, wischt sich kurz mit der Hand über das nasse Gesicht. Ich verkrieche mich schnell unter der Eckbank. Anita schimpft immer, wenn sie mich in der Küche sieht. Sie meint, ich könnte im Stall wohnen. Als wäre ich ein Schwein oder eine Kuh oder eines von den dreckigen Hühnern!

»Anita!«, sagt Lore und ihre Stimme klingt ein wenig zittrig. »Das geht auf keinen Fall!«

Anita hat sie nicht gehört. »Ist mein Kakao schon fertig?«, fragt sie.

Lores Augen sprühen Funken.

Anita bemerkt es nicht. Sie sieht aus dem Fenster. »Dein Kräutergarten sieht ganz schön verwildert aus. Und ich hab dem Regisseur eine Basilikumstaude versprochen!«

»Anita!« Lores Stimme zittert noch mehr. »Ich kann diesen alten Grantler hier wirklich nicht …«

Anita lacht und geht auf Lore zu, nimmt sie in den Arm. »Das wird schon«, sagt sie. »Ihr kommt bestimmt prima miteinander aus nach einer kurzen Eingewöhnungszeit. Und ein Mann im Haus tut dir sicher gut!«

Steif liegt Lore in Anitas Arm. Als Anita loslässt, taumelt sie ein wenig.

Anita dreht sich um. »Du brauchst das doch, wenn du niemanden zu versorgen hast, bist du unglücklich!«

Lore macht den Mund auf, hebt die Hand. Ich wünsche mir, sie würde Anita eine wischen. Sie ist die Mutter. Aber Lores Mund klappt einfach so wieder zu, wird ein schmaler Strich. »Woher weißt du, wann ich glücklich bin?« Messerstimme. Meine Rückenhaare stellen sich auf.

»Ach, Mutter, ich kenn dich doch!« Anita lacht. »Wenn ich nicht, wer dann?«

Am Abend hat Lore alte Landkarten hervorgeholt, hat ein Buch mit vielen Eselsohren unter ihrer Matratze herausgezogen und darin geblättert. Und Anita lag auf dem Stallboden.

Zuvor hat Lore noch Gerhard und Nikolaus ins Bett gebracht. Sie finden es lustig, Lore zu ärgern. Dabei tut Gerhard, als würde er Lore anpinkeln, und dann lacht er sich kaputt. Ich habe schon mit ein paar Tagen gelernt, dass man nicht ins Haus macht. Normalerweise hat Lore davor ein wenig Angst. Sie schimpft mit Gerhard, der lacht und sie boxt. Lore bekommt dann lauter Flecken auf den Armen. Nicht die kleinen, braunen, die wie Sprenkel überall an ihrem Körper sind, sondern große blaue, die später die Farbe wechseln. Sie hat eine Extracreme dafür. Einmal hat die Nachbarin die Flecken gesehen und Lore hat behauptet, sie wäre gestolpert. Dabei ist die Nachbarin stark und dick. Gemeinsam könnten sie den Gerhard sicher fertigmachen. Aber Lore seufzt nur über ihn und manchmal sagt sie, er würde ihr leidtun. Einmal hat sie versucht, mit Anita darüber zu reden. Aber Anita meinte nur, er wäre eben ein Lausejunge. An diesem Abend war es Lore egal. Gerhard richtete seinen Pimmel auf Lore.

»Ich piss dich an!«, brüllte er so laut, dass ich am liebsten meine Ohren angelegt hätte wie ein Hund.

Lore zuckte die Achseln und sah durch ihn hindurch.

»Wirklich! Ganz echt!«, brüllte Gerhard.

»Hmhm«, machte Lore.

Und dieser kleine Depp hat es wirklich probiert. Aber es kamen nur ein paar Tröpfchen. Lore hat gedankenverloren mit der Hand darübergewischt und die Achseln gezuckt. Sie sah so anders aus. Das hat Gerhard erschreckt.

»Oma, du bist eine fette Kuh!« Aber seine Stimme klang lahm und ein wenig unsicher.

»Wollt ihr Video schauen?«, fragte Lore.

»Au ja!«, grunzte Nikolaus. »Mister Bean!«

Sie haben ihr Bettzeug ins Wohnzimmer geschleppt, und der Fernseher flackerte noch, als Lore in dem alten Buch blätterte.

Dieses Buch holt sie an einem Abend wieder heraus. »Wird Zeit, dass wir mal die Gegend erkunden, Sandy!«, sagt sie.

Ich schnurre. Meinetwegen könnten wir immer beim Häuschen bleiben. Die Gegend ist mir ziemlich egal.

Sie blättert herum. »Vielleicht der Fischmarkt? Ob es den wohl noch gibt?«

Fischmarkt hört sich gut an. Ich lecke ihr über die Finger, die salzig schmecken. »Na, da kaufen wir uns beiden ein schönes Abendessen!« Lore lacht.

Ich mag ihr Lachen. Es wird immer häufiger. Als sie ins Bett geht, schlüpfe ich durchs Fenster hinaus und jage Mäuse rund um die Hütten der Nachbarn. Vollgefressen rolle ich mich, als die Sonne aufgeht, an Lores Füßen zusammen. Sie schnarcht ein wenig.

Wir fahren nicht auf den Fischmarkt.

Ein heftiges Klopfen reißt uns beide aus dem Schlaf. Lores Haare hängen ihr strähnig um den Kopf.

»Signora Winter!«, donnert eine tiefe Stimme.

»Moment!« Lore klingt zittrig und noch ein wenig verschlafen.

Sie schlägt die Decke zurück und begräbt mich darunter. Ich zapple mich frei. An der Tür stehen Männer mit blauen Uniformen und schwarzen Knüppeltaschen am Gürtel.

»Signora Winter«, sagt der mit der Donnerstimme ernst. »Wir Sie im Namen des Gesetzes festnehmen müssen!«

Der Mann, der uns das Haus gegeben hat, wedelt hilflos mit den Armen, hat seine große Nase neugierig vorgestreckt.

»Aber ...«, sagt Lore.

»Wegen Mord an Ihrer Tochter Anita Winter-Herzog!«

Lore hält sich am Spülbecken fest. »Aber ... Wie? Was?«

»Es war gar nicht so einfach, sie zu finden, aber dank intereuropäischer Beziehungen doch möglich!« Ein zaundürrer Mensch, der sich seine wenigen verbliebenen Haare quer über die Glatze gekämmt hat, drängelt sich vor.

»Ich verstehe nicht«, sagt Lore.

Und weil sie aussieht, als würde sie gleich umfallen, strampele ich mich unter der Decke hervor und schmiege mich an ihre Beine. Sie scheint mich gar nicht zu bemerken.

Der Dürre drängt sich vor. Die Haare verrutschen und man kann sehen, dass die Glatze darunter knallrot von der Sonne ist.

»Es ist schon auffällig, dass Sie am Morgen, als Ihre Tochter tot aufgefunden wird, verschwunden sind.«

»Anita?«, fragt Lore.

»Natürlich! Oder haben Sie mehr Töchter!« Er grinst fies und wedelt mit dem Arm. Es stinkt nach Schweiß.

»Aber ... ich ... Warum sollte ich?«, stottert Lore.

Ich streiche ihr beruhigend um die Beine. Sie bückt sich und hebt mich auf, presst mich an ihre Brust. Ich höre ihr Herz klopfen. Schnell und laut.

»Sie wurde in ihrem Stall gefunden. Offensichtlich hat sie jemand vom Heuschober hinuntergestoßen! Kein schöner Anblick, kann ich Ihnen sagen. Und Ihre kleinen Söhne, die in Ihrer Obhut waren, mussten sie finden! Wissen Sie eigentlich, wie so was die Kinder verstören kann?«

Lore zittert. Es schüttelt mich hin und her.

Einer der Uniformmänner kommt auf sie zu und hält sie am Arm fest. »Signora ...«, sagt er und seine Stimme klingt weich.

»Aber«, flüstert Lore, »warum sollte ich? Meine eigene Tochter!«

»Die Nachbarin, Frau Hinterstätter, hat berichtet, Sie wären überfordert gewesen mit den Kindern, die Tochter wäre undankbar und hätte Ihnen eine Menge aufgeladen. Aber da gibt es doch andere Wege, Frau Winter! Sie hätten mit ihr reden können!« Könnten Katzen lachen, würde ich das tun. Reden mit Anita!

»Ich habe sie nicht ...!«, sagt Lore. »So was könnte ich doch nicht tun!«

»Das können Sie vor Gericht wiederholen«, sagt der stinkende Glatzkopf. »Aber solange Sie keine Zeugen haben. Niemand hat etwas gesehen ...«

»Doch ich!«, sage ich.

Und wie immer, wenn Katzen sprechen, verstehen die Menschen nichts. Dumm wie sie sind.

»Ich habe alles gesehen«, rufe ich. »Gerhard war's!«

»Sie drücken das arme Tier viel zu fest.« Der Glatzkopf macht einen Schritt auf mich zu. Mir wird schlecht von seinem Gestank. »Es maunzt ja schon ganz kümmerlich!« Ich fahre die Krallen aus und fauche, als er nach mir greifen will. Schnell weicht er zurück.

»Schon gut, Sandy!«, sagt Lore und fährt mir mit ihren zittrigen Fingern durchs Fell. Begreift sie denn nicht, dass gar nichts gut ist?

Der nette Uniformierte stützt Lore, während seine andern Kollegen unsere Sachen zusammenpacken. Der Besitzer unseres Hauses bringt Lore einen Kaffee. Ich bleibe auf ihrem Schoß sitzen und kralle mich dort fest.

Anita stand oben auf dem Steg, wo Heinz, Lores Mann, früher, als er noch gelebt hat, immer das Heu runtergekippt hat. Jetzt ist alles leer. Lore und ich haben nur noch zwei Kühe, und die brauchen nicht so viel Futter.

»Aber mein Geliebter, du darfst mich nicht verlassen!«, donnert Anita und sieht dann wieder auf die Blätter in ihrer Hand. »Mist. Nochmal. Aber mein Geliebter, warum willst du von mir ziehn!«

Ich sehe, wie Gerhard sich anschleicht. Langsam. Er ist nicht einmal besonders leise. Aber Anita bemerkt ihn nicht. Sie steht auf der Bühne. Wie immer. Gerhard ist jetzt fast bei ihr. Seine Arme schnellen vor und schubsen Anita. Ihre Arme wedeln durch die Luft. Dann fliegt sie. Fliegt und die Blätter verstreuen sich, wehen um ihren Kopf herum.

Gerhard und ich gehen nach unten. Sehen sie dort unten liegen, sehen, wie sie stöhnt und dann ganz still wird, wie das Blut aus ihrem Kopf läuft und in ihre Haare sickert. Dann verstecken wir uns beide. Nicht zusammen. Ich mag Gerhard nicht. Er zieht mich immer am Schwanz oder wirft Steine auf mich.

All das würde ich ihnen so gerne sagen. Aber sie nehmen Lore mit in ihrem kleinen schwarzen Auto. Ich darf nicht hinein. Ich schreie, aber niemand kümmert sich darum. Lore drückt ihr Gesicht gegen die Scheibe und sieht mich an. Ihre Augen sind leer. Dann fährt das Auto davon.

Und ich mache mich auf den Weg. Irgendwie muss ich den Weg zurückfinden, zurück zu Lore und unserem alten Zuhause. Wenn ich das schaffe, finde ich vielleicht auch eine Möglichkeit, ihnen klarzumachen, dass es Gerhard war. Dann kommen wir wieder hierher. Lore und ich. Und wir gehen endlich auf den Fischmarkt.

Pilz-Gericht

Ursula Heinrich

Ein letztes Mal hob und senkte sich die scharfe Schneide und vor mir lag ein Berg feinblättrig geschnittener Wildpilze, bereit, um leicht angeschwitzt sowie mit Obers gebunden zu werden.

Vorsichtig legte ich das frisch geschliffene Messer zur Seite. Meine Handinnenfläche fühlte sich feucht an. Ich wischte sie an meinen Jeans ab und atmete tief durch. Eine leichte Brise wehte durch das geöffnete Fenster und brachte den Geruch wilden Thymians mit sich. Anders als in Chelsea, wo wir ein Zwei-Zimmer-Apartment bewohnten, war anstelle des Autolärms abends nur das leise Zirpen der Grillen zu hören.

Das Haus lag zu entlegen, um an das öffentliche Netz angeschlossen zu sein. Das Gas für den Herd kam aus der Flasche. Mikrowellenherd, Dunstabzugshaube, all die kleinen Küchenhelfer, die mir daheim das Kochen leichter machten, gab es hier nicht.

Meine halbe Kindheit hatte ich in diesem Haus verbracht. Überall stieß ich auf Erinnerungen. Die bunt zusammengewürfelten Porzellanbecher auf der Anrichte, die schweren Kupferpfannen an der Wand und das verblasste grün geblümte Rollo – alles alte Bekannte. Genauso wie der schwere, gefurchte Eichentisch, der mitten in der Küche stand und beinahe die Hälfte des Raums einnahm.

Fünf Jahre. So lange war das Haus unbewohnt gewesen. Fünf Jahre, seit mein Vater gestorben war.

Die Fasanbrüstchen warteten darauf, ins Rohr geschoben zu werden, die Maronen köchelten auf kleiner Flamme vor sich hin und den Cremekartoffeln fehlte nur noch ein winziger Schuss Trüffelöl. Ich öffnete die schwarze, schlanke Flasche und sog das erdige Aroma in mich auf. So roch nur echtes Trüffelöl. Mike und ich hatten es von unserer Hochzeitsreise in die Toskana mitgebracht. Jedes Mal, wenn ich daran rieche, fühle ich mich in den kleinen Spezialitätenladen zurückversetzt, wo luftgetrockneter Schinken von der Decke hing, sich Käse verschiedenster Reifegrade in der schmalen Glasvitrine stapelten und Einmachgläser, in denen verschiedenartigste Köstlichkeiten – gebratene Paprika, sonnengetrocknete Paradeiser, marinierte Tintenfische – darauf warteten probiert zu werden, die Regale füllten. Ich ließ die Pilze in die große Pfanne gleiten und hörte das heiße Öl zischen, erleichtert, dass die richtige Temperatur erreicht war. Ja, ich kochte Pilze. Obwohl es ein Pilzgericht war, das meinem Vater das Leben gekostet hatte. Gefüllte Parasolkappen. Mit Gruyère, Parmesan und einem Hauch von Muskatnuss.

Die Polizei hatte seinen Tod für einen Unfall gehalten. Wir hatten schließlich alle von den Pilzen gegessen. Ein tragisches Unglück, dass sich gerade in Vaters Portion ein Stück Knollenblätterpilz geschlichen hatte. Ich hatte die Pilze selbst gesammelt. Seit meinem vierten Lebensjahr hatte ich meinen Vater beim Pilzesammeln begleitet. So ein Fehler wäre mir nie unterlaufen.

Gedankenverloren griff ich nach dem Topf mit den Maronen, um ihn vom Ofen zu nehmen. Ein kurzer, heftiger Schmerz raste durch meine Fingerkuppen. Ich ließ augenblicklich los. Ein alter eiserner Topf wie dieser hatte keine hitzeisolierten Griffe. Meine Finger brannten noch, als ich den Hahn der Spüle aufdrehte und meine Hand unter das laufende Wasser hielt.

Ich hatte nur kurz aufgeschrien. Nicht sehr laut, wie ich gedacht hatte. Aber es dauerte nicht lange und Mike kam herbeigeeilt. Ich zog meinen Finger aus dem eiskalten Wasserstrahl, drehte mich von der Spüle weg und lächelte ihm, wie ich hoffte, beruhigend zu. »Ein kleines Missgeschick, nichts Schlimmes.« Mike sah mich zweifelnd an.

Ich nahm den Topf mit einem Lappen vom Herd, stellte ihn in der Spüle ab und wischte, wo es übergeschwappt war, das Wasser vom Herd. Mike nahm mich an der Hand und drehte mich sanft zu sich. Er legte seine Arme um mich. Ich lehnte meinen Kopf an seine Schulter und schloss die Augen. Der schwache Geruch unseres Weichspülers vermischt mit dem dezenten Duft von Mikes Aftershave stieg mir in die Nase. »Du musst das nicht machen«, flüsterte er mir ins Ohr. »Noch ist Zeit, es sich anders zu überlegen.«

Der Gedanke war verlockend. Aber ich löste mich von Mike, schüttelte den Kopf und ging zur Anrichte. Aus einem wackeligen, gusseisernen Regal zog ich eine Flasche Wein. Ein Blick auf das Etikett versetzte mir einen kleinen Stich in meiner Brust. Noch mehr Erinnerungen. Ein erstklassiger Bordeaux von dem kleinen Weingut im Médoc, das ich mit meiner Familie so oft im Sommer besucht hatte.

Ich öffnete die oberste Lade der Anrichte und tastete mit der linken Hand nach einem Flaschenöffner. Alles kam mir zwischen die Finger, Käsereiben, Salatbestecke, aber kein Flaschenöffner. Ich suchte immer hektischer danach.

Und plötzlich stand Mike hinter mir, nahm mir die Flasche aus der Hand und holte den Öffner aus der Lade. Er schnitt die Folie ringsum auf, zog sie langsam ab und bohrte danach den Korkenzieher präzise in die Mitte des Korkens. Mit einem leisen Plopp rutschte der Korken mühelos heraus.

Der Zeiger der Kaminuhr rückte auf sieben. Wir saßen zu dritt im Wohnzimmer und warteten. Mein Bruder Harry, Mike und ich. Mike hatte sich ein Glas von dem Bordeaux eingeschenkt, an dem er gelegentlich nippte. Auf dem Tisch stand eine Karaffe mit frischem Holundersaft, von dem ich mir gerade ein weiteres Glas einschenkte. Meine Hand zitterte dabei. Hoffentlich fiel es keinem auf.

»Ich war schon immer gegen diese Idee«, bemerkte Mike, während er mit seinem Stofftaschentuch die kleine Pfütze Saft wegwischte und mir über den Arm strich.

»Es gibt keinen Grund, nervös zu sein«, stellte mein Bruder fest. »Wir hätten das schon viel früher tun sollen. Außerdem ...«, er ließ seinen Blick aus dem Fenster schweifen, »fährt Claudia gerade vor.«

Wir sahen alle aus dem Fenster. Ein schicker, roter Sportwagen parkte in der Auffahrt ein. Den hatte Claudia noch nicht besessen, als ich sie das letzte Mal gesehen hatten. Mein Vater war ein warmherziger Mann gewesen, aber schottische Sparsamkeit – man konnte es ruhigen Gewissens Geiz nennen – war sein großer Makel gewesen.

»Showtime«, verkündete Harry.

Ich hatte zwar den halben Tag in der Küche gestanden, aber kaum etwas gegessen. Trotzdem kam es mir vor, als würde ein großer, schwerer Klumpen in meinem Magen liegen, als ich ihm und Mike zur Tür folgte.

Ich hatte im Speisezimmer aufgedeckt, lange bevor ich mit dem Kochen begonnen hatte. Ein blütenweißes Damasttischtuch, das gute Royal-Doulton-Porzellan und reich facettiertes Kristallglas. In der Mitte des Tisches hatte Harry einen dreiarmigen Kerzenleuchter aus massivem Silber platziert. Das Licht der Kerzen wurde vom feinen Waterford-Kristall reflektiert und tauchte den Raum in warmes Licht.

Claudia musterte das Ergebnis meiner Anstrengungen mit kühlem Blick. »Ihr habt euch jedenfalls Mühe gegeben.«

Man konnte es ihr kaum verdenken, dass sie distanziert klang.

Schließlich hatten wir nach Vaters Tod kein Hehl daraus gemacht, wen wir dafür verantwortlich hielten.

Es war Mike, der das Wort ergriff. Was gut so war. Denn ich wusste nicht, was ich sagen sollte. »Wir haben gefunden, dass wir dir das schuldig sind, Claudia. Wir haben uns dir gegenüber abscheulich verhalten. Wir wollen uns dafür entschuldigen. Und die Familie wieder versöhnen. Bevor die nächste Generation zur Welt kommt.« Er drückte meine Hand.

»Denkst du, damit ist alles vom Tisch gewischt?«

»Nein, wir …« Mir versagte kurz die Stimme. »Alles, was wir sagen wollen, ist, es tut uns leid. Und wir … wollen …«

Mit zwei Fingern drehte Claudia ihren Ring herum, ein Band aus Diamanten und nicht der hübsche, kleine Solitär, den sie von meinem Vater erhalten hatte. Sie legte das Besteck mit leisem Klirren auf den Teller. Die Vorspeise, Lachs-Blinis mit Kaviar, hatte sie nicht angerührt. Ich hatte die Blinis selbst gebacken, aber nur eines davon gekostet. Harry hatte den Kaviar mit einem gemurmelten »Ich esse doch keine Fischeier« von den Blinis gezupft. Immerhin schien es Mike geschmeckt zu haben.

Ich sammelte das Geschirr ein, um es in die Küche zu tragen und die geeiste Zucchinischaumsuppe zu holen. In der Küche ließ ich mir Zeit, dankbar für jeden Augenblick, den ich entfliehen konnte. Als ich mit meinem Tablett zurückkam, schien mir Claudia das erste Mal Aufmerksamkeit zu schenken. »Wann ist es so weit mit dem Baby, Sarah?«

»In fünf Monaten.«

»Glückwunsch.«

Claudia griff selbst zur Weinflasche, schenkte sich und Mike nach und warf einen kurzen Blick auf Harry, der abwinkte. Nicht alle meine Jugenderinnerungen waren erfreulich. Ich war immer wieder aufs Neue froh, dass Harry zu trinken aufgehört hatte. Claudia hob ihr Glas in meine Richtung.

Wir aßen schweigend unsere Suppe. Ich täuschte mich sicher nicht. Claudia tauchte den Löffel erst in ihre Suppe, nachdem wir alle davon gekostet hatten.

Fast hätte ich die Fasanbrüstchen vergessen. Sie waren eine Spur zu dunkel geraten, aber wenigstens noch nicht verbrannt, als ich sie aus dem Rohr holte. Keinem schien es aufzufallen. Allerdings war Harry der einzige, der kräftig zulangte und sich den Teller mit Maronen, einem Berg Kartoffelcreme und einigen Schöpfern Pilzsauce volllud. Ich hatte die Terrine mit der Wildpilzsauce auf den Tisch gestellt und alle eingeladen, sich je nach Geschmack selbst zu bedienen. Dass sich Mike, der Pilze nicht mochte, nur an die Kartoffelcreme hielt, wunderte mich nicht. Ich nahm von allem nur wenig.

Claudia wartete ab. Sie trank ihren Wein in kleinen Schlucken und beobachtete uns. Harry nahm sich bald nach, auch Mike schmeckte es offensichtlich. Wenn Claudia auffiel, dass ich in meiner Portion herumstocherte, ging sie jedenfalls taktvoll darüber hinweg. Vielleicht hielt sie meine Schwangerschaft für den Grund. Schließlich griff sie nach dem Saucenlöffel und goss sich etwas Pilzsauce über das Fleisch.

Als ich den Früchtekuchen servierte, wollte nur Harry davon.

»Höchstens noch ein Espresso, möglichst kurz«, ersuchte Claudia. Wieder eine willkommene Chance, um für eine Weile in die Küche zu entkommen. Dort packte ich die kleine italienische Espressokanne aus, ebenfalls ein Mitbringsel unserer Hochzeitsreise, brach ein saftiges Stück von dem Kuchen ab und steckte es in den Mund. Hieß es nicht immer, dass Zucker und Schokolade die Nerven beruhigten?

Mike öffnete eine neue Flasche Wein. »Claudia?«, fragte er.

Claudia zögerte. »Ich weiß nicht. Mir geht es nicht besonders.« Sie richtete sich in ihrem Sessel auf. »Ja, doch. Bitte, Mike.«

Mike füllte ihr Glas. Er war bemüht, das Gespräch wieder in Schwung zu bringen. Er erzählte von unserem letzten Urlaub und den Plänen für das Baby. Ich warf von Zeit zu Zeit ein paar Worte ein, aber immer wieder musste ich zu Claudia sehen, die sich kaum mehr an dem stockenden Gespräch beteiligte. Harry schwieg die ganze Zeit über. »Können wir ein Fenster öffnen?« Claudia lehnte erschöpft in ihrem Sessel. Ihr Gesicht war rot angelaufen. »Warm ist es hier.«

Ich hatte vorhin erst meine Pashmina über die Schultern gelegt. Mike hatte einen Pullover übergezogen. Harry saß kurzärmelig bei Tisch, aber das hatte nichts zu bedeuten.

Claudia griff nach ihrer Louis-Vuitton-Tasche, deren Riemen von der geschwungenen Lehne zu rutschen drohten. Mit unsicheren Händen begann sie, mit dem Verschluss ihrer Handtasche zu kämpfen.

»Brauchst du Hilfe?«

Sie lehnte ab. Endlich hatte sie es geschafft, zog ein Taschentuch aus ihrer Tasche und tupfte sich damit die Stirn ab.

Harry hatte inzwischen ein Fenster geöffnet.

»Möchtest du vielleicht an die frische Luft gehen?«, fragte Mike.

»Eine gute Idee. Ich habe solche Kopfschmerzen«. Sie stand auf, nur um sich sofort wieder in den Sessel zurückfallen zu lassen.

»Ist dir schwindlig?«, erkundigte sich Harry. Ich fand

nicht, dass es besonders freundlich oder gar mitfühlend klang. Claudia schien nichts davon zu merken.

»Mir ist übel.« Sie schloss für einen Moment die Augen. »Ziemlich übel.« Das Misstrauen war in ihren Blick zurückgekehrt. Sie sah von einem zum anderen. »Euch geht es nicht schlecht?«

Ich schüttelte den Kopf. Mike verneinte. Harry sagte nichts. Er hatte sich nur in seinem Sessel zurückgelehnt. Ich konnte es nicht mit Sicherheit sagen, aber von der Seite betrachtet sah es fast so aus, als würde die Andeutung eines Lächelns seine Lippen umspielen. Zu seinem Glück sah Claudia nichts davon. Sie hatte sich leicht vornübergekrümmt und hielt sich mit beiden Händen den Bauch. Als sie sich wieder aufrichtete, tat sie das mit leisem Stöhnen. Auf ihrer Stirn hatten sich winzige Schweißperlen gebildet. Sie strich sich eine Strähne ihrer dunkelblonden Haare aus dem Gesicht. Auf ihrem dünnen Seidenkleid zeichneten sich Schweißflecken ab.

»Mir ging es gut, als ich heute mittags losgefahren bin.« Ihr Atem kam laut und schwer. »Das muss das Essen gewesen sein.« Der Blick, den sie mir schenkte, war feindselig. »Gerade dir hätte ich so etwas nicht zugetraut, Sarah. – Unsere Miss Sein-wir-doch-alle-lieb-zueinander. Um ehrlich zu sein, habe ich das immer schon lächerlich gefunden.«

Ich biss mir auf die Lippen. Als Claudia meinen Vater geheiratet hatte, hatte ich gedacht, wir würden uns gut verstehen. Bis zu jenem letzten Abend jedenfalls. Meine Hand wanderte zu Mikes Sakkotasche, in der er stets sein Handy aufbewahrte. Es rutschte mir aus der Hand und fiel klappernd zu Boden. Mike sah mich fragend an. Harry hob das Handy auf und behielt es in der Hand.

»Was hast du vor, Sarah?«, wollte er von mir wissen.

»Wir sollten wirklich einen Arzt rufen«, meldete sich Mike zu Wort.

»Einen Arzt?« Harry sah Claudia direkt in die Augen. »Du wirfst meiner Schwester doch nicht tatsächlich vor, sie würde dich vergiften wollen? So wie du unseren Vater vergiftet hast. Oder ist es das schlechte Gewissen, Claudia, das dich so quält?«

Claudia hielt sich mit beiden Händen am Tisch fest und stand auf. »Ich höre mir das nicht länger an. Ich gehe.«

»Bist du sicher, dass du dazu in der Lage bist?« Harrys Stimme hatte einen spöttischen Ton angenommen. Meine Hände hielten die seitlichen Sessellehnen umklammert. Unter meiner Pashmina hatte ich zu frösteln begonnen.

Claudia stolperte auf dem Weg zur Tür. Ein paar Schritte schaffte sie, dann lehnte sie sich erschöpft gegen den Türrahmen. »Wenn etwas in dem Essen war, dann wird man das herausfinden. Damit kommt ihr nicht durch.«

»Nicht so wie du, willst du sagen.« Harry war aufgestanden und stellte sich vor Claudia auf. Er war fast zwei Köpfe größer als die zierliche Claudia.

Claudias Gesicht war hochrot und mit einer dünnen Schweißschicht überzogen. Sie stand leicht vornübergebeugt, eine Hand ruhte in ihrer Magengegend. Sie holte immer wieder tief Luft und trotzdem gelang es ihr, ihrer Stimme einen ruhigen, leicht sarkastischen Unterton zu verleihen. »Was möchtest du von mir hören, Harry? Dass ich deinen lieben, alten Vater vergiftet habe? Man konnte mir vor fünf Jahren nichts beweisen und heute noch viel weniger. Für die Polizei ist es ein Unfall gewesen.

Zu schade für euch, dass George mich zur Haupterbin erklärt hat. Ja, Harry, mein Lieber, ich habe deinen Vater vergiftet, aber du wirst es mir niemals nachweisen können. Und wenn du weißt, was gut für dich ist …« Sie musste unterbrechen, hielt sich mit einer Hand am Türstock fest. »Wenn ihr alle wisst, was gut für euch ist, und mein Anwalt keine Verleumdungsklage vorbereiten soll, werdet ihr dafür sorgen, dass sich unsere Wege nicht mehr kreuzen.«

Sie zog ein Handy aus dem Seitenfach ihrer Handtasche. »Ich hole ein Taxi und fahre ins Spital. Dann wird sich ja weisen, was mit dem Essen war.«

Sie tippte die Nummer ein, versuchte es noch einmal und hämmerte schließlich mit dem Zeigefinger auf dem Handy herum. Ihre Lippen waren zusammengekniffen, ihre Brauen über der Nasenwurzel zusammengezogen. »Es geht nicht. Ich bekomme kein Signal.«

Harry hielt Mikes Handy noch immer in der Hand. »Ich fahre dich ins Krankenhaus. Und anschließend zur Polizei. Es gibt hier kein Funksignal. Die Aufnahme funktioniert allerdings einwandfrei. Wenn du möchtest, können wir uns dein Geständnis gerne auf der Fahrt anhören.« Er hielt ihr die Tür auf. »Ich kann es mir gar nicht oft genug anhören.«

Ich lehnte mich zurück und atmete auf.

Im schlimmsten Fall würden sich in den Saucenresten Faltentintlinge finden, die nur bei gleichzeitigem Genuss von Alkohol giftig waren. Aber hatten wir nicht alle aus demselben Topf geschöpft?

Vielleicht war mir tatsächlich ein Fehler unterlaufen, wer konnte etwas anderes beweisen? Ein Glück, dass Faltentintlinge nicht tödlich sind. Vielleicht hatte ich einfach ein paar Pilze verwechselt. So ein Missgeschick aber auch …

Das schönste Leben

Christian Bartel

»So weinen Sie doch nicht, Frau Schlichting, man kann doch über alles reden«, sagte der junge Mann, der sich als Rolf Bornsen vorgestellt hatte, beugte sich vor und tätschelte die knochigen Schultern der alten Dame.

»Wir sind schließlich keine Unmenschen«, versetzte er süßlich und nippte, ohne mit der Wimper zu zucken, am grauslichen Blümchenkaffee, den die Alte kredenzt hatte. Seine Hand war zum rechten Schenkel der Frau gewandert, den er aufmunternd klopfte wie ein sehr mageres Schnitzel.

Frau Schlichting heulte, dergestalt ermuntert, umso lauter auf, setzte sich neben den jungen Mann aufs Kanapee und grub ihr Gesicht tief in die Falten seines billigen Jacketts. Er fühlte, wie es unterhalb seiner Achsel feucht wurde und begann die Altersflecken zu zählen, die durch das dünne Haar der alten Dame schimmerten. Wenn er drei Dutzend voll hatte, würde er den Geschäftsabschluss vorbereiten, doch zuvor legte er den Arm um das schluchzende Bündel neben sich und wisperte zärtliche Worte der Beschwichtigung in Frau Schlichtings Ohr, dessen Perlenschmuck er aus alter Gewohnheit zu taxieren begann. Allerhöchstens 100 Euro befand er, während sich die gichtigen Finger der Alten in sein Hemd krallten und empfindlich am darunterliegenden Brusthaar rupften. Aber auch diese körperlichen Avancen gehörten zu seinem Beruf und er rühmte sich, sie mit größter Professionalität und dem durchaus nötigen Anstand auszuführen.

Diese alten Damen hatten doch niemanden außer ihm. Er war es doch, der ihre entsetzlichen Kräutertees und das abgelaufene Backwerk überschwänglich lobte. Er ertrug den süßlichen Geruch ihrer beginnenden Inkontinenz und den abgestandenen Muff der jahrelang ungelüfteten Behausungen, er ließ sich stundenlang vergilbte Fotoalben zeigen, deren Protagonisten schon längst das Zeitliche gesegnet hatten, und hörte – bekleidet mit einer Maske perfekter, nie nachlassender Aufmerksamkeit – den einsamen Hüterinnen dieser Erinnerungen zu. Im Grunde genommen nahm er noch viel zu wenig für seine Dienste.

Er pflegte sich meist als, »Bevollmächtigter der kommunalen Inkassostelle« vorzustellen, präsentierte eine Vielzahl ebenso honorig wie kompliziert wirkender Dokumente mit Briefkopf und viel Kleingedrucktem und brachte im Brustton amtlicher Überzeugung und Gleichmütigkeit seine Forderungen vor. In letzter Zeit hatte er sich darauf verlegt, die angeblich brandneuen, gesetzlich vorgeschriebenen kommunalen Abgaben »für die gestiegenen Anforderungen an die Sicherheitsorgane« zu verlangen. Videokameras sollten in der Nachbarschaft installiert werden, mehr Beamte auf Streife geschickt und mehr Personal in den Notrufstellen eingesetzt werden und das kostete eben alles. »Wegen der aktuellen Gefährdungslage«, pflegte er ahnungsvoll zu sagen und die alten Damen nickten wissend. »Wir alle müssen unseren Beitrag leisten im Kampf gegen den Terror«, sagte er dann seufzend und konnte sich im Allgemeinen bedingungsloser Unterstützung gewiss sein. Neben dem Tierschutz lief das Geschäft mit der Sicherheit derzeit am besten.

Doch bei Frau Schlichting war nicht viel zu holen. Bereitwillig hatte sie, angesichts der astronomischen Forderungen der städtischen Behörden, ihre Kontoauszüge und Geldanlagen auf dem abgestoßenen Beistelltischchen ausgebreitet, um mit dem verständnisvollen jungen Mann vom Amt einen »Finanzierungsplan« – denn so hatte er sich ausgedrückt – auszuarbeiten.

»Keine Angst, Frau Schlichting, wir machen das schon«, sagte er, schob die alte Frau sacht zur Seite und griff in seine Aktentasche, um einen Taschenrechner und die nötigen Formulare herauszuholen.

»Noch einen Kaffee, Herr Bornsen?«, fragte die nunmehr völlig gefasst wirkende Frau Schlichting und goss ein, ohne eine Antwort abzuwarten.

Der junge Mann notierte Zahlenkolonnen und tippte eifrig auf seinem Rechner herum. »Angesichts der geringen Rente und ihrer allgemeinen Vermögenslage«, dozierte er bedächtig, »kommen wir natürlich zu einem gänzlich anderen Ergebnis. Ganz, wie ich es mir gedacht habe, Frau Schlichting.«

Der junge Mann rutschte auf der Sofakante ganz nach vorne und holte tief Luft.

Er nannte das den »magischen Moment«. Jetzt galt es einzuschätzen, wie viel Bargeld die Klientin im Haus hatte. »Wenn wir das den normalen Dienstweg gehen lassen, kommen ja noch die Bearbeitungsgebühren von 124,47 Euro dazu«, begann er und Frau Schlichting seufzte wunschgemäß.

»Eigentlich darf ich das gar nicht«, erklärte er und füllte einen Beleg aus. »Aber in ihrem Fall können wir wohl eine Ausnahme machen.« Dann versicherte er, den Betrag noch heute ordnungsgemäß einzuzahlen und zur Sicherheit hätte sie ja die Quittung.

»Wenn Sie dort unten bitte unterschreiben möchten«, sagte der junge Mann und schob der alten Dame den Zettel herüber.

Er hatte 357 Euro berechnet, nicht mehr als ein Trinkgeld, aber viel mehr hatte die alte Krähe nicht im Haus, da war er sicher. Wenigstens hatte er diesmal keine langweiligen Fotoalben betrachten müssen.

»Noch einen Kaffee?«, fragte Frau Schlichting und goss ungerührt nach.

»Danke, ja«, erwiderte der junge Mann und fragte etwas verlegen nach der Toilette.

»Endlich«, dachte Martha Schlichting, als sie ihrem Besucher den Weg gewiesen hatte, streckte die alten Knochen und betrachtete die ausgestellte Quittung. Nicht schlecht geraten, dachte sie, 400 Euro in bar hätte sie im Haus gehabt. Der Junge hatte Fingerspitzengefühl, das musste sie ihm lassen. Aber seine Geschichte war einfach lausig gewesen, die gefälschten Vordrucke strotzten vor Rechtschreibfehlern und die groben, vernarbten Hände des Jungen erzählten von einer anderen Karriere als der eines Sachbearbeiters.

Anfänger, dachte sie, und ein Griff in seine Jacke, die er zuvor abgestreift und achtlos über die Lehne geworfen hatte, bestätigte ihren Verdacht. Ausweis, Führerschein, Kreditkarte, alles da, freute sich Martha Schlichting und träumte von nächtelangen Orgien des Homeshopping, die ihr der unvorsichtige Herr Stelter, denn so hieß der junge Mann, ermöglichen würde. Außerdem führte der gute Junge ein Foto seiner Geliebten mit sich, entdeckte sie, zupfte das Lichtbild heraus und setzte ihre Lesebrille auf. Dann setzte ihr Herz für eine Sekunde aus.

In just dieser Sekunde hielt auch der junge Herr Stelter das nämliche Bild in Händen, denn es hatte ihn nicht lange auf der Toilette gehalten. Schnell hatte er sich erleichtert, den Wasserhahn aufgedreht und sich auf leisen Sohlen in das Schlafzimmer begeben, um dort den Schreibtisch der alten Dame zu durchwühlen. Von 357 Euro konnte ja kein Mensch leben und etwas Schmuck fand sich schließlich immer. Doch jetzt stand er da, wie vom Donner gerührt, in der Hand das Bild seiner Mutter, die ihn vom wohlvertrauten Porträt anlächelte, wie die Sphinx ihr nächstes Opfer.

Andreas Stelter, den vor kurzem ein Jugendgericht noch als »gemeingefährlich und skrupellos« bezeichnet hatte, reagierte bemerkenswert sensibel auf diese Entdeckung, indem er ohnmächtig im Schlafzimmer seiner mutmaßlichen Großmutter zu Boden polterte. Den Schmuck hatte er allerdings vorher eingesteckt.

Martha Schlichting, aus härterem Holz geschnitzt und von einem ereignisreichen Leben zusätzlich abgehärtet, bemühte sich unterdes recht erfolgreich, ihr veitstanzendes Herz unter Kontrolle zu bringen, um sich ganz dem kniffligen ethischen Problem zu widmen, das sich hier unvermittelt stellte.

Durfte man den eigenen Enkel, von dem man erstens vorher nichts gewusst und der zweitens mit der Betrügerei selbst angefangen hatte, nach allen Regeln der Kunst ausnehmen, fragte sie sich und wollte die Frage mit einem kommissarischen »Vielleicht!« beantworten, als es im Nebenzimmer heftig gerummst hatte.

»Du musst ordentlich schreiben lernen, Kindchen, dann wird vielleicht noch was aus dir«, sprach Martha Schlichting wenige Minuten später zu ihrem erwachenden Enkel, den sie liebevoll und unter großen Mühen wieder auf das Kanapee bugsiert hatte. »Und wie geht es deiner Mutter?«

Entsetzt schlug der Angesprochene die Augen auf, sah die beiden identischen Porträts auf dem Tisch liegen und wollte sich mit einem verwegenen Satz zur Tür retten, prallte aber schmerzhaft dagegen und taumelte zurück zum Sofa.

»Es ist abgeschlossen«, belehrte ihn Frau Schlichting und wies auf die beiden Fotos.

»Jetzt müssen wir erst mal unsere gemeinsame Familiengeschichte aufarbeiten, mein Junge. Wo ist meine Tochter und wie geht es ihr? Wir können natürlich auch bei der Polizei anrufen.«

Zögernd fügte sich der junge Mann in sein Schicksal. Unablässig bestürmte die Alte ihn mit Fragen, die er schließlich zu beantworten suchte, so gut er konnte. Nein, er wusste nicht, wo sein Mutter derzeit wohnte. Ja, sie telefonierten ab und zu. Ja, seine Mutter habe immer ein großes Geheimnis um seine Großeltern gemacht. Ja, komische Andeutungen habe sie allerdings oft gemacht. Ja, er sei ein Krimineller. Nein, besonders erfolgreich sei er nicht dabei. Nein, die Legasthenie sei nicht sein einziges Problem. Und er wisse sehr wohl, dass 357 Euro nicht gerade viel seien, wenn man das Risiko bedenke. Aber er komme schon zurecht.

Ach, Junge, sagte die alte Frau Schlichting und umfasste sein Gesicht mit ihren Händen. Ihr altes Herz hüpfte und sprang wie verrückt, und sooft sie sich auch eine sentimentale alte Schachtel schimpfen mochte, sie gewann den Jungen doch lieb. Er war so hilflos. Er war ihr Enkel. Er hatte die Augen ihres seligen Mannes. Seine Kreditkarte würde sie trotzdem behalten.

Als es draußen bereits dämmerte, berichtete der junge Mann von der Trennung seiner Eltern und erzählte, als die Nacht über das Städtchen hereinbrach, wie seine Mutter ihn in Pflegefamilien untergebracht hatte. Er berichtete von der Odyssee durch zahlreiche Kinderheime und von seinem ersten Ladendiebstahl. Gegen Mitternacht stießen die beiden auf seinen ersten Bruch mit Sekt an, und als er schließlich auf seine erste Haftstrafe zu sprechen kam, gab es endlich Schnaps und die Stunde der heiligen Bekenntnisse begann.

Und Martha Schlichting breitete ihr wild bewegtes Leben vor ihrem Enkel aus, erzählte von den goldenen Zeiten des Trickbetrugs, wie es ihren seligen Mann und sie ins Monte Carlo der späten sechziger Jahre verschlagen hatte, wie sie das Geld mit beiden Händen ausgegeben hatten, aber auch, wie ihr Mann im Gefängnis schließlich krank geworden war, wie man ihm die Therapie verweigert und er darüber gestorben und wie sich die Tochter von ihr abgewandt hatte und die Zeiten allmählich sogar für sie schlechter geworden waren. Es ist trotzdem das schönste Leben, das man haben kann, wisperte Martha Schlichting in das schwach beleuchtete Zimmer.

Sorgenvoll betrachtete sie ihren schnarchenden Enkel: Er war niedlich, aber nicht besonders klug. Sie dagegen hielt sich in aller Bescheidenheit für relativ klug, aber niedlich, niedlich gewesen war sie nie. Deswegen hatte sie ja auch dieses Schließfach und nicht er, dachte sie grimmig.

Mit einer Handbewegung, die sie vor sich selbst zu verbergen suchte, steckte sie ihm den Schlüssel zu ihrem Schließfach in seine Tasche, und die leise Ahnung eines Lächelns erhellte, von der alten Dame unbemerkt, die Züge des Schlafenden. Zum Teufel mit dem Geld, sagte sie laut, goss sich einen letzten Schnaps ein und streichelte dem Enkel über das Haar. Seine Kreditkarte behielt sie aber trotzdem.

Als sich die Sonne fahl über den Hausdächern zeigte, schnarchten die beiden einträchtig auf dem Kanapee. Der junge Mann erwachte als erster und fingerte nach dem Haustürschlüssel seiner Großmutter, mit steifen Gliedern erhob er sich, deckte die Frau mit dem karierten Plaid zu, das sie sich zuvor geteilt hatten, und strich ihr zärtlich über die Wange. Dann verschwand er aus der Wohnung.

»Der Enkeltrick«, sagte der junge Mann kopfschüttelnd zu dem kleinen Schlüssel, den er ein paar Blocks weiter aus seiner Brieftasche fischte, während die kühle Luft eines tauschweren Morgens um seinen Schädel rauschte. Die große Martha Schlichting war auf den ältesten Trick der Welt hereingefallen: auf die Schmierenkomödie mit dem falschen Enkel, jenem Enkel, den sie sich immer gewünscht, aber nie gehabt hatte. Die Schlichting war alt und sentimental geworden, es war ein Jammer.

Sorgfältig zerriss der junge Mann das Bild von Martha Schlichtings Tochter in kleine Fetzen. Und als er die Hand öffnete, trug eine Windböe die papierenen Reste der Frau, von der er nichts gekannt hatte als dieses Bild, mit sich fort.

Die Geisel

Helmi Schausberger

Ich hatte vorgehabt, Polizistin zu werden. Als einsatzfreudige Kämpferin gegen das Böse wollte ich nach dem Abitur Karriere machen. Serien hätten sie dann über mich schreiben können, in denen die Heldin sich tapfer mit Bösewichtern herumschlägt und diese natürlich jedes Mal hinter Gitter bringt – oder umbringt, je nachdem. Auf der letzten Seite sollte sie jeweils unversehrt ein aufregendes Abenteuer bestanden und einen verzwickten Fall gelöst haben. Nur als mir eines Tages unerwartet eine Waffe vor die Nase gehalten wurde, stellte sich für mich zum ersten Mal die Frage, ob der Umgang mit Bösewichtern wirklich so erstrebenswert war.

»Darf ich eintreten?«, hatte der Kerl an der Tür nervös gefragt. Meine Lieblingsheldin Carlotta hätte das wohl zuerst mit ihm diskutiert, Vic hätte ihm gleich eine gescheuert und Kinsey hätte ihm die Türe vor der Nase zugemacht. Aber mir rutschten vor lauter Angst das Herz in die Hose und der Krimi aus der Hand. Er schob sich einfach an mir vorbei und schloss hinter uns die Türe. »Wo ist Cecilia Ressner?«

Die alte oder die junge? Meinte er meine Oma, mit der ich hier lebte, oder meinte er mich? »Was wollen Sie denn von ihr?« Er packte mich am Arm und rannte mit mir durch sämtliche Zimmer, die Waffe stets auf mich gerichtet. »Cecilia?«, rief er dann die Treppe hoch. »Bist du da oben?« Ich hörte die

Klospülung neben Omas Schlafzimmer, und dann schlurfte sie schon die Treppe zu uns herunter. »Leg die Waffe weg, Markus!«, murrte meine Oma gereizt. »Und nimm deine Hand von meiner Enkelin, du Depp!« Sie latschte etwas steif an uns vorbei in die Küche, gähnte, murmelte in meine Richtung ein zärtliches »Guten Morgen, Schatz« und stellte sich dann ihr Teewasser auf. Der Mann ließ mich los, steckte seine Pistole in den Hosenbund und lief ihr hinterher. »Cecilia, wir sind aufgeflogen! Die suchen nach mir, und Karl haben sie schon verhaftet. Ich glaube nicht, dass der dichthält.«

»Wollt ihr beide auch eine Tasse?«, fragte Oma ruhig. »Cecilia, Karl weiß, dass du die Einbrüche geplant hast, er wird das nicht für sich behalten!«

»Oma, was ist denn hier los?«

»Da draußen steht mein Wagen, Cecilia«, bemühte sich dieser Markus ruhig zu bleiben. »Ich werde versuchen über die Grenze zu kommen, und ich möchte, dass du mit mir mitkommst.« Oma lächelte geschmeichelt. »Ich bin doch mindestens 40 Jahre älter als du, Markus.«

»Sie werden dich trotzdem ins Gefängnis stecken«, entgegnete er ungeduldig. »Ich versuche dir zu sagen, dass wir beide flüchten müssen. Und zwar sofort.« Doch da quietschten schon Reifen vor dem Haus, Autos mit Blaulichtern hielten kreuz und quer auf der Straße und blockierten die Durchfahrt, Autotüren wurden aufgerissen und zugeknallt. »Hier spricht die Polizei«, sagte kurz darauf eine dunkle Stimme durch einen Lautsprecher. »Kommen Sie mit erhobenen Händen heraus!« Aber Oma nahm seelenruhig das kochende Wasser vom Ofen, drehte die Platte ab, goss das Wasser in die Tasse mit dem Teebeutel und suchte nach ihrem Lieblingslöffel. Markus eilte fluchend zu den Fenstern und ließ sämtliche Jalousien herunter. Als er nach einer Hintertür suchte, hastete ich um den Tisch herum zu meiner Oma, die es sich jetzt in ihrem Küchensessel gemütlich machte. Sie hielt sich die Tasse an die Lippen und blies den Dampf weg. »Oma, komm, lass uns schnell das Haus verlassen!«, sagte ich eindringlich. »Wir sollten die Sache klären, bevor hier noch irgendwas eskaliert.« Sie blieb stocksteif sitzen und dachte nicht daran, sich von hier fortzubewegen. »Oma, bitte!« Da war Markus aber bereits zurück. »Da gibt's nichts zu klären«, sagte er. »Wenn Sie jetzt mit Ihrer Oma hinausgehen, landet sie im Gefängnis.« Ich ignorierte ihn, und die Polizei meldete sich erneut: »Cecilia Ressner und Markus Baumann, kommen Sie mit erhobenen Händen heraus!« Ich blickte entsetzt zu meiner Oma. »Die suchen dich tatsächlich! Du hast Einbrüche geplant?«

»Ihre Oma ist ein Genie!«, schwärmte Markus. »Sieben Einbrüche hat sie für uns ausgearbeitet, insgesamt 4,5 Millionen haben wir damit verdient.«

»Verdient?«, schimpfte ich. »Oma, Opa hat dir doch genug Geld hinterlassen, was soll denn dieser Blödsinn?«

»Erstens hat er mir nichts hinterlassen – das Geld, das du als seines vermutest, habe ich mir mit Markus und Karl selbst verdient; dein Opa hatte alles versoffen. Und zweitens sind das erste Mal in meinem Leben meine Fähigkeiten gefragt. Das mag für euch junge Leute ja selbstverständlich sein, aber für mich ist es das nicht, Kind.«

»Aber was sollen wir denn jetzt machen?«, fragte ich verzweifelt. »Die werden uns bald alle niederschießen!«

»Nicht mit einer Geisel im Haus!«, überlegte Oma, stellte ihre Tasse auf den Tisch zurück und blickte uns beide jetzt das erste Mal aufmerksam an. Markus sah von ihr zu mir und legte dann so ganz nebenbei die Hand auf die Waffe, die in seinem Hosenbund steckte. »Nun gut«, sagte meine Oma dann, stand auf, leerte ihren halb getrunkenen Tee in den Ausguss und bat mich um mein Handy. »Wenn ich uns hier herausholen soll«, wandte sie sich an Markus, »dann sag mir mal, wie viel Karl eigentlich über mich weiß und wieso er überhaupt von mir weiß.« Markus blickte betreten zu Boden. »Ich hab dir doch damals die Raumpläne per Post geschickt, erinnerst du dich? Na ja, er hat das Kuvert mit deinem Namen und deiner Adresse darauf gesehen. Er wollte wissen, ob wir ein Verhältnis hätten. Aber er weiß eigentlich nichts von dir, Cecilia, ich habe dich immer herausgehalten. Ich habe ihm gesagt, er soll einfach nur seinen Job machen, du gingst ihn nichts an. Und da er ja auch immer gut bezahlt wurde, hat er das so akzeptiert. Bis jetzt.« Oma nickte nachdenklich. Dann drehte sie sich mir zu und blickte mich eindringlich an. »Möchtest du, dass ich ins Gefängnis gehe, Schatz?«

»Aber natürlich nicht!«

»Also wirst du uns helfen?«

»Oma, ein guter Anwalt ...« Markus seufzte verärgert, trommelte nervös auf seiner Waffe herum. »Ihre Oma hat sieben Einbrüche vorbereitet«, keifte er mich an. »Sie hat sich ganz bewusst und bei vollem Verstand das Geld anderer Leute angeeignet. Kein Anwalt kann sie vor dem Gefängnis bewahren. Und wie alt ist sie jetzt? Vierundachtzig?«

»Dreiundachtzig, Markus, mach mich nicht älter als ich bin!«

»Sie wird den Knast nicht überleben!«, ergänzte er. Ich sah verzagt zu meiner Oma hinüber. Wenn ich nichts unternahm, würde Markus vielleicht eine richtige Geisel aus mir machen. Oder ich würde zusehen müssen, wie sie meine Oma einsperrten oder beim Sturm auf das Haus sogar töteten. Um uns beide zu retten, blieb mir also gar nichts anderes übrig, als eine Komplizin zu werden. Ich seufzte. »Also gut, ich helf dir hier raus. Was soll ich tun? Die Geisel spielen?«

Markus entspannte sich, und meine Oma lächelte mir zu. »Du bist ein gutes Kind«, sagte sie. »Aber nein, du wirst nicht die Geisel spielen.« Dann tippte sie in mein Handy und ließ mich nicht aus den Augen, als sie hineinsprach. »Jonas? Was bin ich froh, dich zu erreichen!«, begann sie. Ich warf ihr einen irritierten Blick zu. Wieso rief sie meinen Freund jetzt an? Ihr Gesicht verzog sich, Tränen bildeten sich auf einmal in ihren Augen, und ihre sonst so kräftige Stimme wurde plötzlich weich und weinerlich und klang zunehmend verzweifelt. »Ich brauche deine Hilfe, Jonas. Cecilia hat ein paar Dummheiten gemacht und jetzt steht die Polizei vor unserem Haus und will sie verhaften. Oh, doch, das ist mein voller Ernst!« Da heulte sie los. Ihr Blick war unaufhaltsam auf mich gerichtet, als sie Jonas bat, mit der Polizei zu sprechen und ihr zu versichern, dass ich nicht grundsätzlich gefährlich war und dass ich nur gefährlich würde, wenn man mich unter zu großen Stress setzte, wo ich doch noch so jung war. »Sag Ihnen, dass sie auf die Forderungen von ihr und ihrem Komplizen eingehen sollen, dann werden sie mir auch nichts tun. Sie wollen nur in ihr Auto steigen und losfahren dürfen. Und mich wollen sie dann irgendwo absetzen. Würdest du das tun, Jonas? Würdest du mit der Polizei sprechen? Dein Vater ist Politiker, man wird auf dich hören.« Dann legte sie auf und blickte mich zufrieden an. »Ich werde die Geisel spielen«, erklärte sie mir grinsend.

»Wieso hast du das getan?«, fragte ich verletzt. Ich konnte es kaum glauben, was ich gerade gehört hatte.

»Weil du gesagt hast, du würdest mir heraushelfen. Welcher eurer Wagen hat am meisten Sprit im Tank?«

Als mein Handy klingelte, das Oma vor sich auf dem Tisch liegen hatte, stürzte Markus sich schon darauf, noch bevor ich es erreichen konnte. Offenbar war jetzt die Polizei dran, und Markus wiederholte, was meine Oma schon Jonas gegenüber gesagt hatte: Wir würden mit dem blauen Wagen vor dem Haus wegfahren wollen, dürften nicht verfolgt werden, und sobald wir uns sicher genug fühlten, würden wir die alte Frau gehen lassen. Womit Markus bestätigte, welche Cecilia Ressner die Kriminelle war und welche die Geisel. Er legte das Handy dann wieder zurück auf den Tisch und meinte, die Polizei brauche noch Bedenkzeit. Als das Handy erneut klingelte, war ich schneller. Aber noch bevor ich meinen Mund aufmachen konnte, hatte ich Markus' Waffe wieder vor der Nase.

»Cecilia?« Jonas. »Maus, lass uns darüber reden, wie ihr da heil wieder rauskommt, ohne es schlimmer zu machen, ja?« Wie konnte er nur die Lüge meiner Oma glauben? Jonas wusste doch ganz genau, dass ich nicht kriminell war. Wir hatten doch vor, uns gemeinsam bei der Polizei zu bewerben. Und ich würde doch meiner Oma nichts antun!

»Cecilia, Maus, hörst du mich?« Ich brachte nur ein gekrächztes »Ja« heraus. »Ich habe schon mit der Polizei gesprochen«, fuhr Jonas fort. »Und mein Vater wird sich für dich einsetzen, aber du musst jetzt bitte aufgeben. Mein Vater hat eine super Anwältin, und …«

»Jonas, wir sind seit zwei Jahren zusammen, du solltest mich doch kennen!«, begann ich traurig. Doch Markus trat einen weiteren Schritt auf mich zu, und jetzt entsicherte er die Waffe, die keine zehn Zentimeter mehr von meinem Gesicht entfernt war. Mein Blick schnellte zu Oma, aber die sah mir jetzt nicht mehr in die Augen. »Na ja, manchmal kennt man die Leute gar nicht so gut, die einem nahestehen«, fuhr ich tief betroffen fort und ließ es damit gut sein.

»Worum geht es eigentlich?«, wollte Jonas hartnäckig wissen. »Um Geld? Oder um diesen Kerl, deinen Komplizen? Ist der so was wie ein Freund von dir? Hast du dich vielleicht in den verliebt? Musst du das vielleicht tun, um ihn nicht zu verlieren? Und was ist dann eigentlich mit mir? Was ist mit unseren Träumen?« Seine Überlegungen machten mich sprachlos. »Gut, dann sag ich dir jetzt folgendes, Cecilia«, fuhr Jonas beherrscht fort. »Wenn du dich der Polizei ergibst, dann verspreche ich dir, dass ich auf dich warten und alles tun werde, was nötig ist, damit du so schnell wie möglich wieder draußen bist. Wenn du aber beschließt, mit diesem Kerl wegzufahren, dann werde ich das zwar akzeptieren, dann bist du für mich aber gestorben, für immer, obwohl ich das nicht möchte.«

»Ich habe keine Wahl, Jonas«, sagte ich traurig. »Die hat man immer«, erwiderte er nur, und dann legte er auf.

Markus riss mir das Handy aus der Hand. Ich sah anklagend und den Tränen nahe zu meiner Oma, die mich immer noch nicht ansah. »Du ruinierst mein Leben, Oma, macht dir das gar nichts aus?«

»Doch«, sagte sie nur.

Dann rief die Polizei an und meinte, sie würden nichts unternehmen, wenn wir jetzt mit der alten Dame zum Wagen gehen würden. Markus blickte mich nervös an. »Sie gehen als Erste raus, bleiben aber dicht bei uns, zu Ihrer eigenen Sicherheit!«, befahl er. »Sie setzen sich hinters Lenkrad, und Ihre Oma und ich setzen uns auf die Rückbank. Und vergessen Sie nicht, dass ich eine Waffe habe.«

»Und dann? Oma, wirst du dabei zusehen, wie er mich erschießt, wenn wir es tatsächlich schaffen sollten zu entkommen? Und das muss er schließlich, ich könnte die Sache ja auffliegen lassen.«

»Das würdest du nicht, Schatz. Außerdem würde dir niemand glauben: Ich bin 83, du bist noch nicht einmal 20, und somit ein unberechenbarer Teenager. Und niemand wird erschossen. Du kommst einfach mit uns mit. Ich habe jede Menge Geld, und das teile ich gerne mit dir. Und in Portugal fangen wir dann ein neues, unbeschwertes Leben an.«

»Wieso musste ich dann erst eine Kriminelle werden für die Polizei und durfte nicht das Opfer bleiben?«

»Als würdest du dich in einer Opferrolle wohlfühlen, Schatz, also wirklich!«

»Als Kriminelle fühle ich mich aber auch nicht wohl!«, schrie ich sie an. »Du hast mir meine Zukunft kaputtgemacht, Oma!«

»Dann hast du ja nichts mehr zu verlieren. Dann ist das jetzt doch ein gutes Angebot für dich. Und ich habe dich weiterhin bei mir und weiß mich in guten Händen, wenn ich irgendwann nicht mehr selbstständig aufs Klo gehen kann.« Ich starrte sie ungläubig an. Dann öffnete Markus die Tür. Wir traten davor, alle drei dicht beieinander. Markus richtete seine Waffe zwar auf meine Oma, die weinend die in Deckung gegangenen Polizisten bat, jetzt bloß nichts zu unternehmen, aber er hielt mich am Handgelenk fest und ließ mich erst los, als wir bei seinem Wagen standen. Ich kletterte hinters Lenkrad und er flink mit meiner Oma auf den Rücksitz. Die Polizei hatte uns die Straße frei gemacht, aber mindestens zwei Dutzend Waffen zielten auf uns. Mir lief es eiskalt den Rücken runter, als mir bewusst wurde, dass sie nur auf freies Schussfeld warteten. Markus befahl mir, auf die Straße zurückzusetzen. Ich atmete tief durch und verlangte zuerst mein Handy.

»Wen willst du anrufen?«, fragte meine Oma misstrauisch. »Jonas«, erklärte ich kalt. »Du kannst gerne für mich seine Nummer eintippen. Aber ich fahre hier nicht weg, ohne vorher mit ihm gesprochen zu haben. Denn sobald ich losfahre, habe ich ihn verloren.«

»Cecilia, ich bringe deine Enkelin um, wenn du sie jetzt nicht sofort zur Vernunft bringst.«

»Dann erschießen Sie mich, Markus! Mit einer Leiche auf dem Fahrersitz wird's nur schwierig werden wegzukommen.«

Oma zog Markus das Handy aus der Tasche, tippte Jonas' Nummer ein und reichte es mir dann widerwillig nach vorne.

Jonas war angespannt. »Maus, wieso sitzt du schon im Wagen, könnten wir nicht ...?« Er sah mich! »Du bist hier?«, wollte ich wissen. »Natürlich bin ich hier, was denkst du denn? Ich habe Angst, dass du für immer aus meinem Leben fährst oder erschossen wirst.«

»Jonas, du hast gesagt, man hätte immer eine Wahl«, sagte ich. »Ich wollte dir nur noch in aller Deutlichkeit sagen, dass das nicht stimmt. Man hat nicht immer eine Wahl. Und ich möchte jetzt von dir hören, dass du in Betracht ziehen kannst, dass man nicht immer eine Wahl hat. Und dass du es in Betracht ziehen kannst, dass du dich doch nicht in mir getäuscht hast.«

»Was macht sie da?«, hörte ich Markus hinter mir schimpfen. »Cecilia, wenn du jetzt nicht sofort auflegst, dann bringe ich dich eigenhändig um!«, sagte meine Oma ernst.

Jonas antwortete nicht. Aber ich sah in einem der Außenspiegel, wie er hinter einem gelben Lieferwagen aus seiner Deckung hervorkam. Leute versuchten ihn zurückzuhalten, aber er befreite sich und kam langsam auf uns zu. »Man hat immer eine Wahl«, sagte er, schaltete danach sein Handy aus und streckte die Arme von sich, um nicht erschossen zu werden. Niemand wagte es mehr, ihn aufzuhalten, als er weiter auf unseren Wagen zuging. Dann stand er neben mir. Ich kurbelte das Fenster runter. »Ich bin der Sohn des Stadtrates«, sagte er zu mir. »Man wird mich nicht unnötig in Gefahr bringen. Man wird also nicht auf dich schießen, wenn du jetzt mit mir zur Polizei hinübergehst und mich dich dabei umarmen lässt«, fuhr Jonas fort. »Wird der deiner Oma was antun?«, fragte er mit Blick auf den völlig verdutzten Markus. Ich schüttelte den Kopf. »Nein. Und mir auch nicht, weil das seine Situation im Moment nur verschlimmern würde.« Jonas lächelte mich an. »Dann wähle doch endlich!« Ich nickte, atmete tief durch. »Lassen wir's doch darauf ankommen, wem sie glauben, Oma«, sagte ich mit einem letzten Blick in den Rückspiegel. Dann stieg ich aus, legte einen Arm um Jonas' Taille, ließ ihn mich an sich drücken und entfernte mich langsam von dem Wagen, von meiner Oma und auch von meinen Karriereplänen. Ich hatte keine Lust mehr auf Bösewichte!

»Verdammt, Cecilia, ich dachte, du hättest alles gut durchdacht!«, hörte ich Markus noch schimpfen. »Ach, halt die Klappe, Markus, und wirf die Waffe aus dem Fenster!«

Weihnachten mit Anna

Sabine Trinkaus

Eine Eidechse huscht über die Wand. Morgen ist Weihnachten, denkt Anna und schließt die Augen. Es riecht nach Meer und Glockenmalven. Anna kann Weihnachten nicht ausstehen. Aber dieses Jahr, denkt sie, dieses Jahr wird alles anders. Sie hört die Schritte nackter Füße aus dem Wohnzimmer. Rasch verschwindet sie um die Hausecke, sucht Schutz hinter der großen Hortensie. Kein gutes Versteck, aber sie werden sie nicht bemerken. Sie haben keine Augen für etwas anderes als sich selbst. Sie springen ins Wasser, tollen herum und lachen. Selbstverliebt spiegeln sie sich ineinander. Als gebe es nichts auf der Welt. Nur sie beide. Sie kommen sich näher, küssen sich. Anna nutzt die Gelegenheit und schlüpft ungesehen ins Haus.

In der Küche schaut Maria schon wieder nach der Gans, die im Ofen vorgart. Maria macht alles genau so, wie es im Rezept steht. Der Dampf duftet nach Majoran. Im Kühlschrank steht der fertige Rotkohl. Alles läuft genau nach Plan. Trotzdem ist Maria nervös. Sie will, dass alles perfekt wird. Andreas kommt herein. Er hat ein Handtuch um die Hüften geschlungen, aus seinen nassen Haaren tropft Wasser auf den Boden. Er holt eine Flasche Champagner aus dem Eisfach. »Guck nicht so streng!«, sagt er zu Maria. »Markus muss doch in ein paar Stunden weg!«

»Aber zum Abendessen bleibt er doch«, protestiert Maria.

»Wir essen im Dorf einen Happen.« Andreas seufzt. »Ich habe doch gesagt, du sollst nichts kochen. Du machst dir weiß Gott Stress genug!«

»Darum geht es doch gar nicht!« Maria reicht ihm zwei Gläser aus dem Schrank. »Ich finde es nur nicht richtig, dass er gehen muss. Es ist Weihnachten!«

»Fang nicht wieder an, bitte! Glaubst du, mir gefällt das? Aber du kennst unseren Vater so gut wie ich!«

Maria zögert. »Aber ihr liebt euch doch«, sagt sie dann. »Das muss er akzeptieren. Er wird sich aufregen, aber er beruhigt sich auch wieder ...«

»Wem willst du eigentlich etwas vormachen?« Andreas schüttelt den Kopf. Dann wird seine Stimme weicher. »Mach dir um uns keine Sorgen! Wir kommen schon klar!«

Anna erträgt es nicht mehr. Sie legt sich beide Hände über die Ohren. Sie kann nicht sagen, was sie wütender macht. Maria, immer bereit zu glauben, dass schon alles gut wird, wenn nur der Braten gelingt. Oder Andreas, der immer lieber lügt, als es sich schwer zu machen. Andreas, der sich trotzdem so überlegen fühlt. Sie verursachen ihr Übelkeit, alle beide.

Maria setzt sich an den Küchentisch. Sie überlegt, ob sie es noch schafft, mit Mama einen Spaziergang zu machen. Sie geht gerne mit Mama spazieren. Sie zeigt ihr die Blumen und das Meer. Unten am Strand ist ein kleiner Spielplatz. Manchmal setzt Mama sich auf die Schaukel. Maria schubst sie sanft an und Mama lacht und juchzt. Sie holen alles nach, denkt Maria dann.

Als sie klein war, war es nicht so einfach. Mama und Papa hatten sich gerade selbstständig gemacht, als Mama schwanger wurde. Ein kleiner Betrieb, Paletten und Verpackungen. Es war ihr Lebenstraum. Es kostete all ihre Energie. In dem kleinen Büro stand erst eine Wiege, später ein Laufstall und schließlich ein kleiner Tisch mit Malsachen und Bilderbüchern. Maria war ein braves Kind gewesen. Sie verstand, dass sie nicht stören durfte. Mama und Papa konnten sehr stolz sein auf Maria. Es war nicht leicht gewesen. Aber die Mühe hatte sich gelohnt. Maria konnte sich gut an den Tag erinnern, an dem alles anders wurde. Papa war ins Büro gestürmt, ganz anders als sonst. Er hatte Mama vom Stuhl hochgezogen und war mit ihr durchs Zimmer getanzt.

»Geschafft«, hatte er immer wieder gesagt. »Wir haben es geschafft!« Er hatte etwas von einem Patent gesagt und von Anteilen. Das hatte Maria nicht verstanden. Aber sie hatte gesehen, wie auch Mama lachte. Es war ein schöner Tag gewesen.

Anna steht im Wohnzimmer, hinter der Gardine. Sie weiß, dass sie nicht willkommen ist, hier, auf Madeira. In dem schönen Haus, wo immer die Sonne scheint und jeden Monat andere Blumen blühen. Hier, wo man das genießt, was Papa die »Früchte seiner Arbeit« nennt. Hier will sie niemand haben. Aber Anna stört das schon lange nicht mehr. Sie ist gut darin, sich zu verstecken.

»Sie meint es doch nur gut!«, hört sie Markus sagen.

»Genau das ist ja das Schlimme«, sagt Andreas. »Du kannst dir nicht vorstellen, wie es ist, sich das jeden Tag anzusehen. Es ist nicht nur dieser Weihnachtszauber. Sie tut es ständig. Sie tut alles, um endlich Papas Mädchen zu werden. Dabei nimmt er sie nicht mal zur Kenntnis! Es ist erbärmlich!«

Annas Unterkiefer verkrampft sich. Sie mag nicht, wenn Andreas so über Maria spricht. Obwohl sie ihm zustimmt. Sie verachtet Maria genau so wie ihr Bruder. Aber es ist gemein, hinter ihrem Rücken über sie herzuziehen. Es ist widerlich. Anna wendet sich ab. Sie hat genug gehört. Sie huscht hinüber zu Mamas Zimmertür und schlüpft in den Raum. Mama sitzt im Sessel und schaut zum Fernseher. Ein portugiesischer

Trickfilm läuft. »Ich bin es nur, Mama!«, sagt Anna. Mama lächelt. Sie hat keine Ahnung, wer Anna ist. »Wir müssen ganz still sein«, erklärt Anna trotzdem. »Es ist ein Geheimnis, dass ich hier bin. Wegen Weihnachten, weißt du? Morgen ist Weihnachten. Wir bereiten alles vor. Papa kommt auch!« Mama lächelt. Anna gibt ihr einen Kuss auf die Wange.

Maria holt das lange Futteral aus dem Schrank. Sie öffnet den Reißverschluss und nimmt das Gewehr in die Hand. Das Holz des Griffs fühlt sich warm an.

»Was hast du denn da?« Maria zuckt zusammen. Markus merkt, dass er sie erschreckt hat, und lächelt entschuldigend.

»Ein Weihnachtsgeschenk«, sagt sie hastig. »Für Papa!«

Er hat mit dem Jagen angefangen, nachdem sie in das große Haus gezogen waren. Mama ging nicht mehr zur Arbeit und er kam oft früh nach Hause. Dann ging er jagen und brachte manchmal tote Tiere mit.

»Eine F2 Imperial«, erklärt sie Markus. »Man geht damit auf Hase, Ente und Fasan.«

Markus lacht. »Du klingst wie ein echter Waidmann«, sagt er. Dann schaut er auf die Uhr.

»Gehst du schon?«

»Nur ins Dorf, mit Andreas. Wir essen einen Happen«, erwidert er. »Danach komme ich noch, meine Sachen holen. Vielleicht trinken wir dann noch ein Glas Wein zusammen?«

»Verdammt, wo ist denn mein Pullover?«, ruft Andreas von oben. Markus wirft Maria einen Blick zu und schneidet eine Grimasse. Maria muss lachen. Manche Dinge ändern sich nie, denkt sie. Schon als Kind hat Andreas nie etwas gefunden. Er hat immer Hilfe gebraucht.

Maria war schon fast zehn gewesen, als er auf die Welt kam. Papa nannte ihn »Stammhalter«. Er nahm ihn oft auf den Arm. Maria hatte ihn lieb, aber sie verstand ihn nicht. Er bekam alles, was er wollte. Trotzdem brüllte er oft und wurde zornig. Maria war ganz anders. Maria brüllte nie. Sie war vernünftig und ordentlich. Sie war immer die Beste in ihrer Klasse. Mama und Papa konnten sehr stolz sein auf Maria. Andreas war nie der Beste. Er vergaß viel, er verlor seine Sachen. Man konnte sich nicht auf ihn verlassen. Mama war oft wütend gewesen auf Andreas. Sie schimpfte viel. Als dann noch Anna kam, da schimpfte auch Papa. Immer war Streit.

Eilig schiebt Maria den Gedanken beiseite. Das ist lange her. Und morgen ist Weihnachten. Maria hat alles vorbereitet. Es wird ein schönes Fest.

Sie legt das Gewehr auf den Tisch. Markus und Andreas kommen herunter. »Bis später«, sagt Andreas, dann sind sie weg. Maria streicht sich eine Haarsträhne aus dem Gesicht und denkt kurz nach. Sie muss dringend duschen, sie riecht nach Fett und Rotkohl. Aber erst wird sie die Papiere noch einmal durchsehen. Heute Abend wird sie mit Andreas reden. Es ist noch nicht zu spät. Ihr fällt ein, dass noch ein Rest Champagner in der Flasche ist. Sie holt sich ein Glas. Dann blättert sie in dem Ordner. Sie schreibt Zahlen auf ein Blatt, rechnet Summen aus. Sie trinkt. Andreas hat recht, es ist verlockend. Aber es ist nur Geld, denkt Maria. Andreas wird es einsehen. Geld ist nicht alles. Ihre Kopfhaut juckt. Auf einmal fühlt sie sich unerträglich schmutzig. Sie muss duschen, sofort! Als das heiße Wasser auf ihre Schultern prasselt, entspannt sie sich etwas. Es sind nur die Nerven, denkt sie. Es ist das erste Weihnachten, seit Mama krank ist.

Es hatte mit Schwindel begonnen, Vergesslichkeit. Dann ging es sehr schnell. Sie brauchte Pflege, ständig. Maria hatte sich angeboten, aber Papa hatte abgelehnt. Sie wurde in der Firma gebraucht. Immerhin war sie diejenige, die Betriebswirtschaft studiert hatte. Andreas wäre nicht klargekommen, ohne sie. Das wusste Papa genau. Auch wenn er es nicht sagte. Sie hatten eine Pflegerin eingestellt. Aber Papa war überfordert. Krankheit war für ihn Schwäche und Schwäche ertrug er nicht. Es war Marias Idee gewesen, Mama nach Madeira zu bringen. Anna war natürlich dagegen gewesen. Aber Anna hatte nichts mehr zu sagen. Auch Andreas hatte gezögert. Maria hatte ihn daran erinnert, wie sehr Mama das Haus und die Insel liebte. Das Klima würde ihr guttun. So oft es ging, konnte jemand zu ihr fliegen und sie besuchen. Maria hatte ihm erklärt, dass er Markus mit herbringen konnte. Mama würde das nicht stören. Es war die beste Lösung für alle. Es ging Papa viel besser, seit sie weg war. Und ihr fehlte es an nichts.

Es wird ein schönes Weihnachtsfest, denkt Maria, während sie sich ein Handtuch um die nassen Haare wickelt. Sie hat sogar einen Baum aufgetrieben. Morgen früh muss sie ihn abholen, das darf sie nicht vergessen. Auf einmal fühlt sie sich furchtbar müde. Sie geht in ihr Zimmer und legt sich aufs Bett. Nur für einen Moment, denkt sie, und sie schließt die Augen.

Jetzt, wo sie schläft, kann Anna sich ganz frei bewegen. Sie geht durch das stille Haus. Sie schaut in den Kühlschrank, betrachtet den halbgaren Braten. Es ist derselbe Ekel wie damals, wenn Papa tote Tiere von der Jagd mitbrachte. Weiche, tote Kaninchen, die er stolz auf den Küchentisch knallte. Anna war jedes Mal schlecht geworden. Sie geht ins Wohnzimmer und schaut auf die Papiere. Sie setzt die Champagnerflasche an den Mund und leert sie. Andreas hat es darauf angelegt, denkt sie. Er tut so, als sei es eine glückliche Fügung, aber in Wirklichkeit hat er vom ersten Tag nur darauf hingearbeitet. Hinter Marias Rücken. Geld ist alles, was ihn interessiert. Und jetzt wird er bald reich sein. Er wird irgendwo mit seinem Markus das leere Leben anfangen, von dem er immer geträumt hat. Was mit Mama ist oder mit Papa, wird ihn nicht scheren. Damit wird sich Maria befassen müssen. Anna hat das Maria gesagt. Aber Maria will nichts davon hören. Maria kapiert es einfach nicht.

Anna geht wieder in Mamas Zimmer. »Ich bin es nur, Mama!«, sagt sie. Mama lächelt. Anna hilft ihr in den Rollstuhl. Sie schiebt ihn auf die Terrasse, an den kleinen Tisch nahe am Pool. »Gleich kommen Andreas und Markus«, sagt sie. »Es ist ein schöner Abend. Wir trinken zusammen ein Glas Wein und sehen den Sonnenuntergang an!« Sie geht in die Küche, nimmt eine Flasche Wein, ein paar Gläser und Kerzen. Sie trägt alles auf einem Tablett nach draußen. Das Wasser schimmert orange im Abendlicht. Anna zündet die Kerzen an. Sie hört Schritte auf dem Kiesweg zum Haus. »Ich komme bald wieder«, flüstert sie Mama zu, bevor sie verschwindet.

Markus und Andreas sind betrunken. Sie lachen albern. Als sie auf die Terrasse kommen, verstummen sie. »Hallo, Mama«, sagt Andreas. Er wirft Markus einen entschuldigenden Blick zu. Markus ist befangen, wenn Mama dabei ist. Er ist nicht an sie gewöhnt. Er setzt sich auf eine Liege. Andreas lässt sich neben ihn fallen und legt einen Arm um ihn. Maria stolpert die Treppe hinunter. »Ihr seid schon zurück?« Sie ist außer Atem. »Ich hab mir noch nicht mal die Haare geföhnt!« Sie trägt ein langes, weites Kleid.

»Jetzt lass doch, Schwesterchen!« Andreas lallt schon ein bisschen. »Setz dich und trink ein Glas mit uns!«

Maria wirft Mama einen kurzen Blick zu. Dann lächelt sie und greift nach dem Glas, das Andreas ihr hinhält.

»Auf uns!« Andreas hebt sein Glas. »Auf die Zukunft!« Marias Lächeln verschwindet. »Andreas«, sagt sie, »ich habe nachgedacht!«

»Oh bitte!« Andreas schüttelt den Kopf. »Bitte nicht wieder! Wir waren uns doch einig. Verdammt, ich kann das nicht mehr. Immer die Firma. Und den Alten immer im Nacken!

Das ist doch kein Leben! Er hat uns den Laden überschrieben! Wir können tun, was wir wollen!«

»Er hätte das nie getan, wenn er geahnt hätte, was du jetzt vorhast!«, widerspricht Maria. »Andreas, es bricht ihm das Herz!«

»Na und?« Andreas knallt sein Glas auf den Tisch. »Willst du für immer so weitermachen? Denkst du nie daran, wie oft er dein Herz gebrochen hat? Verdammt, hast du noch immer nicht genug? Du musst es begreifen, hörst du! Du musst endlich verstehen, dass du tun kannst, was du willst! Du bekommst sie nie, niemals. Nicht seine Anerkennung! Und seine Liebe schon gar nicht!«

Er brüllt. Er brüllt so laut, dass er die Haustür nicht hört. Er hat ja auch keine Ahnung von dem Telegramm, das Anna gestern geschickt hat. »Komm einen Tag früher!«, hat sie geschrieben. »Es gibt wichtige Neuigkeiten!«

Anna kann hören, wie er ins Wohnzimmer tritt. Sie stellt sich vor, wie er zum Tisch geht. Er sieht das Gewehr, will schon danach greifen, als sein Blick auf die Papiere fällt. Er greift danach. Er liest.

Und dann geht alles sehr schnell.

»Papa!«, schreit Maria und springt auf. Ihr Weinglas zerbricht auf dem Boden.

Papas Blick schweift wütend über die Szene. Seine Lippen sind zusammengepresst, sein Atem geht schwer.

»Ich glaube das nicht«, schreit er. »Ich kann es nicht glauben!« Er knüllt das Blatt, das er umklammert hat, zusammen und schleudert es auf den Boden.

»So lass dir doch erklären …« Auch Andreas ist aufgesprungen.

»Was?«, schreit Papa. »Was willst du mir noch erklären? Dass du eine kleine Schwuchtel bist, vielleicht?« Er hebt die Arme, bedeckt das Gesicht kurz mit den Händen und atmet laut. »Vor den Augen deiner eigenen Mutter!«, keucht er und zeigt auf den Rollstuhl. Maria heult auf und rennt an ihm vorbei ins Wohnzimmer. Er beachtet sie gar nicht. »Das«, sagt er und zeigt auf Markus, »das ist einfach nur widerlich! Aber dass du hinter meinem Rücken das verschacherst, was ich aufgebaut habe, dass du einfach alles wegwirfst, wofür ich je gearbeitet habe, das ist unverzeihlich!«

»Papa, das reicht jetzt!« Andreas Stimme zittert.

Anna kommt aus dem Wohnzimmer. In der Hand hält sie das Gewehr.

»Was machst du?«, schreit Andreas. »Bist du wahnsinnig? Anna-Maria, leg das Gewehr weg!«

Sie schüttelt den Kopf. Sie hält Papa das Gewehr hin. »Für dich«, sagt sie. »Mein Weihnachtsgeschenk!« Sie zögert. »Es tut mir leid, Papa«, sagt sie dann. »Dass du dich so aufregen musst, meine ich. Aber du hast es ja nicht sehen wollen. Du wolltest ja nicht verstehen, wie er wirklich ist!«

»Nein!«, schreit Andreas. Anna-Maria geht hinüber zu Mama, die ein bisschen zittert. Sie legt ihr die Hand auf die Schulter. »Hab keine Angst, Mama«, sagt sie. »Ich bin es nur!« Sie schließt die Augen. Es riecht nach Meer und Glockenmalven. Sie wartet. Dann fällt der Schuss. Anna-Maria lächelt.

»Verdammt, er ist tot!«, schreit Markus. Anna-Maria lächelt. Dann hört sie die Stimme. Die falsche Stimme.

»Nein!«, schreit Andreas, immer wieder »Nein!«.

Sie öffnet die Augen. Und dann wird alles dunkel.

Früher war alles besser

Chris Y. Stone

Nun sitzen wir hier, Rücken an Rücken, auf einer Bank im Straßencafé. Meine Hände – ich bin mir sicher, dass sie eiskalt, sind – liegen in Onkel Tonys warmen. Es ist ein beruhigendes Gefühl, aber dennoch kommt mir alles so irreal vor, als ob es nicht um mich ginge, sondern um irgendeinen Fremden. Heute wird es enden.

Angefangen hat es an einem warmen, nassen Spätsommertag. Ich war sechzehn, kannte Tony seit vier Jahren und war ebenso lange Teil der Familie. Nun sollte ich ein Mann werden. Onkel Tony hatte alles arrangiert und mich zu dieser – so war es nun mal – Routinehandlung mitgenommen.

Als wir mit der Limousine in einem ruhigen Winkel des Hafengeländes ankamen, lag dieser Typ schon auf dem Boden des Piers, mit dem Gesicht nach unten. Ich weiß bis heute nicht, wer er war. Nur, was er getan hatte. Der feine Nieselregen ließ den Boden um ihn herum glänzen, glitzern, die Scheinwerfer der Docks reflektieren. Es war ein feierlicher Moment.

Onkel Tony stand souverän da, seine Wachhunde sicherten die Gegend. Der Typ regte sich nicht, er wimmerte nicht mal – er war eigentlich schon tot. Er atmete noch, aber er lebte nicht mehr.

Tony streckte mir die Pistole entgegen und sah mich ermutigend an. Du schaffst das, sagten seine Augen. Ich betrachtete das kalte Stück Stahl in Tonys Hand, dann das Häufchen Elend am Boden. Ich hätte nur die Pistole nehmen müssen, aber ich konnte es nicht.

Tony sagte nichts. Schließlich hob er selbst die Waffe und drückte ab. Zwei Schüsse in den Hinterkopf.

Der Typ lag genauso da wie vorher. Blut mischte sich mit dem Regenwasser einer großen Pfütze.

Onkel Tony seufzt leise. Er lehnt den Kopf etwas zurück, sodass er auf meinen trifft. Ich genieße diese Nähe. Tony nahe zu sein, war immer mein Lebensziel, mein Lebenszweck. Ich war zwölf, als ich den großen Onkel Tony kennenlernte. Er wurde von jedem im Viertel respektiert, na ja, zugegeben, einige hatten einfach nur Angst. Ich nicht, niemals.

An einem heißen Tag im August hingen wir Kids rum – was sollten wir auch machen, so mitten in der Stadt. Unser Viertel war unsere Welt. Etwas anderes gab es für uns nicht. Es war nicht sonderlich viel los, doch auf einmal sprach sich etwas herum, verbreitete sich wie ein Lauffeuer: »An Piets Ecke hat's gekracht!« Natürlich sind wir hin. Wir erwarteten ein bisschen Unterhaltung, vielleicht eine Schlägerei, aber was wir dann gesehen haben, war neu für uns. Zeitgleich mit mir und meinen Freunden kam ein Streifenwagen an. Zwei Bullen stiegen aus und nahmen in aller Seelenruhe den Verkehrsunfall auf!

Von den Leuten aus unserem Viertel wäre niemand auf die Idee gekommen, die Bullen zu rufen. Es wurde alles intern geregelt, vom Apfelklau bis zu Mord und Totschlag. Wenn man sich nicht einigen konnte, wurde Rat bei Onkel Tony eingeholt.

Doch hier war es anders. Eines der Autos hatte auswärtige

Kennzeichen; eine junge Frau saß am Steuer und heulte sich die Augen aus.

Die Bullen schwitzten in ihren Uniformen – und wir haben uns totgelacht. Wir kramten sämtliche Witze raus, die wir jemals irgendwo gehört hatten. »Wie kommt der Bulle in die Kiste?« Zwölfjährige, gelangweilte Gören, die sich für unbesiegbar hielten.

Irgendwann hatte ich einen Stein in der Hand und schon hatte der Streifenwagen eine Scheibe weniger. Es war einfach eine Impulshandlung, bei der ich mir nichts gedacht habe.

Der jüngere der Polizisten sah wutentbrannt, mit hochrotem Kopf, zu uns rüber und wollte losstürmen, doch der ältere hielt ihn zurück. Dann machten sie ihren Job, als wäre nichts passiert.

Am nächsten Tag – ich war auf dem Schulweg – stoppte eine Limousine neben mir. Eine von Onkel Tonys Bulldoggen richtete mir aus, dass ich bei dem großen Mann zu erscheinen hätte. Auch darüber dachte ich nicht nach. Onkel Tonys Wort – Gesetz.

Ich fuhr nachmittags hin, stellte mein Fahrrad neben einem Rolls in der Auffahrt vor der riesigen, wahnsinnigen Villa ab. Ein Leibwächter öffnete mir die Tür, ich wartete ein paar Minuten in der Eingangshalle und dann schlenderte Onkel Tony die Treppe herunter. Ich war ihm zuvor zwar noch nie begegnet, aber mir war sofort klar, warum ihn alle Leute respektierten. Er hatte eine beeindruckende Ausstrahlung, gab sich ruhig und gelassen. »Wie ist dein Name?«, fragte er mich, als er vor mir zu stehen kam wie eine Art altrömischer Feldherr.

Ich antwortete ihm artig.

Nachdem er mich eine Welle gemustert hatte und ich nur auf seine breite Brust starrte, sagte er: »Dir ist doch klar, dass man bei uns nicht einfach Scheiben einwirft.« – Das war wirklich keine Frage.

Ich nickte und sah auf den Boden. Gott, war ich nervös!

»Sieh mich an!«, befahl er und sicher, ich gehorchte. Dann holte er aus und verpasste mir eine dermaßen kräftige Ohrfeige, dass ich Mühe hatte, mich auf den Beinen zu halten. Aber ich gab keinen Mucks von mir. Meine schmerzende Wange präsentierte ich vor meinen Freunden wie einen Orden.

Knapp eine Woche später bestellte mich Onkel Tony wieder zu sich. Er sagte kein Wort, schob mich nur in seinen Rolls und wir wurden in einen anderen Stadtteil kutschiert. Ich wusste nicht, was mich erwartete, aber ich mit Tony in seiner Limousine! – Ich fühlte mich geehrt.

Wir hielten vor einem kleinen Häuschen, stiegen aus und Tony klingelte wie ein ganz normaler Mann. Als die Tür geöffnet wurde, hatte es mich beinahe umgehauen. Wir waren bei dem älteren Bullen, dem ich die Scheibe eingeworfen hatte. Ich musste mich entschuldigen und kassierte von dem Bullen ebenfalls eine Ohrfeige.

Onkel Tony schüttelte dem Polizisten die Hand und gab ihm einen Umschlag. Ich begriff an diesem Tag, wie die Welt bei uns funktionierte.

Das Geld musste ich selbstverständlich zurückzahlen. Da ich das nicht konnte, bot mir Onkel Tony an, in seinem Garten Unkraut zu zupfen. In meinem Freundeskreis war ich der King. Mein Vater hingegen war weniger begeistert. Er wollte mich davon abhalten, zu Onkel Tony zu gehen, was für eine Chuzpe! Ich kümmerte mich nicht um die Meinung meines ohnehin angetrunkenen Vaters, sagte ihm, dass er mich mal könnte.

Er konnte. Mit dem Gürtel.

Nachdem Onkel Tony davon erfahren hatte, verletzte sich mein Vater bei einem Unfall an der Stanzmaschine und verlor seine Stelle.

Ich arbeitete meine Schulden ab und übernahm anschließend einen regulären Job in Onkel Tonys Imperium. Ich musste kleine Umschläge ausliefern, es war einfach und gut bezahlt.

In Tonys Villa wurde ich ein gern gesehener Gast. Ich spielte Dame mit ihm, durfte jederzeit in den Pool und wurde sogar auf seine legendären Partys eingeladen.

Zu meinem fünfzehnten Geburtstag schenkte mir Onkel Tony ein Mädchen, und, ohne Zweifel, sie war heiß. Und ich noch Jungfrau. Dennoch, ich schlug das Angebot aus. Ich hatte mich gerade in Melanie verliebt. Die dunkelhaarige Schönheit war nur elf Monate älter als ich. Doch ihr kamen diese Monate wie Welten vor und sie wollte nichts von mir wissen.

Ich blieb hartnäckig und mit siebzehn wurden wir ein Paar. Unser erstes Mal werde ich nie vergessen. Wir waren beide schüchtern, aber auch begierig. Wir tauschten stundenlang Zärtlichkeiten aus. Sie lag vor mir, so wunderschön, mit ihrer herrlichen, sonnengebräunten Haut. Ich erkundete ihre sanften Rundungen, sog ihren Duft ein. Sie kicherte ganz verschämt, als ich die wallenden Haare zwischen ihren Beinen liebkoste.

Wir waren füreinander geschaffen, wir hätten nie etwas anderes in Betracht gezogen.

Dann kam dieser eine Tag. Melanie war so begehrenswert natürlich, ich wusste, dass auch andere sie ansahen, aber … Danach war sie gebrochen, sie wurde niemals mehr dieselbe. Ich habe sie abgöttisch geliebt; »dieser Vorfall« hat nichts daran geändert, nicht für mich.

Aber Melanie konnte es nicht ertragen. Ich fand sie mit aufgeschnittenen Pulsadern in ihrer Badewanne.

Tony kümmerte sich um alles, wie er das immer tut. Die Beerdigung, die Grabstelle, Geld für die Familie.

Dem Schweinehund wurden die Eier weggeschossen. Ich hätte es selbst getan, hätte ich die Gelegenheit bekommen, rasend vor Wut, wie ich war. Dieses Mal hätte ich es gekonnt!

Onkel Tony hat sich immer gewünscht, dass ich seinen Laden übernehme, allerdings war in der Nacht am Pier klar geworden, dass das nichts werden würde. Skrupel kann man sich in dem Geschäft nicht leisten. Er hat mir das nie nachgesehen, ich bin für ihn wie ein Enkel.

Wir sind Freunde. Daher sitzen wir jetzt auch hier im Straßencafé.

Tony muss die runde Scheibe, die ich auf meinen Rücken geklebt habe, damit sie mir nicht aus der Tasche rutscht, spüren, doch er spricht mich nicht darauf an.

»Es ist wieder ausgebrochen«, sagt er stattdessen und hält meine zitternden Hände fester.

Die runde Scheibe ist eine CD, auf die ich heute Morgen alle Informationen über die Geschäfte gebrannt habe. Die Geschäfte, die eigentlich ohnehin nicht mehr Tonys sind, sondern Francescos. Francesco ist Tonys Neffe. Er hat sich eingemischt, als Onkel Tony das erste Mal krank wurde und sich nicht wehren konnte.

Francesco ist ein Arschloch. Er behandelt jeden wie einen Sklaven und meint, nur Hungerlöhne zahlen zu müssen. Tony ist nur noch repräsentativ – aber er hat keine Wahl.

Heute Morgen konnte ich nicht mehr. In der Nacht hatte ich Mickys Leiche aus dem Wasser gezogen.

Micky und ich waren seit Ewigkeiten Freunde. Er war nur zwei Jahre jünger als ich. Wir haben zusammen im Sandkasten gespielt – eher in der Gosse, aber das macht es nicht weniger verbindend –, Lutscher geklaut, Mädchen beim Umziehen beobachtet, den ersten Joint geraucht. Später dealte er für Onkel Tony – sicher, ich hatte ihn in die Familie eingeführt, wie alle meine Freunde. Micky war zufrieden, er verdiente gut.

Dann übernahm Francesco die Geschäfte, das Geld wurde knapper und Micky beschloss, selbstständig zu werden, auf eigene Faust zu dealen. Er hatte eine Nase für den Stoff – nicht für die Gefahr. Zwei Kugeln durchlöcherten seine Lunge.

Es ist nicht mehr so wie früher.

Francescos Leute wissen über die CD Bescheid, sie hatten mich heute Morgen beinahe erwischt und haben mich danach durch die ganze Stadt gejagt. Jetzt ist keiner mehr in der Nähe.

Nur Tony ist da. Warum? Was macht er hier? Hat er noch so viel Macht? Ich habe keine Ahnung, was er tun wird. Wird er es auf seine Art regeln? Es wäre mir auf jeden Fall lieber, wenn Tony mich erschießt, nicht irgendein Halbdebiler, der womöglich nicht mal richtig trifft.

Als hätte er meine Gedanken gelesen, sagt Tony: »Das ist der letzte Gefallen, den Francesco mir je tun wird.«

Mir bleibt nur zu nicken.

Tony lässt meine Hände los. »Ich wollte nie, dass es so endet.«

Ich auch nicht. Ich kann nicht reden, bin wie versteinert. Ich höre, wie er den Hahn spannt. Er atmet tief durch und drückt ab.

Als Minuten später die Polizei eintrifft – es hat sich wirklich viel verändert in unserer Stadt –, stehe ich da und starre auf Tonys zerfetzte Schädeldecke. Ich kann nichts hören; in meinem Kopf dröhnt es und in meinen Ohren pfeift es penetrant. Die Polizisten in ihrer Kampfmontur schreien mich an, ich kann es sehen. Aber ich weiß ja ohnehin, was sie wollen. Eine Sekunde denke ich daran, nach einer nicht existenten Waffe zu greifen, doch ich lasse es bleiben. Stattdessen lege ich mich bäuchlings auf das kalte Pflaster.

Die beiden Bullen, die auf mir knien, finden die CD schnell. Ich bin froh darüber. Früher habe ich jeden verachtet, der auch nur ein Wort mit einem Polizisten gesprochen hat, aber jetzt – ich werde Tony rächen. Auf eine andere Art, aber immerhin.

Wassernickels Glatze kratzen

Cornelia Schneider

Die schönste Beerdigung, die das Dorf je gesehen hat, alle waren sich einig. Die halbe Gemeinde auf dem Friedhof versammelt, dazu die vielen auswärtigen Gäste, die Bläser und der Gesangverein, die Tränen beim So-nimm-denn-meine-Hände, das Meer aus Kränzen und Blumengebinden, dann der schwarz lackierte Sarg mit dem Gesteck aus weißen Lilien obenauf und, das Allerschönste, die Körbe voll Seerosen am Grab.

Nach der Grabrede des Pfarrers haben wir Enkelkinder die Seerosen mit beiden Händen in die Grube geworfen, bis der Sarg vollständig verschwunden war unter der weißen Blütenpracht.

Die Tante hat sie heute Morgen ans Ufer gezogen mit einer langen Hakenstange, eine nach der anderen. Jetzt schwimmt keine einzige Seerose mehr auf dem Teich, nur eine glatte Fläche aus grünen Seerosenblättern.

Nach der Beisetzung, im Café, haben sie sich Vorwürfe gemacht, Oma und Mutter und Onkel Erwin und Tante Karin, weil sie den Opa allein auf dem Steg hatten stehen lassen. Aber wer denkt denn auch an so etwas. Und sie haben traurig geschaut und schuldbewusst, und die Trauergäste haben auch traurig geschaut und mitfühlend. Nein, an so etwas konnte keiner denken. Und sie haben Kuchen gegessen und Kaffee getrunken und anschließend Wein, sie waren voll des Lobs über den Pfarrer und seine ergreifende Predigt und wie schön er das gesagt habe mit dem treu sorgenden Familienoberhaupt und den Verdiensten um das ganze Dorf. Weil der Opa doch ein langjähriges Mitglied im Gemeinderat gewesen ist und ein aufrechter Christdemokrat und den Leuten Arbeit gegeben hat in seinem Uhrenfabrikchen.

Nur Papa hat geschwiegen.

Am Abend, im Nebenraum des Goldenen Ochsen, sind wir unter uns, die Tafel ist festlich gedeckt, die Stimmung lockert auf, gewiss, ein schwerer Verlust, aber auch eine Familienfeier, nicht oft sitzt man zusammen, da gibt es viel zu erzählen.

Aber das Unglück, es lässt sie nicht in Ruhe, sie beschwören es herauf, wieder und wieder, Oma und Mutter und Onkel Erwin und Tante Karin. Wie der Opa immer in der Sonne gesessen und geschlafen habe, an seinem Lieblingsplatz auf dem Steg, über diesem Teppich aus weißen Seerosen, die rote Decke auf den Knien, ein so friedliches Bild sei das gewesen. Und wie sich an dem verhängnisvollen Nachmittag die Bremse gelöst haben musste, sodass er ans Ende des Stegs gerollt ist, hin zu der langen und steilen Treppe aus Natursteinen, die vom Teich geradewegs den Hang hinunterführt bis zur unteren Straße.

Oma gestikuliert und hat rote Backen und ist ein bisschen beschwipst und kein bisschen mehr traurig. Wie der Eulenspiegel, kichert sie, schon immer ist er so gewesen, wie der Eulenspiegel. Die ganze Treppe hinuntergedonnert in seinem Rollstuhl und sich auf den letzten Stufen überschlagen und den Hals gebrochen.

Alle essen und trinken, die Unterhaltung ist lebhaft und der Onkel erzählt zum wiederholten Mal, dass er den Rasen gemäht habe, als das Unglück passierte, aber zwischen seinem Grundstück und dem Teich stünde ja sowieso das Haus und er habe den Opa gar nicht sehen können auf dem Steg, und Tante Karin habe unterm Dach gebügelt und Sabinchen in ihrem Zimmer gespielt und die Buben seien auf dem Fußballplatz gewesen. Und Mutter schildert, wie sie vom Golfplatz gekommen ist und die Abkürzung durch die untere Gartentür über die Steintreppe nehmen wollte und was für ein Schock es gewesen sei, als sie den Opa unter seinem Rollstuhl liegend fand, der Kopf habe verdreht darunter vorgeschaut, die Augen tot und starr und die Rückenlehne senkrecht auf seinem Hals, ein Anblick, als habe man ihn hingerichtet, als sei er unters Fallbeil geraten, und sie habe so laut geschrien, dass Papa ganz hinten im Wäldchen, wo er Holz gespalten habe für den offenen Kamin, die Axt fallen gelassen habe vor Schreck und in wilder Hast herbeigerannt sei.

Sie schütteln die Köpfe und blicken nachdenklich, und einer der Verwandten sagt laut: Alle sind in der Nähe gewesen und jeder war woanders und keiner hat's gesehen.

Und dann sagen sie eine Weile nichts, aber ihre Blicke wandern von einem zum andern und etwas hängt in der Luft, schwer und böse hängt es in der Luft, aber niemand wagt es anzufassen, niemand wagt es auszusprechen: Keiner hat den anderen gesehen.

Nur Papa beobachtet das Flackern der Kerzenflamme.

Die Bremse, vielleicht hat er die Bremse versehentlich gelöst, wirft jemand ein, und die Oma jammert, sie habe den Opa selbst abgestellt auf dem Steg und die Bremse konnte er nicht lösen mit seinem einen Arm, und plötzlich sieht sie wieder ganz mitgenommen aus, hätte ich mich doch nicht hingelegt, lamentiert sie weiter, im Wohnzimmer auf dem Sofa, Ohrstöpsel in den Ohren, aber sie habe eben auch mal ausspannen müssen, eine halbe Stunde am Tag nichts hören und sehen wollen, weil es eine Hetzerei gewesen sei mit diesem Mann, das müsse auch mal gesagt sein, Gerlinde, hol mir dies, Gerlinde, mach mir das, nicht zum Aushalten manchmal, und jetzt nicken sie, die Verwandten ersten und zweiten Grades, es ist nicht leicht gewesen für die Oma, für die ganze Familie ist es nicht leicht gewesen, ein so vitaler Mensch und dann der Schlaganfall und an den Rollstuhl gefesselt, gelähmt von der Hüfte an abwärts und auch der linke Arm bewegungslos, nicht mal die Körperöffnungen konnte er mehr kontrollieren.

In der Scheiße habe ich gewühlt, für seine Scheiße war ich gut genug, hat die Oma geheult, und der Onkel hat sie getröstet, es ist vorbei, Mutter, er hat für immer ausgeschissen, aber das war vor der Beerdigung gewesen, als sie allein unten im Flur standen und mich nicht gesehen haben, und dabei weiß ich genau, dass es Papa gewesen ist, der dem Opa die Windeln gewechselt hat, morgens, bevor er ihn aus dem Bett hievte und in den Rollstuhl setzte, und abends, nachdem er ihn wieder herausgewuchtet und ins Bett geschafft hatte, wobei der Opa sich immer noch schwerer machte, als er sowieso schon war, und dass die Oma die Windeln höchstens mit spitzen Fingern in den Mülleimer geworfen hat.

Aber Papa schweigt.

Leonie hat Hausaufgaben gemacht, fährt Mutter fort und schaut her zu mir, und ich esse weiter mein Jägerschnitzel mit Spätzle und Kartoffelsalat und sage nicht, dass es übers Wochenende keine Hausaufgaben geben darf, das ist nicht erlaubt, aber die Strafarbeiten, die muss man machen.

Die Kleinen spielen Fangen um den Tisch, ihre Münder sind weiß und rot verschmiert, sie haben Pommes mit Ketchup und Mayo gegessen, ich nicht, ich bin die Älteste, ich habe mir Opas Lieblingsessen bestellt, Spätzle und Kartoffelsalat, das passt nicht zusammen, hat Oma immer gesagt, und Opa hat erst recht danach verlangt.

Gewiss, er hatte seinen eigenen Kopf, das Fabrikchen, das

hätte er bestimmt nicht schließen müssen, aber er hat ja keinen in die Bücher schauen lassen, nicht, solange er die Firma hatte, nicht, seit er im Rollstuhl saß, aber was soll man machen, kein Nachfolger da, die Tochter kein Interesse und dem Sohn hat er's nicht gegönnt, Streithähne, der Junge wie der Alte, und der Schwiegersohn, nun ja, ein Schriftsteller, was versteht der schon vom Geschäft. Es sind die Verwandten zweiten Grades, die so reden, hinter vorgehaltener Hand, weil man den Toten nichts Schlechtes nachsagen darf, aber das müssen sie noch loswerden, bevor sie aufbrechen in die Stadt oder ins übernächste Dorf, und auf dem Heimweg werden sie sich Gedanken machen über das, was noch übrig geblieben ist vom Fabrikchen, und dann werden sie sagen, komisch, die Geschichte mit der Bremse.

Ein Geizhals ist er gewesen, klagt die Oma, ein Geizhals, nie hat das Haushaltsgeld gereicht, nicht geschämt hat er sich, mir das Geld für seine Zigarren aus der Tasche zu stehlen, und was musste ich betteln, wenn ich bloß zum Friseur wollte, und trotzdem nichts auf dem Konto.

Das hat der Onkel vor Wochen schon herausgefunden, das mit dem leeren Konto, er kennt sich aus in der Finanzwelt, er hat seine Beziehungen, und Mutter hat das Gesicht verzogen und spitz gesagt, ja, ja, über eine gewisse Bankangestellte, und Tante Karin ist aus dem Zimmer gerannt.

Aber die Münzsammlung, die muss Millionen wert sein, überlegen sie jetzt, in die Münzsammlung hat er sein ganzes Geld gesteckt, wo soll es denn sonst hingekommen sein, und der Onkel sagt, was für ein Leichtsinn, die Sammlung im Haus aufzubewahren, da sind Münzen darunter, die sind glatt ihre zweihunderttausend wert, und Mutter fragt misstrauisch, woher weißt du denn das, er hat sie doch keinem gezeigt, die durfte doch keiner sehen, und der Onkel antwortet von oben herab, ich habe meine Quellen. Und dann runzeln sie die Stirn und kneifen die Augen zusammen und schauen sich von unten herauf an.

Die Verwandten haben sich längst verabschiedet mit ihren Kindern, Tante Karin hat die Kleinen nach Hause gebracht, und mich, mich haben sie vergessen.

Und ich lasse mir nichts entgehen.

Es ist stickig und heiß, Mutter raucht Kette, die Gemüter sind erhitzt, von der Beerdigung, von der Trauerfeier, vom Wein, von der anstehenden Erbschaft. Sie reden laut, der Ton ist gereizt, die Blicke haben etwas Unstetes bekommen und etwas Lauerndes.

Das Studium wollte er mir nicht bezahlen, einklagen habe ich es müssen, grollt der Onkel, die Kinder hat er nur herumkommandiert, nicht mal ein anständiges Geburtstagsgeschenk haben sie erhalten, Plastikspielzeug, das hat sich die Oma vom Mund abgespart, während ein paar Schmarotzer sich unter seinem Dach breitgemacht haben und dicke Geschenke einfuhren, und ständig die Angst, dass die Kinder im Teich ertrinken, der Teich ist ihm wichtiger gewesen als die eigenen Enkel. Und Mutter faucht, hier hat keiner etwas geschenkt gekriegt, und wer hat denn für ihn gesorgt in den letzten Jahren, wer hat denn den Krankenpfleger gespielt, du doch nicht, und sticht mit ihrem langen rot lackierten Fingernagel in die Luft, als ob sie Onkel Erwin gleich mehrmals hintereinander aufspießen wollte, und außerdem, zischt sie, du hast das Grundstück bekommen, was willst du denn noch, und der Onkel schreit mit hochrotem Kopf, das Grundstück, das ist von Großvater gewesen, das war von Anfang an mir zugedacht, weil der gewusst hat, dass ich nichts zu erwarten habe von dem Alten, und du, seine Stimme schnappt fast über, was hättest du denn angefangen mit einem Baugrund, nichts verdient, überall Schulden und ein Mann, der in seinem ganzen Leben noch nichts gearbeitet hat.

Und Papa schweigt.

Ich aber denke an den kleinen weißen Hund, den ich von Opa zum Geburtstag bekommen habe, und wie lustig der war, wenn er gekläfft hat und gehüpft ist wie ein Tennisball, denn meine Geschenke sind nicht aus Plastik gewesen, da hat der Onkel schon recht, und herumkommandiert hat mich der Opa auch nicht, nicht so wie die anderen, ich bin sein Liebling gewesen, ich ganz allein, ich durfte auf seinem Schoß sitzen abends vor dem Fernseher, als er noch ein Gefühl hatte da unten, als er noch nicht im Rollstuhl saß, dabei hat er mich heimlich unterm Höschen gestreichelt, aber sie haben es trotzdem gemerkt, die Oma hat das Gesicht verzogen und in den Fernseher gestarrt und Mutter hat wütend herübergeguckt und hinterher hat sie mir eine Ohrfeige gegeben und einen Grund hat sie nicht genannt, aber ich habe gewusst, warum.

Ach, Papa, warum hast du geschwiegen.

Und ich denke daran, dass der Onkel den Hund überfahren hat, weil der so verrückt um die Autos herumgehopst ist und nicht aufgepasst hat, und der Onkel hat mir dafür einen neuen versprochen, aber erst, wenn du älter bist, hat er sich wichtig gemacht, erst, wenn du Verantwortung übernehmen kannst, aber das hat er nur gesagt, weil der Hund immer auf seinen Rasen gekackt hat, da konnte ich doch nichts dafür, und einen neuen Hund habe ich bis heute nicht bekommen, obwohl ich schon vierzehn Jahre alt bin, und wer weiß, ob er den alten nicht mit Absicht überfahren hat.

Am Tisch ist es still geworden, sie trinken mit finsteren Mienen ihre Gläser aus und Mutter raucht Kette und Tante Karin bestellt zwei neue Flaschen, und dann sagt sie, du musst endlich ein Gitter anbringen am Teich, Erwin, gleich morgen, ein Glück, dass noch keines hineingefallen ist von den Kindern, ein Glück, dass noch keines ertrunken ist, und was habe ich Angst ausgestanden um Sabinchen.

Und ich denke an den Wassernickel, der unten im Teich hockt, grün und schuppig und schleimig, der wartet bloß darauf, dass sich ein Kind zu nahe ans Ufer wagt, hat die Oma immer gedroht, am Teich dürft ihr nicht spielen, das ist verboten, sonst taucht er auf aus dem Wasser, zwischen den Seerosen taucht er auf mit seinem hässlichen schuppigen Kopf und packt das ungehorsame Kind mit seinen langen Armen und zieht es hinunter in die Tiefe, und dort muss es ein Leben lang sitzen und Wassernickels Glatze kratzen.

Der Opa hat gelacht über Omas Geschichten und gesagt, er habe seinen eigenen kleinen Wassernickel und in Wirklichkeit seien die harmlos und kein bisschen hässlich, und die Oma hat das Gesicht verzogen und Mutter hat giftig geguckt und der Opa hat mich an der Hand genommen und mit den Augen gezwinkert, komm mit, Wassernickels Glatze kratzen, aber die Glatze habe ich dann doch nicht kratzen müssen, nur ein wenig necken musste ich den kleinen Wassernickel, das hat der Opa so gewollt, dabei hat er mich unterm Höschen gestreichelt und manchmal hat es wehgetan, aber hinterher hat er mir zehn Euro gegeben und die hat mir Mutter weggenommen.

Den Wassernickel habe ich nicht gemocht, er war eklig und schleimig, da hat die Oma recht gehabt.

Papa, Papa, hättest du doch nicht geschwiegen.

Die Münzsammlung, die steckt im Kassenschrank, nehmen sie das Gespräch wieder auf und geben sich versöhnlich, in dem alten Monstrum aus dem Uhrenfabrikchen, das hat er mitgenommen damals, von dem konnte er sich nicht trennen, stundenlang hat er sich eingeschlossen in seinem Arbeitszimmer, goldene Dukaten zählen, hat Oma dann gespottet, ob keiner gestohlen wurde über Nacht, und morgen müsse man den Kasten sprengen, sagen sie, denn jetzt sei's vorbei mit der Pietät.

Das Unterste haben sie zuoberst gekehrt in Opas Zimmer, Oma und Mutter und Onkel Erwin und Tante Karin, nacheinander haben sie sich hineingeschlichen, heimlich und leise, am Tag, als das Unglück passiert ist, das merkt keiner in dem Trubel, haben sie gedacht, aber mir entgeht nichts, mit mir haben sie nicht gerechnet, dann sind sie noch einmal gemeinsam hineingegangen, gleich, nachdem die Leichenbestatter den Opa abgeholt hatten, da haben sie lauthals geflucht, da haben sie keine Pietät gekannt, aber den Schlüssel haben sie nicht gefunden.

Wenn nicht längst einer den Kassenschrank leer geräumt hat, wirft Papa mit einem Mal nachdenklich ein, und alle erstarren.

Jetzt ist es heraus.

Wehe, kreischt die Oma, die Münzsammlung gehört mir, mein eigenes Erbe hat er kassiert, keinen Pfennig habe ich davon gesehen, und Mutter springt auf und heult, in dieser Familie kann man keinem trauen, wem kann man hier eigentlich trauen, und das werdet ihr mir büßen und zerfetzt den Dieb und Mörder schon mal in der Luft mit ihren langen roten Krallen, und Onkel Erwins Gesicht hat eine lila Färbung angenommen, er wirft sich in seinen Stuhl zurück und keucht, die bring ich um, ich bring sie um, aber man weiß nicht, wen er meint bei seinem verqueren Blick, und Tante Karin hat ein böses Funkeln in den Augen.

Nur Papa hat den Kopf gesenkt und knetet das heiße Kerzenwachs.

Und ich denke daran, wie schwer das Köfferchen gewesen ist und wie schnell es verschwunden ist zwischen den Seerosen, dort, wo der Teich am tiefsten ist, dort, wo man auch im Winter keinen Grund sieht, nur bodenlose Schwärze, dort, wo der Wassernickel hockt, dort, wo der Opa gerade noch auf dem Steg in der Sonne gesessen hat, bevor der Rollstuhl zu rollen begann, ganz langsam ans Ende des Stegs gerollt ist er, wie von Geisterhand in Bewegung gesetzt oder als hinge er an einem unsichtbaren Faden.

Ich hab's gesehen, ich allein hab's gesehen, oben auf der Veranda habe ich gestanden und die Zähne zusammengebissen und keinen Laut von mir gegeben, und als der Rollstuhl auf der obersten Treppenstufe nach vorne kippte, zögernd, als würde er es sich noch einmal überlegen, habe ich die Augen geschlossen, und dann habe ich ein Rumpeln gehört, immer schneller hat es gerumpelt und trotzdem eine Ewigkeit gedauert, dann war Stille. Und ich bin losgerannt.

Und ich denke an Omas Wassernickel und stelle mir vor, wie er unten in der Tiefe hockt, unter der glatten Fläche aus grünen Seerosenblättern, und die ungehorsamen Kinder vergessen hat, weil es viel schöner ist, goldene Dukaten zu zählen als auf ungehorsame Kinder zu warten, und wie groß seine Augen geworden sein mussten, als er entdeckt hat, da sind sogar welche darunter, die sind glatt ihre zweihunderttausend wert.

Ich habe keine Angst vorm Wassernickel, ich habe nie Angst gehabt vor ihren Wassernickeln.

In vier Jahren bin ich achtzehn.

Und Papa, Papa werde ich nicht mitnehmen.

Archibald und seine Lieben

Claudia Schlegl

Sie hatten gelernt, sich aus dem Weg zu gehen. Es bestand keine Notwendigkeit ein Wort zu wechseln. Bis sie eines Tages Archibald fanden.

Sie fütterten ihn mit warmer Milch und betteten ihn in einen mit Flanellhandtüchern ausgelegten Wäschekorb. Das Halsband mit der Telefonnummer warfen sie fort. Mit einem Lächeln standen sie auf beiden Seiten des Korbes und bewachten Archibalds Schlaf.

Die Haustür fiel ins Schloss. »Jetzt sind wir zwei alleine.« Er streichelte Archibald zärtlich über den Kopf. »Wart einen kurzen Moment, ich hol uns was Lecker-Schmeckriges aus dem Keller. Mein Geheimvorrat.« Er legte den Finger auf den Mund und zwinkerte Archibald zu. »Nicht verraten.«

Im Keller schob er vorsichtig ein beinahe leeres Bücherregal zur Seite. In einem Hohlraum dahinter bewahrte er seine Lebensmittel auf. Eine extralange Räuchersalami, drei Dosen Thunfisch in Öl, ein Nussschinken, Gänseleberpastete, zwei Tüten Kartoffelchips, eine 300-Gramm-Tafel Nussnougatschokolade mit ganzen Haselnüssen … Er ließ den Blick über seinen Vorrat gleiten. Womit könnte er Archie wohl die größte Freude machen?

In der Küche zurück hielt er Archibald eine dicke Scheibe

kalten Schweinebraten vor die Nase. »Jetzt gibt's was Feines. Nicht diesen Gesundfraß, den sie immer anschleppt.«

Behutsam hob er Archibald auf seinen Schoß und drückte ihn zärtlich an sich. »Wenn es nach mir ginge, dann … Sie lässt mich eben nicht.« Er blickte in Archibalds braune Augen. Sie waren einander gleich. Beide unschuldige, reine Seelen, die nichts als ein wenig Freude im Leben wollten. Faulenzen, spielen und am Abend etwas Leckeres zwischen die Zähne.

So innig war seine Zwiesprache mit Archibald, dass er das Drehen des Haustürschlüssels überhörte. Als sie in die Küchentür trat, sprang er erschrocken auf. Sie trug ihren Jogginganzug und war zurückgekehrt, um ihren Expander zu holen. »Ich bin gerade fünf Minuten aus dem Haus und schon versuchst du, ihn zu vergiften.« Sie ergriff Archibald und schritt energisch zur Tür. »Er braucht mehr frische Luft, ich nehme ihn mit.«

Mit schnellen Schritten verließ sie das Haus. Es war ein Fehler gewesen, den Kleinen bei ihm zu lassen. Archibald war von der Natur offensichtlich für besondere Leistungen auserkoren. Er brauchte Bewegung, eine gesunde, durchdachte Ernährung und das richtige Spielzeug, um ihn in seiner Entwicklung zu fördern. Sie würde nicht zulassen, dass sein Potenzial vergeudet würde. Gleich morgen würde sie mit ihm zum Arzt gehen, ihn komplett untersuchen lassen und danach sein Training planen.

»Wie kannst du ihm das antun?« Fast standen ihm Tränen in den Augen. Sah sie denn nicht, wie Archie litt? Wie er sich angewidert von seinem Schälchen wegdrehte? »Geschmacksneutral und gut verträglich«, so stand es auf der Packung mit der Wurmkur, die sie vom Arzt mitgebracht hatte. Von wegen. Seit fast vier Stunden verweigerte Archie die Nahrung. Wen störten denn so ein paar Würmer? Sollte er sich doch mit dem Hintern am Teppichboden scheuern, was machte das schon?

»Seine Gesundheit ist dir wohl egal«, rief sie laut. »Ich weiß, dass du ihn mit Keksen mästest, wenn ich nur zwei Minuten nicht im Zimmer bin.« Ihretwegen könnte er sich so gehenlassen, wie er es immer schon tat. Er könnte weiterhin jede Nacht zu seinem ach so geheimen Vorrat in den Keller schleichen. Das interessierte sie nicht mehr. Aber Archibald würde sie nicht aufgeben. Sie würde nicht zusehen, wie sein strammer, fester Körper allmählich unter einer immer dickeren Fettschicht verschwand. Archibald war ein Champion. Champions hatten keine Würmer.

»Komm, ja, komm zu mir …« Sie packte Archibald und drückte ihn ihm in den Schoß. »Du hältst ihn fest und ich werde ihm die Paste direkt aus der Tube ins Maul drücken …«

Er stand am Fenster. Es regnete. Seit fast einer halben Stunde waren sie unterwegs. Wie gern er doch Archie vor diesen grausamen Gewaltmärschen bewahrt hätte. Wie elend musste er sich fühlen. Bei diesem widerwärtigem Wetter durch Wald und Wiesen gehetzt zu werden. Vermutlich ließ sie ihn auch noch Stöckchen apportieren. Und Archie, diese gutmütige Seele, würde sich aus lauter Friedfertigkeit darauf einlassen.

Endlich sah er sie kommen. Sein Archie wedelte eifrig mit dem Schwanz. Was für ein guter Kerl er war, selbst jetzt noch machte er gute Miene zum bösen Spiel.

Die Tür ging auf, Archie stürmte herein, schüttelte sich heftig. Wie gut er ihn verstehen konnte, es musste furchtbar sein, so durchnässt zu sein. »Komm zu mir, Herrchen macht dich wieder trocken. Wir gehen dahin, wo's warm und kuschelig ist. Musst nicht mehr frieren, bist ja jetzt beim Herrchen …«

Sie stellte ihre Schuhe ins Regal, hängte ihren Mantel auf.

Eine Tasse Kräutertee wäre jetzt genau das richtige. Aber erst müsste sie Archibald abtrocknen. Dieser kleine Racker hatte gar nicht genug vom See kriegen können. Wo steckte er nur? Hoffentlich machte er ihr nicht das ganze Haus dreckig.

Sie fand Archibald im Schlafzimmer. Er lag im Ehebett und ließ sich den Bauch kraulen. »Archie hat gefroren.« Er stand vom Bett auf und deckte Archibald mit der Steppdecke zu. »Du hättest sehen sollen, wie er sich vor Kälte und Nässe geschüttelt hat, kaum dass er bei der Tür rein war. Aber das interessiert dich ja nicht.« Mit ausgebreiteten Armen stellte er sich schützend vor das Bett. »Hauptsache er ist schlank. Wie's ihm dabei geht, ist dir egal.«

Sie schwieg. Der Geruch von feuchtem Hundefell drang zu ihr. Erd- und Grasflecken auf dem Laken, Hundehaare auf dem Kopfkissen. Sie sah ihn an. Sein Pyjamaoberteil hing zur Hälfte aus der Hose, auf dem Morgenmantel Marmeladenflecken vom gestrigen Frühstück. Sie holte tief Luft. Übelkeit überkam sie, gepresst atmete sie aus.

Abrupt drehte sie sich zum Schrank und begann Kleider samt Bügel über ihren rechten Arm zu legen. »Es ist besser, wenn wir nicht im selben Bett schlafen. Ich ziehe ins Gästezimmer.«

»Kastrieren?« Sie musste wahnsinnig geworden sein. Wie konnte sie an so was nur denken? Archie verstümmeln.

»Es muss sein. Der Arzt sagt, bei einem Rüden ist die Operation keine große Sache, wir können ihn hinterher gleich wieder mitnehmen.«

»Du bist ein Monster!« Sein Kopf wurde rot. »Du willst einen Mann dafür bezahlen, dass er Archie mit einem Messer zum Krüppel macht.«

»Was für ein Unsinn. Archibald wird überhaupt nichts spüren, zwei Tage später ist er wieder wie neu.«

»Wie neu?«, äffte er. Das glaubte er gerne, dass sie diesem Unterschied keinem Wert zumaß. »Tyrannisierst du ihn nicht schon genug?«

»Ich tyrannisiere ihn nicht, ich trainiere ihn!« Wie sie sein Gejammer leid war. »Und du, hör auf dich wie ein nölendes Kleinkind aufzuführen. Wenn du willst, dass er in jede Ecke pisst, dann kannst du gern das Putzen übernehmen.«

»Ha!« Er hatte es gewusst. »Dir geht's dabei doch nur um dich.« Sie wollte es bequemer haben. »An seine Gefühle denkst du dabei nicht. Aber ich werde es nicht zulassen!«

»Dass ich nicht lache!« Sie machte auf dem Absatz kehrt und warf die Tür krachend hinter sich zu.

Am nächsten Morgen stand sie wie üblich um sechs Uhr auf, stieg die Treppe hinunter, setzte das Teewasser auf und rief Archibald zu ihrem gemeinsamen morgendlichen Spaziergang. Doch Archibald kam nicht. Normalerweise tobte er vor Begeisterung in der Küche umher und konnte es kaum erwarten, bis sie ihren Kräutertee getrunken hatte. Wo steckte er nur? War er krank? Sie lief zu seinem Körbchen. Leer. Wahrscheinlich hatte er Archibald wieder zu sich ins Bett gelockt. Sie stampfte die Treppe hoch. Heute würde er mal nicht bis zum Mittag in den Federn liegen bleiben, dafür würde sie sorgen. Mit einem Ruck öffnete sie die Tür zum ehelichen Schlafzimmer. Ein muffiger, stickiger Geruch schlug ihr entgegen. Das Bett ungemacht, Kleidungsstücke am Boden, Essensreste auf dem Nachttisch. Das Zimmer war leer. In all den Jahren war er noch nie freiwillig vor zehn aufgestanden. Ihr fiel nur eine Erklärung ein …

Ihr Hals wurde eng. Mit Mühe atmete sie gegen ihre Panik an. Ihr Brustkorb wie in einem Schraubstock. Dieser widerliche Geruch. Sie wankte zum Fenster, stieß es auf, lehnte sich nach draußen. Frische Luft. Atmen. Nur Atmen.

Sie hatte ihn unterschätzt! Nach all den Jahren hatte sie ihn unterschätzt. Er war ein faules Schwein, zu faul sein Schlafzimmer zu lüften, aber heute hatte er sie geschlagen. Wie ein Saboteur hatte er ihre Schwachstelle gesucht und in einem unbewachten Moment seinen Anschlag verübt. Aber es war ihr eigener Fehler gewesen. Man durfte seinem Feind nie den Rücken zukehren. Aus Freude über Archibalds Gesellschaft hatte sie in ihrer Wachsamkeit nachgelassen. Selbst Schuld! Mit einem Ruck richtete sie sich auf. Nur wer sich geschlagen gab, war wirklich geschlagen. Sie ging zum Kleiderschrank und prüfte den Inhalt. Scheinbar fehlte nichts.

Der Teekessel pfiff, während sie in den Keller stieg. Sie schob das Bücherregal zu seinem Geheimversteck zur Seite. Keine große Veränderung seit ihrer letzten Inspektion. Viel konnte er nicht mitgenommen haben. Die Entführung war offensichtlich nicht geplant gewesen. Eine hektische Panikreaktion. Vermutlich würde er bald nicht mehr wissen wohin. Als Erstes würde sie seine Kontokarte bei der Bank als gestohlen melden und sperren lassen. Seinen Ausweis hatte sie ohnehin im Schreibtisch unter Verschluss. Ohne Geld und Pass würde er nicht weit kommen.

Drei Tage dauerte es. Dann war er zurück. Als er den Schlüssel ins Schloss steckte, sah er Archibald an. »Das tue ich nur für dich, Archie.« Er selbst hätte sich schon irgendwie durchgeschlagen. Er war schließlich ein Mann. Aber Archie hatte er das nicht weiter antun können. Er sehnte sich so nach seiner vertrauten, heimeligen Umgebung. Wie das Zimmermädchen gezetert hatte, als sie Archie im Bett fand.

Schlimmer als daheim war es gewesen. Kein Wunder, dass Archies Verdauung da aus dem Takt gekommen war. Aber statt Verständnis zu zeigen, hatte man sie wegen Archies Malheur auf die Straße gesetzt. Ihm hätte es nichts ausgemacht, unter der Brücke sein Bett aufzuschlagen. Aber Archie konnte er nicht zumuten, im Freien zu schlafen. Es war eine Frage der Verantwortung.

Sie tat, als sei nichts geschehen. Solange Archibald nur wieder da war. Sie brauchte Zeit, um eine Angriffstrategie zu entwickeln. So lange würde sie den Feind in Sicherheit wiegen. Panik musste vermieden werden. Sie gestand es sich nicht gerne ein, doch noch so einen Treffer könnte sie nicht verkraften. Am Tag war sie stark geblieben, doch nachts hatte sie sich in den Schlaf geweint. So leiden würde sie nie wieder! Sie wünschte, sie hätte Archibald einfach nehmen und ausziehen können. Vor der Entführung wäre das noch möglich gewesen, doch jetzt hieße jede Kompromissbereitschaft das Unrecht zu belohnen. Sie durfte der Gewalt nicht weichen. Und warum sollte sie ihm das Haus überlassen? Archibald liebte den Garten. Es wäre nicht fair ihm gegenüber gewesen.

Gerade der Garten hatte sie auf die Idee gebracht. *Clostridium botulinum.* Vorkommen in sauerstoffarmen Böden. Bildet in unhygienisch und zu warm gelagerten Lebensmitteln Botulinumtoxin. Tod durch Atemlähmung.

Natürlich gab es keine Garantie. Bakterien waren unzuverlässig. Aber einen Versuch wäre es wert. Es war ohnehin ein Wunder, dass er sich mit seinem widerlichen Geheimvorrat noch nie eine Lebensmittelvergiftung zugezogen hatte. Höchste Zeit also.

Er lag auf dem Bett und kraulte Archie. Durchs Fenster konnte er sehen, wie sie den Boden des Gartens genau untersuchte. Was sie da schon wieder trieb? Sollte nun der Garten ihr nächstes Opfer werden? Ihm konnte das egal sein, solange sie Archie in Ruhe ließ.

»Aber das wird sie nicht, Archie, das weiß ich genau.« Archie sah ihn mit seinen großen braunen Augen an. »Du bist mein Zeuge, ich bin der friedfertigste Mann auf Gottes Erden.« Seine Flucht hatte Archie einen Aufschub gewährt. Doch der Tierarzt wetzte schon das Messer. »Sie wartet nur auf den passenden Moment, glaub's mir.« Aber er würde Archie nicht im Stich lassen. Sie waren Brüder. Einer für alle, alle für einen. Er würde Archie vor ihr beschützen. Für immer.

Für diese Nacht hatte er sich den Wecker auf zwölf gestellt. Als ihn das Surren aus dem Schlaf riss, war er einen kurzen Moment benommen. Dann sah er die Rolle Bindfaden auf dem Nachttisch. Mit einem Ruck setzte er sich auf. Nach der heutigen Nacht würde er so viel schlafen können, wie er wollte, doch jetzt musste er sich ein letztes Mal zusammenreißen. Er nahm den Faden, eine Schere und öffnete leise die Tür. Er lauschte. Stille. Vorsichtig schlich er zur Tür des Gästezimmers. Das Ohr an der Tür lauschte er wieder. Nichts. Das war ein gutes Zeichen. Wusste er doch aus jahrzehntelanger Erfahrung: Wenn sie wach war, dann wälzte sie sich hin und her, stöhnte und machte jede Menge Geräusche. Einzig im Schlaf war sie je still gewesen.

Vorsichtig setzte er sich auf die drittoberste Treppenstufe. Er zog den Faden durch das Loch in der Leiste auf der linken Seite. Dann ein fester Knoten. Weiter spannen bis zum Geländer auf der rechten Seite. Wieder ein Knoten. Die Festigkeit prüfen, dann den Faden abschneiden. Nickend betrachtete er sein Werk. Genau die richtige Höhe für einen Fuß mit Pantoffel. Zu nachtschlafender Zeit, wenn sie die Treppe hinabstieg, um den armen Archie zu seinem Morgenspaziergang zu quälen, würde es viel zu dunkel sein, um so einen dünnen Faden zu entdecken. Vorsichtig schlich er zurück in sein Zimmer. Er legte sich zurück ins Bett, obwohl er sicher viel zu aufgeregt war, um Ruhe finden zu können. Mit diesem Gedanken schlief er ein.

Zwei Stockwerke tiefer stand sie auf der Kellertreppe und lauschte. Vor genau vier Minuten hatte er die Tür zum Schlafzimmer geschlossen. Er war wohl doch nur zur Toilette gegangen. Für einen Moment hatte sie geglaubt, die Treppe knarren zu hören. Vor Schreck hätte sie fast die Dose mit Gänseleber fallen lassen. Sie dachte, er würde einen nächtlichen Ausflug zu seinem Geheimvorrat unternehmen. Die erfolgreiche Neutralisation des Feindes verlangte manchmal eine zurückhaltende Informationspolitik. Aber eben diese Geheimhaltung erweckte schnell den Eindruck, etwas zu verbergen zu haben. Er war zwar nicht der Schlauste, aber auch er würde misstrauisch werden, wenn er sie mitten in der Nacht mit einer Injektionsnadel und seinen Lebensmitteln überraschte.

Aber diese Gefahr war nun vorüber. Jetzt musste sie lediglich das Regal wieder leise an seinen Platz schieben und dann nur noch der Natur ihren Lauf lassen. Sie würde noch ein wenig warten, für gewöhnlich schlief er schnell wieder ein.

Leise legte sie ihre Hände auf das Regal. Das Verschieben durfte nur ja keinen Lärm machen. Irgendwas klemmte da. Sie drückte mit ihrem Fuß gegen den Sockel. So oft hatte sie das verdammte Ding schon verschoben, warum machte es gerade heute Schwierigkeiten? Sie drückte noch etwas stärker. Es begann sich zu bewegen. Noch ein bisschen mehr Druck … Mit einem Ruck gab das Regal nach, schlingerte für einen Moment, bevor es vorne überkippte und zu Boden fiel. Das Geräusch war so laut, dass es völlig den Aufprall übertönte, den Ihr Kopf verursachte, als er auf den Steinboden aufschlug.

Von dem Lärm geweckt schreckte er hoch. Schlaftrunken rannte er zur Tür, dem Krach folgend die Treppe hinunter.

Sein Gesicht zeigte einen überraschten Ausdruck, als er stolperte.

Auszug aus dem lokalen Gemeindeboten:

Der griechischen Mythologie zufolge war der Göttervater Zeus so gerührt von der Zuneigung zwischen Philemon und Baucis, dass er ihnen den Wunsch gewährte, dass keiner von beiden den Schmerz ertragen müsse, den Tod des anderen zu überleben. Diese Geschichte fand eine tragische Wiederholung durch den Unfalltod zweier Mitglieder unserer Gemeinde.

Wie die Polizei mitteilte, hat sich der Unfall schon vor gut 14 Tagen ereignet, war aber bis gestern unentdeckt geblieben. Es wird angenommen, dass die Frau, die aus Liebe zu ihrem stark übergewichtigen Mann Diät kochte, sich in den Keller stahl, um unbemerkt einige Süßigkeiten zu sich zu nehmen. Dabei stieß sie vermutlich ein Regal um, das sie unter sich begrub und tödlich verletzte. Der Ehemann war wohl so in Eile, seiner Gattin zur Hilfe zu kommen, dass er auf der Treppe strauchelte und tödlich stürzte.

Die genaue Rekonstruktion des Unfallherganges wurde durch die Unvollständigkeit der toten Körper erschwert. Der unglückliche Hund des Paares war 14 Tage mit den beiden Leichen ohne Futter eingeschlossen gewesen.

Talisman

Alfred Hellmann

Mörder bleibt man. Jemand mit einer anderen Geschichte könnte sagen: Ich war ein Bankräuber, ich war ein Einbrecher, ich war ein Internet-Krimineller. Aber es gibt Bezeichnungen, die lassen sich nicht in die Vergangenheit übersetzen.

Ich kann nicht sagen: Ich war ein Mörder. Mörder bleibt man. Und ich würde es wieder tun. Ja. Vielleicht nur, um zu verhindern, dass jemand erfährt, wie banal der Anlass erschien. Ich war nie gewalttätig. Mein Vater war gewalttätig. Deshalb vielleicht war ich es nicht. Er schlug meine Mutter. Oft. Ich habe als Kind gestohlen, und ich habe viel gelogen. Das eine zieht das andere nach sich, denke ich.

Mehr möchte ich darüber jetzt nicht sagen.

Ich sehe uns in San Sebastián auf der Plaza Mayor, unter Lichterketten, kurz vor dem Ende, auf einer seitlichen Bank, halb im Neonlicht. Touristen umfluten die Stände der Händler, und die Musik ist so laut, dass die Scheibe hinter uns vibriert. Und dein Gesicht leuchtet grün in diesem kalten Licht. Ramón tritt aus der Bar. Du öffnest den obersten Knopf deiner Bluse, und ich weiß, dass ich dich verloren habe.

Später gingst du hinein, um zu bezahlen, und kamst nicht zurück. Nach zwanzig Minuten stand ich auf und ging aus der Stadt. Vielleicht waren es auch zehn Minuten, oder vier, zu viele jedenfalls für mich. Ich stampfte die feuchte Straße hinauf, Richtung Garajonay, und sah schon die dritte Kehre vor mir, als ich endlich das Gekeuche deines alten Renaults hörte.

Wir fuhren schweigend durch die Passatwolken, die auf den Lorbeerbäumen lagen. Dann öffnete sich der Nebelwald und unter uns die kurvige Abfahrt nach La Piedra, wo wir wohnten.

»So geht das nicht weiter«, sagtest du, fuhrst auf den Abgrund zu und bremstest erst im letzten Moment, aber ich hatte keine Angst.

»Rede mit mir!«, sagtest du.

Nach ein paar engen Kurven ging es ein Stück geradeaus, der Wagen wurde schneller, du lenktest ihn nach rechts an die Felswand, die die Straße überwölbte. Gelbblaue Funken sprühten. Der Außenspiegel flog davon und knallte gegen das hintere Seitenfenster.

»Rede mit mir!«

Du wiederholtest dieses Manöver zwei Mal und fuhrst den Wagen schließlich mit einem heftigen Krachen an der Felswand fest. Ich schlug mit dem Kopf gegen die Frontscheibe, aber sie blieb heil. Der Motor ließ sich nicht mehr starten. Du stiegst aus, zogst den Ehering ab und warfst ihn mit einer lässigen, seitlichen Bewegung in die Schlucht. Ohne mich eines Blickes zu würdigen, gingst du davon, mit deinem aufrechten, stolzen, größenwahnsinnigen Gang.

Nach einer halben Stunde gelang es mir, den Wagen zurückzuschieben, und ich erschrak über meine Kraft. Ich nahm den Wagenheber, hämmerte den Kotflügel aus dem Radkasten, wechselte den Reifen und zerschlug dann mit dem Kreuzschlüssel sämtliche Fenster. Danach warf ich den Wagenheber in die Tiefe und den kaputten Reifen hinterher.

Bis nach La Piedra ging es nur noch bergab. Ich musste den

Wagen nur rollen lassen. Die Bremsen funktionierten. Der rechte Scheinwerfer war hinüber, der linke funzelte nur noch vor sich hin, aber der verdammte Mond strahlte wie ein Lampion, und der Wagen raste die Straße hinunter, wie eine Seifenkiste beim Nachtrennen.

Ich holte dich auf dem Schotterweg ein, zwischen den Bananenplantagen und dem Steinstrand. Hier war die Piste etwas flacher, aber die Tachonadel zitterte immer noch auf der Fünfzig-Stundenkilometer-Markierung herum. Du drehtest dich um und krümmtest dich vor Lachen, als der einäugige Schrotthaufen auf dich zugerattert kam, und natürlich stelltest du dich mit ausgebreiteten Armen mitten auf den Weg. Ich wusste, dass du nicht zur Seite springen würdest, und du wusstest, dass ich versuchen würde, dich zu überfahren – und dass ich es nicht schaffen würde. Im letzten Moment riss ich den Wagen nach rechts und sah den Schmerz in deinem Gesicht, als die Dachkante deine linke Hand streifte.

Dass ich es wirklich tun würde, in dieser Nacht, haben wir beide nicht erwartet. Und als ich später, in dir, mit beiden Händen deinen Hals packte, lachtest du. Und ich hätte fast mitgelacht. Aber dann wolltest du weiterspielen, suchtest den richtigen Knopf – und entdecktest meinen Schlüsselring an einem der Haken neben der Zimmertür.

Ich dachte: Es ist nur ein Schlüsselanhänger, er bedeutet nichts. Aber ich werde dich töten, wenn du das tust. Du ranntest hinaus auf die morsche Terrasse, ich hörte das Brausen des Meeres, stürzte hinterher und sah, wie du die Kugel an ihrem Kettchen schwingen ließest, über dem zerlöcherten Kachelboden, über dem Wasser. Dann hieltest du sie mir noch einmal hin, für einen kurzen Moment, schriest mit gellender Stimme: »Puut, puut, puut!«, und schleudertest sie mit einer wundervoll eleganten und kraftvollen Bewegung hinaus ins Meer, so weit du konntest.

Unsere Lehrerin, Frau Schirns, hatte uns aufgegeben, etwas mitzubringen, das uns wichtig war, um daraus einen Schlüsselanhänger zu machen: einen Lieblingsstein, eine Murmel, eine Münze, ein Teil von einem Spielzeugauto – ein würdiges Objekt, das wir in Kunstharz gießen würden, um es als Talisman am Schlüsselbund zu tragen. Als ich fragte, wozu man Schlüsselanhänger braucht, antwortete sie: »Damit die Schlüssel nicht so allein sind.«

Wir benutzten konische Formen, die aussahen wie kleine Blumentöpfchen. Das Gießharz wird mit ein oder zwei Prozent Härter vermischt und das Objekt mit dem Kettchen mittig versenkt. Am nächsten Tag ist das Gemisch ausgehärtet und lässt sich aus der Form nehmen.

Ich habe meinen Anhänger später von einem Goldschmied zu einer Kugel umschleifen lassen. Die meisten Leute fragten irgendwann, woraus denn der Kern bestünde, worauf ich, je nach Laune, antwortete, es handele sich um eine genmanipulierte Erdnuss, einen Zigarettenfilter, ein Fingerglied oder das Knochenfragment eines karelischen Bärenhundes.

Du hast nie gefragt. Aber als er im Winter auf dem Flughafen verloren ging, machtest du die Leute von der Fluggesellschaft wild, damit sie ihn suchten. Und als sie fragten, was an dem Ding so wichtig wäre, sagtest du ihnen, es wäre eine Art mobile Heimat für mich, mein persönlicher Nordpol.

Das Haus atmete noch einmal tief durch, bevor der Knall kam. Es weitete die Brust, erhob sich leicht, als wolle es aufstehen, und zerbarst dann in einer rasenden Wolke aus graurotem Staub. Meine Mutter hatte am Küchenfenster gestanden. Und sie hatte gesehen, dass ich kaute. Daran habe ich gedacht. Jetzt wusste sie, dass ich wieder gestohlen hatte. Ich nahm regelmäßig Geld aus dem Haushaltsportemonnaie. Es war aus dunkelbraunem Leder, und der Verschluss bestand aus zwei goldfarbenen Metallkügelchen, die man mit einer drehenden Bewegung des Daumens und des Zeigefingers verhakte. Ich erinnere mich an das kleine, klickende Geräusch.

Ich war ein Dieb. Deswegen überlebte ich.

Die letzten beiden Stunden waren ausgefallen. Ich setzte meine morgendliche Beute beim Kiosk neben dem Kino um, in große harte Gummitaler, die erst nach einigem Kauen weich wurden und ihr Zitronenaroma entfalteten. Ich schob mir drei zugleich in den Mund, verstaute die Papiertüte in meinem Ranzen und kaute mit vollen Backen so schnell ich konnte, denn ich wusste, dass mein Vater jederzeit um die Ecke kommen würde. Montags war er sonst immer vor mir zu Hause, und immer gab es Streit.

Meine Mutter hatte wohl geplant, dass er sie finden sollte. Sie hat bestimmt nicht damit gerechnet, dass sich das Haus so schnell mit Gas füllen würde. Wahrscheinlich drehte sie die Hähne am Herd in der Küche schon mal auf und ging dann ins Esszimmer, um ihren Abschiedsbrief zu schreiben. Der wurde nie gefunden, aber ich bin sicher, dass sie mir einen geschrieben hat. Und danach hat sie noch einmal aus dem Küchenfenster geschaut.

Ein paar Wochen vorher hatte ein schleichender Gasaustritt in einem Mietshaus fünf Menschen getötet. Mein Vater hatte beim Abendessen davon erzählt: »Da war ein Leck in der Leitung, tief in der Erde. Das Gas strömte aus und suchte sich einen Weg nach oben, bis in das Haus, wo es sich verteilte. Fragt man sich: Wieso haben die Leute nichts gerochen? Antwort: Das Erdreich hat die wahrnehmbaren Stoffe herausgefiltert. Das ist ein sehr schöner Tod, optisch, die Leute werden nämlich kirschrot. Sie bekommen ein kerngesundes, farbenfrohes Gesicht und geben wunderschöne Leichen ab.«

Meine Mutter wollte eine wunderschöne Leiche abgeben. Aber dann kam der Postbote, ging links an mir vorbei, überquerte die Straße und betrat den roten Kiesweg, der durch den Vorgarten zu unserem Haus führte.

Das war der Moment, in dem ich hochsah und meine Mutter am Küchenfenster entdeckte. Erst Jahre später begriff ich, dass die Bestürzung in ihrem Gesicht nichts damit zu tun hatte, dass ich erneut als Dieb entlarvt war.

Der Postbote ging die sechs Steinstufen hinauf, warf die Post in den Schlitz der Tür und kam die Treppe wieder herab. Dann hielt er inne, begann in seiner Tasche zu wühlen und förderte ein Einschreiben zutage. Er gab der Tasche einen Ruck, damit der Riemen sich richtig auf seiner Schulter legte, ging wieder die Treppe hoch und legte seinen Zeigefinger auf den weißen Porzellanklingelknopf.

Die Druckwelle warf mich auf den Hintern. Eine Ewigkeit saß ich da, während mir unser Haus in Zeitlupe um den Kopf flog. Immer weiter prasselten große und kleinere Teile auf mich herab. Als ich wieder etwas sehen konnte, war ich staubbedeckt und hatte eine ansehnliche Trümmersammlung auf dem Schoß.

Ich blieb unverletzt. *»Wie durch ein Wunder«*, hieß es in dem Zeitungsartikel, den ich mir zwanzig Jahre später besorgte. *»Den Postboten fand man tot, in scheinbar natürlicher Sitzhaltung, im Seerosenteich der Nachbarn.«*

Ich blickte auf die Stelle, wo gerade noch unser Haus gestanden hatte, und kramte in dem Schutt auf meinem Schoß, als spielte ich am Strand mit Muscheln und Sand. Schließlich fand ich ein Stück Knochen, glatt wie Elfenbein. Ich nahm an, dass es das obere Glied eines der Finger meiner Mutter war, ganz ohne Haut, und so sauber, als hätte es in einem Säurebad gelegen. Und da wir Frau Schirns etwas für den Schlüsselanhänger mitbringen sollten, behielt ich es bis zum nächsten Schultag in der Faust.

Mehr möchte ich darüber jetzt nicht sagen.

Es wird eben nicht alles wieder gut. Das ist, was man lernen muss. Der Tod kam wie der Schlag einer monumentalen Glocke, ein Ton, der nicht wieder aufhörte zu schwingen, gleichbleibend dröhnte, mich vollständig einhüllte, in eine Art seelischer Taubheit, die mich seitdem nie wieder ganz verlassen hat. Natürlich wusste ich, dass es geschehen war, denn ich hatte ja gesehen, wie das Haus in die Luft sprang. Aber dieses Wissen erreichte mich lange nicht. Und als es mich dann zum ersten Mal für Sekunden erfasste, erschien es mir als vollständiger und körperlicher Schmerz, nicht als ein seelischer. Meine Wahrheit ist, dass man nicht darüber hinwegkommt. Ich überlebte aus einer Art von Höflichkeit, um den Lauf der Dinge nicht zu stören, und habe weiter geatmet, weil man es von mir zu erwarten schien. Ich weiß, dass sich dieser Schmerz nicht teilen lässt. Man wacht morgens auf, und der Albtraum beginnt. Mein Vater ist, wie man so sagt, seines Lebens nicht mehr froh geworden. Mehr gibt es darüber nicht zu sagen.

Ein paar Tage nach der Explosion stellte sich heraus, dass Castor, der Hund des Friseurs aus dem Nachbarhaus, seit jenem Tag verschwunden war. Wenn er vor Schreck das Weite gesucht hätte, wäre er vielleicht irgendwann zurückgekommen, aber das geschah nicht. Deswegen konnte ich nie sicher sein, ob ich nicht statt eines Fingerglieds meiner Mutter das Fragment eines karelischen Bärenhundes durch mein Leben getragen habe.

Ich habe oft versucht, mich von diesem Schlüsselanhänger

zu trennen. Du nahmst mir diese Entscheidung ab. Das war so etwas wie ein Signal, ein Fanal – der Zeitpunkt, den du vorschlugst. Du übertratest eine Grenze, ich übertrat eine Grenze – du mit einer Tat, ich mit einer Tat.

Ich behaupte keineswegs, dass ich nicht anderes gekonnt hätte. Blind vor Wut war ich jedenfalls nicht, sondern ruhig. Ich dachte, dass ich meine Wut benutzen und dosieren könnte, so wie ein Unterseeboot seinen atomaren Antrieb nutzt.

Ja, ich würde es wieder tun, ja. Verdammt. Das ist kein Groll, der sich langsam ausbreitet, wie ein Ölfilm auf dem Wasser, kein Ärger, der sich aufschaukelt und dann über die Ufer tritt. Das ist die reine, helle Glut, weiß und still, im ersten Moment, dann mit einem Schlag allumfassend, wie das Zentrum einer Explosion.

Welche Dimension so eine kleine Bewegung haben kann.

Hier ein Schubser, da eine Bewegung des Zeigefingers am Abzug, dort ein Streichholz, lässig hingeworfen, mit einer schnellen Drehung des Handgelenks, in eine Lache aus Benzin. Kleine Handlungen, die in unfassbarem Missverhältnis stehen zu ihrer Wirkung. Von einer auf die andere Sekunde ist man nicht mehr derselbe Mensch.

Ich wollte dich maximal erschrecken. Ich wollte so tun, als ob ich dich in die Tiefe stieße, gab dir aber, weil du es ja sonst nicht glauben würdest, tatsächlich einen leichten Stoß und wusste zugleich, dass es in dieser Situation keinen Spielraum gab für symbolische Handlungen. Das filigrane Eisengeländer bestand nur noch aus Rost und wurde von Salz und Möwenkot zusammengehalten. Ich wusste, dass es zerbröseln würde, und ich wusste, dass du nicht – so gerade noch – dein Gleichgewicht wiederfinden würdest, um dann zu begreifen, dass ich tatsächlich versucht hatte, dich zu töten. Es gab diesen Spielraum nicht. Ich tat nur so, als existierte er.

Auch eine Art Lüge.

Ich weiß, was ich getan habe. Ich hatte die Wahl. Das Gericht wird mir die Bezeichnung »Totschläger« zubilligen, aber juristische Definitionen interessieren mich nicht.

Mörder bleibt man.

Natalie

Iris von Finckenstein

Ich weiß nicht mehr genau, wann Natalie verschwand, wirklich, ich kann mich nicht mehr daran erinnern. Irgendwann, kurz nach den Weihnachtsferien, glaube ich, ich habe es vergessen, da war Natalie eben weg. Ich erinnere mich nur noch an den Weihnachtsabend, damals war sie schon nicht mehr dabei. Lag im Bett und war mal wieder krank. Geweint hat sie nicht, glaube ich. Nicht am Weihnachtsabend.

Wir saßen alle vor dem Fernseher: Mama, Papa, Kevin und Marco, Tanja, Nicole und ich. Omi und Opa waren auch gekommen. Mama hatte einen dicken Bauch. Wir wussten alle, dass sie bald wieder ein Baby bekommen wird.

Nach dem Film – das weiß ich noch genau, es war »Fluch der Karibik«, er hat mir gut gefallen, Johnny Depp war einfach cool –, nach dem Film haben wir gegessen, Würstchen mit Kartoffelsalat, den gab es diesmal ganz billig in so Plastikeimern bei Aldi, und Papa hat gefilmt. Das macht er immer an Weihnachten. Zur Erinnerung, sagt er.

Ja, und auf dem Film war Natalie nicht drauf. Wie sollte sie auch? Sie lag ja im Bett und war krank. Sie war viel krank, keine Ahnung, was sie da schon wieder hatte. Ich war jedenfalls froh, dass sie nicht weinte, das ständige Weinen ging mir nämlich echt auf die Nerven. Obwohl Mama immer die Tür zugemacht hat, wenn sie schrie. Und das Licht ausgeschaltet hat. Für Tanja und Nicole war das Weinen noch schlimmer, denn sie haben ja ein Zimmer mit ihr geteilt.

Das war damals so: Tanja schlief oben, Natalie unten, im Stockbett eben, Nicole hatte ein normales Bett, so wie ich. Wir sind ja auch die beiden Ältesten. Ich bin grade zehn geworden, Nicole ist neun, aber damals war ich erst sieben, glaub ich. Also, die Mädchen teilten ein Zimmer, und die Jungs auch. Ich schlief mit den Zwillingen zusammen. Das war okay, Kevin und Marco schreien ja nicht dauernd. Nur, dass Marco manchmal ins Bett macht. Aber das wird Papa ihm schon noch austreiben, hat er gesagt.

Ob Papa streng ist? Na ja ... wenn man weiß, worauf man achten muss, passt es schon. Man darf halt nicht immer heulen, so wie Natalie. Und man muss alles aufessen, was auf dem Teller ist. Papa kann es nicht leiden, wenn man was nicht mag. Er kann Extrawürste nicht ausstehen. Und Heulsusen und Weicheier auch nicht. Wenn's sein muss, schlägt er schon mal zu, ist ja klar. Er kann sich schließlich nicht alles bieten lassen. Und er hat schließlich auch eine große Familie zu ernähren, sagt Mama immer. Das ist ganz schön stressig.

Also, damals haben wir noch in unserer alten Wohnung gewohnt, in diesem neuen Viertel am Stadtrand. Ich fand es eigentlich ganz schön da, keine Ahnung, warum wir weggezogen sind. Mama hat gesagt, dass wir mehr Platz brauchen, aber jetzt haben wir ja doch wieder nur zwei Kinderzimmer, na ja, und das Elternschlafzimmer natürlich, und das Wohnzimmer. Und die Küche, und ein Bad mit Klo und Dusche. Nicht grade riesig für eine Familie mit fünf Kindern und zwei Katzen, aber es passt schon.

Die andere Wohnung war schöner, finde ich. Sie hatte einen Balkon, von dem haben Nicole und ich mal runtergespuckt, vom dritten Stock auf die Straße. Und einmal haben wir sogar einer alten Frau auf den Hut getroffen, da haben wir so gelacht! Jetzt haben wir eine Terrasse, das ist doof, da muss man immer Rücksicht nehmen auf die Nachbarn. Obwohl ich die kaum so richtig gesehen habe, die sind nie draußen, glaube ich, und immer, wenn ich an dem Fenster vorbeikomme, sind die Vorhänge zu. Komisch. Als ob sie nichts von uns wissen wollen. Andere Kinder gibt es hier auch nicht, ich habe jedenfalls noch keine gesehen.

Das einzig Gute an der Terrasse ist, dass wir jetzt im Sommer besser grillen können, auf dem Balkon war immer so wenig Platz. Wenn wir grillen, gibt es meistens Schweinenackensteaks mit scharfer Sauce und Brötchen, das mag ich so gern. Oder Käseknacker. Die mag ich nicht, aber ich esse sie trotzdem.

Natalie hat immer geheult, wenn Papa den Grill angemacht hat. Ich glaube, sie hatte Angst vor Feuer, so sind kleine Kinder eben, sagt Mama, das nervt. Aber Papa mag nun mal keine Weicheier. Er hat Natalie dann mit ins Schlafzimmer genommen, und zu essen hat sie auch nichts gekriegt. Strafe muss sein, hat Mama gesagt, wenn sie schrie. Wenn Papa wiederkam, hatte er immer einen ganz roten Kopf. Das kannten wir schon, dann musste man besonders brav sein. Kevin hat einmal die Grillsauce umgekippt, als Papa so einen roten Kopf hatte. Das war wirklich dumm von ihm.

Klar, Natalie hat mir oft leid getan. Sie konnte ja nichts dafür, dass Papa sie nicht mochte. Sie konnte ja noch nicht mal sprechen, nur immer heulen. Mama hat sie oft Aschenputtel genannt, keine Ahnung, was das sollte. Bestimmt hat Aschenputtel auch viel geheult, so wie Natalie.

Manchmal hab ich nachts gehört, wie sie sich angeschrien haben, Mama und Papa. Dann hab ich mir die Decke über den Kopf gezogen, aber man hat es eben trotzdem gehört. Meistens ging es darum, dass irgendwas nicht Papas ist. Und dass er das, was nicht ihm gehört, auch nicht haben will. Und

Mama hat jedes Mal gekreischt, es wär aber seins, und er sollte es ihr doch endlich glauben.

Hat er aber nicht, denn sonst hätten sie ja nicht so viel gestritten. Obwohl das Bier natürlich auch was damit zu tun hatte. Wenn man Bier trinkt, wird man ganz komisch, ich mag das gar nicht, wie man dann wird. Beim Trinken haben Mama und Papa noch mehr gestritten als sonst. Wir Kinder sollten uns dann verziehen, hat Papa gebrüllt. Und dann haben wir uns schnell verzogen. Am Wochenende war das meistens. Unter der Woche waren wir viel alleine. Nicole und ich sind damals ja schon in die Schule gegangen, wir hatten einen Hausschlüssel. Das war noch in der alten Wohnung. In der Zeit war Omi oft da und hat auf uns aufgepasst. Eines Tages ist sie aber nicht mehr gekommen. Sie hat sich mit Mama gestritten, ich glaube wegen Natalie, das weiß ich nicht so genau, na ja, wegen Natalie gab es ja immer Streit damals. Omi hat Mama Vorwürfe gemacht, sie hat irgendwas von blauen Flecken gesagt, sicher hatte sie sich wehgetan, Omi hat eine angeschlagene Gesundheit, sagt Mama immer. Jedenfalls haben die beiden sich angeschrien, ich habe Omi noch nie so wütend gesehen. Da war übrigens zum ersten Mal von der Polizei die Rede. Mama hat furchtbar geheult, nachdem Omi weg war. Omi hat aber auch ganz schön die Tür zugeknallt, als sie ging, der Kranz, den Mama draußen hingehängt hatte, ist runtergefallen und war kaputt.

Mama hat Papa nichts von dem Streit mit Omi gesagt, aber an dem Tag gab es kein Abendessen, weil sie so geweint hat, dabei hatten wir genug in der Tiefkühltruhe. Erst an dem Weihnachtsabend, von dem ich erzählt habe, war Omi wieder da. Allerdings musste sie dauernd Beruhigungstabletten nehmen, wahrscheinlich hätte sie sich sonst wieder so aufgeregt, und das ist schlecht für ihr Herz.

Mit Opa gab es auch mal Krach, aber der hat sich schnell

wieder mit Papa versöhnt, er ist ja auch Papas Vater, und als Familie muss man zusammenhalten. Opa wohnt auf dem Land, direkt am Waldrand. Einmal durften Nicole und ich ihn da besuchen. Den ganzen Tag sind wir damals im Wald rumgelaufen, das war toll. Ich hab sogar einen Igel gesehen. Der war aber leider tot und hatte Flöhe.

An dem Tag waren Mama und Papa auch dabei und haben Opa besucht; wo meine Geschwister in der Zeit waren, weiß ich nicht, vielleicht bei Omi. Das war, nachdem Natalie weg war, im Frühling. Es war schönes Wetter und Papa hat gesagt, dass er Opa bei der Gartenarbeit helfen muss, wir sollen spielen gehen. Er hat eine Hacke und einen Spaten aus dem Gartenhäuschen geholt, er wollte mit Opa die Beete umgraben. Mama konnte ihm dabei nicht helfen, sie hatte ja den dicken Bauch, deshalb saß sie in der Sonne und trank Kaffee.

Wir waren also den ganzen Tag im Wald, und als wir wiederkamen, waren Mama und Papa nach Hause gefahren, aber wir durften noch bleiben. Ich hab Opa gefragt, welche Beete sie denn umgegraben haben, denn die Beete sahen noch genauso aus wie vorher. Da hat er gesagt, ich soll nicht immer so dumme Fragen stellen. Das hab ich dann auch nicht mehr gemacht.

Damals im Wald hat Nicole zu mir gesagt, dass sie denkt, dass Natalie tot ist. So wie der Igel. Ich hab es ihr nicht geglaubt. Wieso sollte Natalie denn tot sein? Weil sie krank war, hat Nicole gemeint, ich glaub, sie ist an ihrer Krankheit gestorben. Woher weißt du das, hab ich gefragt. Sie hat sich doch gar nicht mehr bewegt, hat Nicole gesagt. Und nicht mehr geweint, gar nicht mehr. Mama ist dann gekommen und hat sie mit ins Schlafzimmer genommen, aber da war sie ganz still, mucksmäuschenstill. Sonst hat sie ja immer geschrien, wenn Mama sie ins Schlafzimmer geholt hat.

Ich hab darüber nachgedacht und dachte mir, vielleicht hat

Nicole recht, aber vielleicht ist Natalie ja auch im Krankenhaus. Fragen wollte ich lieber nicht. Mama und Papa mögen das nicht, wenn man dumme Fragen stellt, so wie Opa. Irgendwann hat Mamas Freundin Susi aber mal gefragt, sie war grade zu Besuch. Wo ist eigentlich Natalie?, hat sie gefragt, und ich hab gehört, wie Mama ihr erzählt hat, dass Natalie aus dem Bett gefallen ist. Daran kann ich mich aber nicht erinnern, dass sie aus dem Bett gefallen ist. Vielleicht war Natalie ja deswegen im Krankenhaus? Mama hat jedenfalls sehr geweint.

Kurz darauf war Natalie wieder da. Sie war nur viel kleiner, noch ein Baby, aber sie sah eigentlich fast genauso aus. Mama hat gesagt, das ist Natalie, als sie aus dem Schlafzimmer kam, und Papa hatte das Baby auf dem Arm, das hat er sonst nie gemacht. Ich hab mir nicht vorstellen können, warum sie so geschrumpft sein soll und wo sie überhaupt die ganze Zeit gewesen ist, ich dachte mir, dass Mama ja keinen dicken Bauch mehr hat und ob es sein kann, dass es zwei Natalies gibt, eine alte und eine neue. Ich war ja erst sieben, damals. Die neue hat jedenfalls nicht immer geweint, nur gebrüllt hat sie manchmal, und dann hat Mama ihr die Flasche gegeben, und sie hat sofort aufgehört zu brüllen. Irgendwann hab ich mich richtig an die neue Natalie gewöhnt, ich konnte sie eigentlich von der alten kaum noch unterscheiden, nur viel kleiner war sie eben, und Papa war auf einmal richtig nett zu ihr. Es war auch gar nicht mehr so schlimm, dass die alte Natalie weg war, die neue war wirklich süß, das hat Mama auch gesagt, guck mal, sie weint gar nicht, ist sie nicht niedlich? Na ja.

Gut war auch, dass Mama und Papa nicht mehr so viel gestritten haben, seit Natalie wieder da war, irgendwie war alles auf einmal besser. Ich hatte mir auch wirklich vorgenommen, keine dummen Fragen mehr zu stellen, aber Nicole konnte mal wieder den Mund nicht halten, und einmal beim Mittagessen ist sie herausgeplatzt, wo denn die alte Natalie eigentlich hin wär, die neue wär doch so klein, und andere Haare hätte sie auch, so dunkle wie Papa. Die alte Natalie hat nämlich blonde Locken gehabt, daran kann ich mich noch erinnern. Papa war zum Glück gar nicht da, aber Mama ist fuchsteufelswild geworden und hat zu kreischen angefangen: Wir sollen verdammt nochmal endlich mit den dummen Fragen aufhören, das Baby hier wär unsre Schwester Natalie, und damit basta! Wir haben alle wieder Angst gehabt und nichts mehr gesagt, und später, als Mama sich beruhigt hatte, hat sie gemeint, wir müssten jetzt alle zusammenhalten, wir wären doch schließlich eine Familie, oder ob wir vielleicht wollten, dass wir ins Kinderheim kommen? Das wollten wir natürlich nicht, obwohl wir nicht kapiert haben, wieso wir alle ins Kinderheim sollten, nur weil die neue Natalie dunkle Haare hat und so klein ist. Aber wir haben nichts mehr gesagt, auch Nicole nicht.

Die neue Natalie sah ja auch wirklich fast genauso aus, bis auf die Haare eben, sie hatte auch die gleichen Sachen an und schlief unten im Stockbett, sie hat laufen gelernt und sprechen und war auf den Weihnachtsvideos drauf, sie ist gewachsen, und wir haben uns an sie gewöhnt und die alte Natalie fast vergessen. Marco und Kevin sowieso, sie waren ja noch sehr klein, als die alte Natalie verschwand, und Tanja auch, nur Nicole und ich konnten uns noch dran erinnern und haben manchmal heimlich darüber geredet.

Irgendwann war die neue Natalie sogar größer als die alte Natalie. Es war Sommer, Papa war nicht da, und Mama saß mit ihrer Freundin Susi auf der Terrasse und trank Bier. Mama hatte wieder einen dicken Bauch, und auf einmal ist sie in Tränen ausgebrochen und hat irgendwas von Schulbeginn geflüstert, und was sie jetzt denn machen soll, Natalie wär doch noch viel zu klein. Ich war grad im Wohnzimmer und hab mit den Katzen gespielt, aber sie haben mich nicht gesehen und auch nicht auf mich geachtet, und ich dachte, was soll Natalie denn auch jetzt schon in die Schule gehen, sie ist doch erst drei, wirklich viel zu klein für die Schule. Das hat Susi auch gesagt, Natalie ist doch noch viel zu klein für die Schule. Da hat Mama noch mehr geheult und hat geschluchzt, aber was soll ich denn sonst machen, Susi, ich hab solche Angst, dass sie mir die Kinder wegnehmen, es ist unsre einzige Chance. Sag doch die Wahrheit, hat Susi gemeint, sag doch einfach die Wahrheit, sag halt, dass Natalie damals aus dem Bett gefallen ist, es war doch ein Unfall. Aber da hat Mama noch viel mehr geweint und gewimmert, und Susi hat geschwiegen und sie nur angestarrt, und plötzlich hat Susi gesagt: Ist sie denn nicht aus dem Bett gefallen?

Da kam plötzlich alles wieder in mir hoch, diese Frage hatte ich ja auch die ganze Zeit gehabt, nur nie fragen dürfen, obwohl sie in mir gebrannt hat, die ganze Zeit, seit Natalie weg war, und obwohl ich so traurig war deswegen. Mama hat aber nicht geantwortet, sie hat nur geschluchzt und geweint, und Susi ist dann gegangen.

Ich bin schnell in mein Zimmer geschlichen, damit Mama mich nicht sieht, sonst hätte sie womöglich Papa erzählt, dass ich gelauscht habe, und davor hatte ich furchtbare Angst. Aber noch mehr Angst hatte ich davor, dass wir Mama weggenommen werden, ich wollte einfach nicht mehr an das alles denken, also hab ich mich in meinem Bett verkrochen und gesagt, mir wär schlecht, als Papa nach Hause kam. Ich konnte kein bisschen schlafen, und mir war dann wirklich ganz schlecht, und später hab ich gehört, wie sie wieder gestritten haben, Papa hat so laut gebrüllt, dass es alle hören konnten, verflucht, du hast es deiner Freundin erzählt, ich kenn dich doch, ich bring dich um, ich bring dich um.

Am nächsten Tag stand die Polizei vor der Tür. Ich hab aufgemacht, als es klingelte, Mama war nämlich gerade einkaufen. Es waren zwei, ein Mann und eine blonde Frau, sie waren sehr freundlich. Wie heißt du denn?, haben sie gefragt, und ich hab gesagt, ich heiße Dennis, und das ist Nicole, und das sind Tanja, Kevin und Marco, und das hier ist Natalie. Sie setzten sich mit uns an den Tisch und wollten mich überreden, dass ich ihnen etwas von unserer Familie erzähle, aber ich habe keinen Ton gesagt, ich wusste ja, dass sie uns Mama wegnehmen wollen, wenn alles rauskommt. Ich hab Nicole unter dem Tisch ans Schienbein getreten, damit sie nichts sagt, denn sie verplappert sich so leicht, und Nicole hat das Gott sei Dank auch kapiert und nichts gesagt, die anderen sind ja zu klein, sie können sich sowieso an nichts erinnern. Die Polizisten wollten die ganze Wohnung sehen, und ich hab sie ihnen gezeigt. Dann haben sich wieder an den Tisch gesetzt und auf Mama gewartet. Als Mama mit den Einkaufstüten kam, ist sie ganz blass geworden, so blass habe ich sie noch nie gesehen, sie hat die Tüten fallen lassen und das Nutellaglas ist kaputtgegangen und der ganze Küchenteppich war voll. Ich hab versucht, alles wegzuwischen, aber ein Fleck wird bleiben, da kann man eben nichts machen mit Schokolade.

Susi hat Mama angezeigt, das haben die Polizisten gesagt. Und auch, dass Papa schon auf der Polizeistation ist. Mama hat nur noch geweint. Sie hat Omi angerufen, und die ist gekommen, und dann haben die Polizisten Mama mitgenommen auf die Polizeistation. Mama hat uns versprochen, dass sie bald wiederkommt. Da hat Tanja angefangen zu weinen, aber Natalie hat am meisten geheult, als Mama ging.

Die Polizisten haben gesagt, dass sie nochmal wiederkommen, aber wenn sie mich ausfragen, werde ich nichts sagen, kein Wort! Wir sind schließlich eine Familie, und eine Familie muss zusammenhalten. Ich kann mich nicht mehr erinnern, werde ich sagen, ich war damals ja noch klein, ich kann mich leider an nichts mehr erinnern. Das ist die Wahrheit. Ich habe mich ganz sicher geirrt, ich kann mich an die alte Natalie nicht mehr erinnern, es hat sie bestimmt nie gegeben, zwei Natalies, das ist doch Blödsinn, ich hab mich an die neue gewöhnt, es gibt nur noch eine, eine einzige, das ist meine kleine Schwester Natalie.

Die große Chance

Marcus Winter

Der von der rechten Seite geschlagene Flankenball senkte sich im Strafraum langsam vor das Tor. Das Schieben und Drängeln wurde stärker, die Abwehrspieler zupften an den blauen Trikots der Gegner, die Stürmer versuchten sich freizukämpfen …

Im entscheidenden Augenblick sprang einer höher als alle anderen, traf den Ball perfekt mit seiner Stirn und lenkte den Ball unhaltbar in den rechten Winkel. Der schlaksige Junge mit dem dunklen Teint und den verschwitzten schwarzen Locken reckte strahlend eine Faust zum Himmel, bevor er unter einer Traube seiner Mitspieler verschwand. Die Anhänger des blau gekleideten Teams jubelten und schwenkten Fahnen, in den Gesichtern der etwa dreißig bis vierzig Väter, Mütter, Großeltern und Freunde der Grünen machte sich Enttäuschung breit.

Georg Niedermayer nahm seine Brille ab und schaute auf das Display seiner digitalen Spiegelreflexkamera. Er musste den Fotoapparat mit gestrecktem Arm von sich halten, um das Bild erkennen zu können. Er schnaubte missmutig. Bald würde er um eine Zweistärkenbrille nicht mehr herumkommen. Zu lange schon versuchte er, seine Sehschwäche im Nahbereich zu ignorieren. Altersweitsichtigkeit – er hasste allein schon das Wort.

Als er die hervorragende Aufnahme im Kameradisplay erblickte, löste sich sein kurzer Anflug von schlechter Laune aber sofort in Luft auf. Er hatte seinen Enkel Gino genau im Augenblick des Kopfballs perfekt getroffen, ein wirklich gelungenes und dynamisches Sportfoto. Zufrieden wandte er sich wieder dem Spiel zu, aber die letzten zehn Minuten vergingen ohne weitere spektakuläre Szenen. Nach dem Schlusspfiff verstaute er den Fotoapparat in seinem Rucksack und schaute Gino hinterher, der mit seinen Mannschaftskameraden der C-Jugend des Moosacher SC in Richtung der Umkleidekabinen verschwand.

Am späten Abend saß Georg Niedermayer am Esstisch im Wohnzimmer vor seinem Laptop und überspielte die Fotos von der Kamera auf die Festplatte des Computers. Seine Frau Margot saß auf der Couch und schaute sich irgendeinen amerikanischen Krimi an. Fernsehkrimis – das war nichts für ihn. Als Polizeibeamter musste er sich zu oft über dilettantische Fehler und unlogische Handlungen in den Drehbüchern ärgern. Er war froh, zu seinem alten Hobby Fotografie zurückgefunden zu haben. So konnte er sich abends sinnvoll beschäftigen. Anfangs war er skeptisch gewesen, als Gino ihn von den Vorzügen einer Digitalkamera überzeugen wollte und ihm die Bearbeitungsmöglichkeiten der fertigen Bilder am Computer zeigte. Aber die Vorbehalte waren schnell einer großen Begeisterung gewichen. Stundenlang hatte er mit dem Vierzehnjährigen am Bildschirm gesessen und Fotos virtuell nachbelichtet, die Farbsättigung verändert, Ausschnittvergrößerungen angefertigt und die Tonwerte korrigiert. Eine völlig neue Welt hatte sich aufgetan.

Grübelnd schaute er auf den stetig anwachsenden grünen Balken auf dem Monitor, der den Datentransfer darstellte. Noch vor einigen Jahren hätte er sich nicht träumen lassen, ein so inniges Verhältnis zu dem Jungen aufbauen zu können.

Am Anfang war er sogar eher ablehnend und reserviert gegenüber dem Buben gewesen. Man stelle sich vor: Der Enkel von Georg Niedermayer, einem Münchner Urgestein, dem im Dienst ergrauten Dienstgruppenleiter der Wache der Polizeiinspektion 44 an der Puchheimer Straße, war dunkelhäutig. Und der Vater des Buben, ein Asylbewerber aus Sierra Leone, hatte sich nach wenigen Monaten aus dem Staub gemacht. Das hatte ihm lange Zeit schwer zu schaffen gemacht.

Doch das war Vergangenheit. Im gleichen Maße, wie ihm seine vermeintliche kleine Polizeikarriere immer gleichgültiger wurde, rückte die Familie immer mehr in den Mittelpunkt all seiner Gedanken und Bemühungen. Dienstgruppenleiter war er ohnehin seit fast fünf Jahren nicht mehr. Der Polizeiarzt hatte ihn zu einer Entziehungskur geschickt und man hatte einen Jüngeren auf seinen Posten gesetzt. Er alkoholkrank? So ein Schmarren! Die hatten doch keine Ahnung, diese Sesselfurzer von der Verwaltung. Wie soll man denn nach drei Jahrzehnten Schichtdienst im Streifenwagen abends – oder nach der Nachtschicht frühmorgens – einschlafen können? Natürlich trank man da ein großes Weißbier, oder auch mal zwei bis drei. Das machten doch alle Kollegen.

Er hatte sowieso nur noch knapp sechs Jahre Dienst zu schieben. Die würde er auch noch irgendwie rumkriegen. Wirklich wichtig war ihm ohnehin nur noch seine kleine Familie, mit der er in einem Reihenhäuschen im Münchner Ortsteil Moosach lebte, seine Ehefrau Margot, ihre Tochter Gaby und eben Gino. Sein ganzer Stolz.

Ein leises Piepen signalisierte, dass das Übertragen der Fotos auf den Rechner abgeschlossen war und riss ihn aus seinen Gedanken. Er löste das USB-Kabel vom Laptop und begann mit der Bearbeitung der Bilder.

Er legte die Semmel, ohne abgebissen zu haben, wieder auf den Frühstücksteller. Die Zeitung zitterte in seinen Händen. Die Überschrift sprang ihm entgegen:

Erneut Sexualmord an jungem Sportler

Er überflog die Zeilen des Artikels. Erst vor zwei Monaten hatte man einen Zwölfjährigen ermordet aufgefunden. Er war nach dem Training in der Olympia-Schwimmhalle verschwunden, sexuell missbraucht und erstochen worden. Jetzt hatte, vermutlich der gleiche Täter, einen elfährigen Fußballer vom SV Neuperlach auf ähnliche Art und Weise umgebracht. Offenbar mit einem riesigen Fleischermesser. Die 3. Mordkommission im Präsidium an der Ettstraße ermittelte fieberhaft.

Georg Niedermayer nahm einen kräftigen Schluck Kaffee. Dieses Schwein! Der geilte sich an den Buben auf, wenn sie in der Badehose oder im Fußballtrikot herumliefen, dann sprach er sie an, log ihnen irgendetwas vor und lockte sie vermutlich in sein Auto. Die alte Masche der Triebtäter. Es war ihm als Polizisten nicht neu, dass diese Pädophilen sich grundsätzlich gern im Umfeld von Sportvereinen herumtrieben.

Aber nicht im Moosacher SC. Und nicht mit Gino! Dafür würde er, Polizeihauptkommissar Georg Niedermayer, schon sorgen. Ab sofort würde er bei wirklich *jedem* Training, bei *allen* Freundschaftsspielen, bei *jeder* Mannschaftsfeier anwesend sein. Von der ersten bis zur letzten Minute.

Da kam es ihm gerade recht, dass er mal wieder krankgeschrieben war. Der Polizeiarzt hatte mal wieder was gefaselt von angeblich »schlechten Leberwerten« und »möglicher Notwendigkeit einer erneuten Kur«. Der Mann hatte ja keine Ahnung.

Aber immerhin hatte er dadurch bis auf weiteres jeden Tag Zeit, Gino zu beschützen und im Umfeld des SC die Augen offen zu halten.

Er ging völlig in der Sache auf. Er war der Erste, der mit seinem Enkel zum Training am Sportplatz erschien und stets der Letzte, der das Gelände verließ. Georg Niedermayer hatte seine Augen überall. Und er machte noch mehr Fotos als früher. Nur scheinbar fotografierte er aber die einzelnen Spieler und die Torszenen, meist schwenkte er über die Zuschauer am Spielfeldrand und machte mit seinem Teleobjektiv Aufnahmen aller Anwesenden. Um die Bilderflut in der Kamera verarbeiten zu können, hatte er sich extra eine neue 6-Gigabyte-Speicherkarte gekauft. Nichts sollte ihm entgehen.

Wenn der Anlass nicht so dramatisch und angsteinflößend gewesen wäre, hätte er es fast genießen können. Er hatte wieder eine Aufgabe. Er konnte den anderen zeigen, dass er nicht zum alten Eisen gehörte.

In seinen Tagträumen, auf der Bank unter der alten Buche in seinem Garten, ein Weißbier in der Hand, sah er manchmal schon die Schlagzeilen vor sich:

Hauptkommissar Georg Niedermayer
nimmt gefährlichen Sexgangster fest

Natürlich ging es ihm immer noch in erster Linie darum, seine Familie, seinen Enkel Gino zu beschützen. Aber wenn er dieses Schwein tatsächlich identifizieren und festnehmen könnte, dann wäre das vermutlich auch dienstlich eine Chance. Die mit Sicherheit letzte.

Er würde beweisen, dass er noch gute Polizeiarbeit leisten konnte. Vielleicht würde man ihn dann die verbleibenden sechs Jahre bei der Kripo arbeiten lassen, in einem Kommissariat der Kriminalinspektion Nord. Kein Schichtdienst mehr. Keine Kopfschmerzen. Keine Schlafstörungen. Kein …

Aber das wäre nur ein erfreulicher Nebenaspekt. Hauptziel war und blieb für ihn, Gino vor dem Kinderschänder zu bewahren. Der Bub war so wichtig für ihn. Und er war so talentiert. Schon in der E- und F-Jugend war er in jedem Jahr Torschützenkönig gewesen. Und in der laufenden Saison lag er auch schon wieder deutlich vorn. Er hatte eben die Disziplin und Kraft eines echten Bayern und die Geschmeidigkeit und Schnelligkeit eines Afrikaners, ein wirklicher Spitzenspieler in seiner Altersklasse. Wenn Gino nicht plötzlich andere Flausen in den Kopf bekäme, sondern beim Fußball blieb, hatte er nach Niedermayers Einschätzung echte Chancen, ein wirklich Großer zu werden. Vielleicht mal in der 2. Bundesliga, bei den Sechzigern? Oder sogar in der Ersten?

Er rieb sich die geröteten Augen und schaute auf die antike Standuhr in der Ecke des Wohnzimmers. Schon nach Mitternacht, Margot war längst zu Bett gegangen.

Er hatte seiner Frau und seiner Tochter von seinen Plänen nichts gesagt, um sie nicht noch mehr zu verängstigen. In Kreisen aller Familienangehörigen der C-Jugend war der unheimliche Kinderschänder ohnehin regelmäßig ein Thema gewesen. Er nahm es in Kauf, dass Margot immer häufiger schlechte Laune hatte, weil er »immer nur vor seinem Computer hocke« und kaum noch Zeit mit ihr verbrachte. Später, wenn er diesen Sexgangster erst gefasst hatte, würde sie ihn verstehen.

Niedermayer schlurfte zum Kühlschrank und holte sich noch ein Weizenbier. Eigentlich war auch er schon todmüde und erschöpft, doch er war noch nicht fertig. Er musste noch mindestens zweihundert Bilder durchschauen und vergleichen.

Er nahm einen tiefen Schluck und setzte sich seufzend wieder vor den Bildschirm. Die neueren Aufnahmen, die er bei den letzten Spielen und Trainingseinheiten gemacht hatte, waren nicht das Problem. In den nunmehr zehn Wochen, die er auf der Suche nach dem Sexualmörder war, stellte er den Schärfenbereich des Teleobjektives immer auf den Hintergrund ein und machte gezielt Bilder von den Zuschauern am Spielfeldrand. Die Qualität dieser Fotos war hervorragend, sodass er vergleichen konnte, ob sich ein fremder Mann an den Sportplätzen herumgetrieben hatte.

Erschöpfend war die Auswertung seiner früheren Aufnahmen. Als es ihm noch allein um das Fotografieren des jeweiligen Spieles und natürlich in der Hauptsache um gelungene Bilder seines Enkels bei Torszenen ging. Da hatte er natürlich immer genau auf die Spieler scharf gestellt, sodass der Hintergrund, wie bei einem Teleobjektiv unvermeidlich, relativ verschwommen abgebildet wurde. Oft konnte man nur Konturen der Zuschauer erkennen, die Haarfarbe, die Statur und die Farbe der Bekleidung. Es war aber sehr schwierig, wirklich einzelne Gesichter zu unterscheiden. Trotzdem klickte er Bild für Bild durch und vergrößerte mit Hilfe seiner Bildbearbeitungssoftware die entsprechenden Bereiche, in denen männliche Zuschauer zu sehen waren.

Er begleitete seinen Enkel jetzt schon seit mehr als sechs Jahren zu praktisch allen Heim- und Auswärtsspielen. Wie überall im Jugendfußball bestanden die Zuschauer in der Regel nur aus den Familien der Spieler, eventuell noch aus wenigen Freunden und Schulkameraden. Daher kannte er praktisch jeden der Anwesenden zumindest flüchtig.

Was er suchte, war ein Mann, der auf verschiedenen Fußballplätzen gewesen und kein Angehöriger eines Spielers vom Moosacher SC war.

Er hatte schon eine Reihe von Ausschnittvergrößerungen herauskopiert und eine gesonderte Datei angelegt. Aber viele der alten Fotos waren einfach zu unscharf, um wirklich eindeutige Schlüsse daraus ziehen zu können. Er nahm noch einen Schluck aus dem Weißbierglas. Eine Stunde noch, dann würde er auch ins Bett gehen.

Plötzlich war er hellwach.

Da war er! Kein Zweifel. Georg Niedermayer hatte vier Aufnahmen auf dem Monitor seines Laptops nebeneinander arrangiert. Auf allen vier Bildern war, mal verschwommen, mal gestochen scharf, das Gesicht eines etwa 40-jährigen, hellblonden Mannes zu sehen. Ein Foto stammte noch aus dem Mai, er hatte es beim Auswärtssieg gegen den TSV Forstenried gemacht Das zweite Bild zeigte den Mann, mit einer Videokamera vor dem Auge, im Juni beim Spiel DJK Pasing gegen den Moosacher SC. Mit einer Videokamera! Dieses miese Schwein. Machte Videoaufnahmen, um sich zu Hause noch daran aufzugeilen. Die anderen beiden Fotos hatte Niedermayer auf dem heimischen Platz in Moosach gemacht, eines sogar beim Training.

Es konnte keinen Zweifel geben.

Dieser Mann war definitiv kein Angehöriger eines Jugendspielers des Moosacher SC. Und warum sollte ein Vater eines Forstenrieder Spielers beim Spiel gegen Pasing zuschauen? Oder gar beim Training des Moosacher SC?

Niedermayer machte sich noch eine Flasche auf und nahm einen großen Schluck.

Das Brennen der Augen war plötzlich vergessen, auch die Rückenschmerzen vom Sitzen am Computer und Margots zunehmend schlechter werdende Laune.

Es hatte sich gelohnt. Er hatte es geschafft.

Der blonde Mann auf dem Monitor – das war der gesuchte Kinderschänder. Der zweifache Sexualmörder. Und er, der angeblich kranke Georg Niedermayer, würde ihn kriegen.

Er schreckte hoch. War er etwa kurz eingenickt? Er richtete sich auf und reckte seine steifen Glieder. Er saß mittlerweile fast allein auf der Tribüne der Sporthalle, die Aufräumarbeiten hatten schon begonnen, das Neujahrsturnier der C-Jugend war ganz offensichtlich schon beendet. Sein Rücken schmerzte höllisch und er fröstelte. Langsam schraubte er seine Thermoskanne auf, um sich einen weiteren Tee einzuschenken.

Seine anfängliche Euphorie war mittlerweile so gut wie verflogen. Er hatte sich vor zwei Monaten, noch optimistisch gestimmt und guten Mutes, seine Heckler & Koch P7 und ein Paar Handschellen von der Wache geholt (er war ja schließlich nicht suspendiert, sondern nur krankgeschrieben). Er hatte die Beaufsichtigung des Trainings und der Spiele noch mehr verstärkt, seine Gedanken kreisten nur noch um das eine Thema: die Festnahme dieses Sexgangsters. Es musste einfach klappen.

Doch schon bald hatte auch seine Tochter Gaby angefangen, auf ihn einzureden. Er solle den Jungen nicht verunsichern mit seiner »dauernden Bevormundung«. Er sei »schlimmer als eine alte Glucke«. Und auch Gino selbst fand es wohl »uncool«, ständig und überall von seinem Opa begleitet zu werden.

Es war so ungerecht. Niedermayer nahm noch einen Schluck Tee und stand langsam auf. Er verstaute den Fotoapparat und die Thermoskanne in seinem Rucksack und verließ die Tribüne. Auf dem Flur kam ihm einer von Ginos Mitspielern entgegen.

»Grüß Gott, Bastian. Wo steckt denn der Gino?«

»Hallo, Herr Niedermayer. Der Gino is' scho' drauß'n, am Parkplatz, quatscht mit so 'nem Typen da.«

»Draußen?«, krächzte Niedermayer. »Was für ein Typ?« Er rannte los, ohne eine Antwort abzuwarten. Beinahe wäre er am Ende der Stufen gestürzt. Der Weg vor der Halle war nur schlecht vom Schnee geräumt worden. Und in der Thermoskanne war wohl doch etwas wenig Tee und zu viel Rum gewesen. Keuchend erreichte er den Fußweg zum Parkplatz.

Da sah er ihn schon. Der blonde Kerl von den Fotos, im

Gespräch mit Gino. Eindeutig. Er hatte eine Hand auf Ginos Schulter gelegt und redete auf den Jungen ein.

Er rannte schwankend weiter. Sein Herz raste, der Kopf dröhnte. »Finger weg von dem Buben, du Sau!«, keuchte er, als er bei ihnen angekommen war.

Der Mann drehte sich erschrocken um.

»Rühr dich nicht von der Stelle! Es ist aus.« Niedermayer fasste in seinen Rucksack, um nach den Handschellen zu kramen. Ein Gefühlsgemisch aus Freude, Erleichterung und Genugtuung durchströmte ihn. Er war am Ziel. Er hatte es tatsächlich geschafft.

Aus den Augenwinkeln sah er, wie der Mann mit der rechten Hand unter seine geöffnete Jacke griff. Der wollte sein langes Messer ziehen, dieser …

Niedermayer riss seine Pistole aus dem Rucksack, ging mehrere Schritte zurück und gab dabei drei Schüsse in Richtung des Angreifers ab. Genau so, wie er es schon hunderte Mal auf dem Schießstand trainiert hatte.

Der blonde Mann sackte in sich zusammen. Niedermayer steckte die Waffe wieder weg und kniete neben ihm. Er schaute in die entsetzten Augen des Kerls.

»Was … ich …« Der Blonde flüsterte nur. »… ich wollte doch …« Er hustete mehrmals kurz. Seine rechte Hand glitt kraftlos unter der Jacke hervor. Eine Visitenkarte fiel in den Schneematsch. »… bin Talent-Scout vom FC … der Junge … Riesen … Riesentalent … ich wollte …« Wieder hustete er schwach. »Zweijahresvertrag … Bundesliga … warum …« Dann verlor er das Bewusstsein.

Niedermayer schaute hoch zu seinem Enkel. Ginos verstörtes Gesicht verschwamm vor seinen Augen.

Agatha-Christie-Krimipreis 2008

Die Autorinnen und Autoren

Christian Bartel, geboren 1975 in Bonn, schreibt komische Geschichten und Satire. Er arbeitet als Autor, Veranstalter und Texter, ist Mitherausgeber des »EXOT« – Zeitschrift für komische Literatur und an der Lesebühne »Der Kleingeist« in Bonn. Außerdem ist er bei der Damenlesegruppe »Rock 'n Read« im Kölner Theater Klüngelpütz. 2005 wurde er Vizemeister des German International Poetry Slam in Leipzig. Er tritt im Rundfunk (WDR) und in der Schweiz auf und ist Co-Host des Kölner Poetry Slams »Dichterkrieg«.

Veit Bronnenmeyer wurde 1973 geboren. Durch seine Gene zum Schreiben getrieben, engagierte er sich in der Schülerzeitung, machte eine Ausbildung im Handwerk, studierte Soziale Arbeit, war Gutachter für die Zuwandererkommission der Bundesregierung, arbeitete in der Jugendberufshilfe und als Netzwerkmanager. 2005 und 2007 erschienen seine Kriminalromane im Ars Vivendi Verlag. In der Anthologie zum Agatha-Christie-Krimipreis 2007 erschien seine Kurzgeschichte »Die Freunde des kurzen Lebens«.

Sabine Eymelt-Niemann ist 35 Jahre alt und lebt in Kassel. Die Stipendiatin der Studienstiftung des deutschen Volkes studierte Rechtswissenschaften in Frankfurt und London.

Heute ist sie Richterin am Landgericht Kassel, liebt Bücher und klassische Musik. »Gut getroffen im Leben« ist ihre erste Veröffentlichung im Krimibereich.

Dr. Stefan Fabry verbrachte acht Jahre mit wissenschaftlicher Forschung und Lehre an der Universität Regensburg. Der Privatdozent für Genetik ist seit 1999 wissenschaftlicher Referent des Vizepräsidenten der Max-Planck-Gesellschaft in München. Außer seinen zahlreichen veröffentlichten wissenschaftlichen Arbeiten ruhen Hörspiele, Romane und Kurzgeschichten – in seiner Schublade. Seine Kurzgeschichte »Eine Frau wie Dynamit« erschien jedoch in der Anthologie zum Agatha-Christie-Krimipreis 2007.

Iris von Finckenstein ist 1953 geboren und ging in Bonn und London zur Schule. Sie studierte Philosophie, Völkerkunde und Germanistik, besuchte die Journalistenschule München und war Volontärin beim Bayerischen Rundfunk. In ihrer Zeit als freie Mitarbeiterin dort entstanden mehrere Kurzfilme. Mit Mann und drei Kindern lebte sie vier Jahre in Harvard, USA. Seit ihrer Rückkehr arbeitet sie als freie Autorin für die Süddeutsche Zeitung, die ZEIT, den Rundfunk und andere, sowie im Literatur- und Filmbereich.

Hans Forster ist seit 1998 als Anwalt tätig und seit 2004 als Fachanwalt für Arbeitsrecht. Als privaten Ausgleich hierfür begeht er eigene Verbrechen am PC. Er war für den Deutschen Kurzkrimipreis beim Krimifestival Tatort Eifel nominiert und erreichte dort den 4. Platz mit »Darmdrücken«. Mit »Meiers Welten« gewann er den 2. Platz beim Landshuter Literaturwettbewerb 2006. In Landshut lebt er auch, ist 38 Jahre alt, verheiratet und hat zwei Töchter.

Petra Greschitzek wurde 1960 in Essen geboren, wuchs in Wolfsburg auf und studierte Sozialwissenschaften in Göttingen. Während der Studienzeit und nach dem Diplom arbeitete sie als Bildungsreferentin und Dozentin in der Erwachsenenbildung, bildete sich weiter zur Mediendesignerin, war Pädagogin in der Jugendberufshilfe und baute ein Frauen- und Mädchenprojekt in Göttingen mit auf. Zur Zeit arbeitet sie als Leiterin einer Begegnungsstätte. Die Autorin ist Mitglied bei den »Mörderischen Schwestern«.

Ursula Heinrich unterstützte nach dem Abschluss ihres Übersetzerstudiums in den Sprachen Deutsch, Englisch und Französisch ihren Vater beim Aufbau seiner Firma. 1996 trat sie in das österreichische Außenministerium ein. Sie sammelte Auslandserfahrung in der österreichischen Botschaft in London. Seit ihrer Rückkehr ist sie im Bereich Entwicklungszusammenarbeit beschäftigt und leitet dort das Referat für Informations- und Öffentlichkeitsarbeit. Ursula Heinrich ist 37 Jahre alt und lebt in Wien.

Alfred Hellmann lebt heute in Berlin, hat aber auch einige Jahre in Bonn verbracht, wo er unter anderem am Kleinkunsttheater Die Pathologie wirkte. Er ist Kabarettist, veröffentlichte bereits Romane, ein Sachbuch, diverse Kurzgeschichten und schreibt Drehbücher. Außerdem arbeitet er für die Zeitschrift FINANZtest/Stiftung Warentest und moderiert Cinema Royal, eine monatliche Diskussionsveranstaltung zu aktuellen Kino-Filmen im Babylon Berlin:Mitte.

Leo Hoffmann schreibt seit 1994 Kurzgeschichten und Theaterstücke. Für ihre Erzählung »Heißes Herz« hat sie im März 2000 den 2. Preis beim Zürcher Kurzgeschichtenwettbewerb »Alles wird anders!« bekommen. Ihre Theaterstücke wurden in Dresden, München und Aachen uraufgeführt. Inzwischen hat sie auch einen ersten Roman »Die Tischordnung« geschrieben, der jedoch noch unveröffentlicht ist. Die Autorin lebt in München.

Heike Koschyk, 1967 in den USA geboren, studierte nach dem Abitur Germanistik und Sinologie in München. Sie war bereits in der Textilbranche erfolgreich, ist ausgebildete Heilpraktikerin, leitet eine Naturheilpraxis in Hamburg und hat zwei atmosphärische Thriller veröffentlicht: Die Verfolgung (Scherz Verlag, 2002) und Der Duft der Aphrodite (Fischer Taschenbuch Verlag, 2004). Sie ist verheiratet und hat zwei Kinder.

Sabine Ludwig wurde in Berlin geboren und arbeitete nach dem Studium als Rundfunkredakteurin. Seit einigen Jahren ist sie als freie Autorin und Übersetzerin tätig. Sie veröffentlichte Hörspiele, Theaterstücke, Kinder- und Jugendbücher. 1993 erhielt sie den Bettina-von-Arnim-Preis, 2005 den Hansjörg-Martin-Krimipreis für »Die Nacht, in der Mr Singh verschwand«. Sie ist Mitglied im Syndikat, der Vereinigung der deutschsprachigen Kriminalschriftsteller.

Sunil Mann wurde 1972 im Berner Oberland als Sohn indischer Einwanderer geboren. Seine Jugend verbrachte er in Spiez bei Pflegeeltern, studierte in Zürich Psychologie und Germanistik, beide Studien wurden erfolgreich abgebrochen. An der Hotelfachschule Belvoirpark erwarb er halbherzig Grundkenntnisse im Gastgewerbe. Seither übt er verschiedene Jobs aus, die ihm genügend Zeit zum Schreiben lassen, so ist er augenblicklich Flugbegleiter bei einer nationalen Airline. Er hat bereits zahlreiche Kurzkrimis veröffentlicht.

Annette Petersen ist Jahrgang 1964 und lebt in Hannover. Die gelernte Diplom-Geographin und angelernte Hörfunkredakteurin wurde drei Mal mit dem Niedersächsischen Hörfunkpreis ausgezeichnet und lebt seit einigen Jahren als freie Journalistin und Autorin. Sie ist verheiratet und hat zwei Töchter. Kurzgeschichten von ihr erschienen unter anderem in Anthologien im Ulber Verlag und im Leda Verlag.

Helmi Schausberger war Jugendarbeiterin und Frauenberaterin in Salzburg. Schreiben ist ihre größte Leidenschaft. Sie veröffentlichte bereits Gedichte und Kurzgeschichten und arbeitet an einem Roman. Helmi Schausberger ist 37 Jahre alt.

Claudia Schlegl lebt nach einem mehrjährigen Aufenthalt in Nord- und Südirland wieder in München. Sie ist alleinerziehende Mutter einer manisch-depressiven Katze und arbeitet zur Zeit an einem Roman über den Wandel im Berufsbild der Waldelfe im Zeitalter von Windows Vista.

Cornelia Schneider, geboren 1950 in Karlsruhe, reiste viel, brach das Studium der Politologie ab und zog eine Tochter groß, die nun ihrerseits unterwegs ist. Sie lebt von Büro-Teilzeitjobs und arbeitet eisern an ihrem literarischen Durchbruch. Zahlreiche Veröffentlichungen in Anthologien und Literaturmagazinen. 2004 war Cornelia Schneider Stipendiatin des Förderkreises Deutscher Schriftsteller in Baden-Württemberg. 2006 gewann sie den 1. Preis des Agatha-Christie-Krimipreises. Sie lebt in Stuttgart.

Britta Scholten ist 1967 geboren. Seit dem Frühjahr 2005 absolviert sie einen Studiengang der »Schule des Schreibens«. Die Diplom-Volkswirtin und Kommunikationstrainerin lebt und arbeitet in Berlin. Dort gewann sie auch den literarischen Wettbewerb des Heimatmuseums Charlottenburg-Wilmersdorf 2005. In der Anthologie »In aller Freundschaft« zum Agatha-Christie-Krimipreis 2007 erschien ihre Kurzgeschichte »Tod in C-Dur«.

Savita Saskia Schulte schreibt, seit sie mit neun Jahren für ihren Opa ein Geburtstagsgedicht reimte. Sie wurde 1978 in Mainz geboren, ging dort zur Schule und war Mitglied und Mit-Texterin eines Kabarett-Ensembles. Sie studierte Neuere Deutsche Literatur und Medien in Marburg an der Lahn, veröffentlichte erste wissenschaftliche Arbeiten in 2001 und ist seitdem mit zahllosen Praktika und Jobs beschäftigt, einige davon in seriösen Branchen, andere in eher nebulösen.

Amaryllis Sommerer ist in Wien geboren. Sie studierte Theaterkostüm an der Hochschule für Angewandte Kunst, anschließend Theaterwissenschaften. Sie ist Mitglied der Theatergruppe AMOK im Dramatischen Zentrum Wien, Regieassistentin beim Film, Drehbuchautorin und Filmdramaturgin. Amaryllis Sommerers Kinderbücher erschienen im Picus Verlag und bei Aurum/Westermann, ihre Kurzkrimis in mehreren Anthologien.

Antonia Spohr ist 1981 geboren und lebt in Tübingen. Sie studiert dort an der Eberhard-Karls-Universität Allgemeine Rhetorik, Philosophie, Romanistik und Kunstgeschichte. 1999 gewann sie den ersten Preis des Fotowettbewerbs »Ich will Frieden«, 2003 mit »Herberts Hobby« den ersten Preis des Kurzgeschichtenwettbewerbs 2003 des Vereins zur Förderung der Rhetorik in Wissenschaft und Praxis.

Katrin Stehle wurde 1972 in Kaufbeuren geboren. Sie hat bereits mehrere Kinder- und Jugendromane veröffentlicht, unter anderem bei dtv-junior und dem Ellermann Verlag. In Anthologien ist sie mit zwei Kurzgeschichten vertreten: »Spuren im Schnee« beim Maxi Literaturwettbewerb 2006 und »Anne am Bodensee« in »Sommer, Sonne, Ferienglück« bei Omnibus. 1998 gewann sie das Literaturstipendium der Stadt München und 2001 den Staatlichen Förderpreis für Literatur des Freistaats Bayern.

Chris J. Stone ist ein Pseudonym. Die Autorin, die sich dahinter verbirgt, wurde 1973 in Varel geboren. Sie begann 2004 mit dem Schreiben und hat seitdem zahlreiche Kurzgeschichten veröffentlicht. Die meisten davon im Lerato Verlag, bei Intrag Publishing und im Projekte Verlag.

Sabine Trinkaus hat als Kind am Deich Schafe gejagt und lange in der Bücherei in Glückstadt gesessen. Sie studierte Bibliothekswesen in Bonn und arbeitete dort in Archiven. Mit Mann und Tochter zog sie nach Syracuse, USA, und weiter nach Grenoble. Die Romane, die sie in dieser Zeit schrieb, hat sie verbrannt oder zerrissen. 1997 kehrte Sabine Trinkaus nach Bonn zurück, ist jetzt Bilddokumentarin und lernt, ihre Texte zu überarbeiten, anstatt sie zu vernichten. 2007 gewann sie die *freundin*-Auszeichnung im Agatha-Christie-Krimipreis.

Marcus Winter, Jahrgang 1957, ist Kriminalbeamter in einer nordrhein-westfälischen Großstadt. Bereits mit 23 wurde er Kriminalkommissar und hat als Einbruchsachbearbeiter, Drogenfahnder und als Ermittler zur Bekämpfung der Organisierten Kriminalität gearbeitet. Außerdem war er einige Jahre Dozent für Kriminalistik an den Fachhochschulen Nordrhein-Westfalens. Er hat den Roman »Anruf aus Suite 117« (Verlag der Criminale, 2002) und mehrere Kurzkrimis veröffentlicht. Marcus Winter ist ein Pseudonym.

Agatha Christie

Meisterhafte Morde

Kurz-Krimis der Queen of Crime

Band 16801

Dreizehn brillante Erzählungen von der Spitzenautorin des Spannungsfachs!

Darunter »Zeugin der Anklage«, von Billy Wilder mit Marlene Dietrich unvergesslich verfilmt und »Die Mausefalle«, die als Theaterstück in London über vierzig Jahre Abend für Abend zuschnappte. Ob beim spektakulären Mordprozess oder in der beschaulichen Welt einer kleinen Pension, stets lauert das Heimtückische und Ungewisse hinter dem Offensichtlichen und Harmlosen.

Meisterhafte Morde und rätselhafte Fälle aus der Feder der Queen of Crime!

Fischer Taschenbuch Verlag

fi 16801 / 1

Agatha Christie

Der Wachsblumenstrauß

Roman

Band 16539

Von der »Queen of Crime«

»Aber er ist doch ermordet worden, oder nicht?« – Mit dieser Bemerkung irritiert Cora auf der Beerdigung ihres Bruders nicht nur ihre gesamte Familie, der das plötzliche Ableben des werten Richard Abernethie aus verschiedenen Gründen sehr gelegen kam. Auch der Rechtsanwalt der Familie, der Doktor und schließlich Hercule Poirot müssen sich fragen, ob Richard tatsächlich eines natürlichen Todes starb. Doch als Cora kurz darauf selbst brutal ermordet wird, erhält ihre unbedarfte Bemerkung noch sehr viel mehr an Tragweite ...

Hercule Poirot enttarnt habgierige Erben.

Fischer Taschenbuch Verlag

fi 16539 / 1

Agatha Christie

Die Tote in der Bibliothek

Roman

Band 16538

Von der »Queen of Crime«

In Colonel Bantrys Bibliothek liegt eine Leiche. Eine höchst unpassende Leiche: jung, im rückenfreien Abendkleid, mit unnatürlich blonden Haaren und rot lackierten Fingernägeln. Natürlich wird in St. Mary Mead getuschelt werden, und der sensible Colonel Bantry wird unter den unausgesprochenen Anschuldigungen zu leiden haben. Keine Frage, dass Miss Marple – eine alte Freundin seiner Frau – aufdecken muss, was das wirklich Unpassende an dieser Leiche ist.

Miss Marple ermittelt in einem vornehmen Seebad.

Fischer Taschenbuch Verlag

fi 16538 / 1

Agatha Christie

Mord im Pfarrhaus

Roman

Band 16540

Von der »Queen of Crime«

Selbst der Pfarrer erklärt, wer Colonel Protheroe um die Ecke bringen würde, der erweise der Welt einen großen Dienst. Colonel Melchett fasst zusammen, was ganz St. Mary Mead über Protheroe denkt: »Niemand mag ihn.« Colonel Protheroes Tochter bedauert, dass ihr Vater nicht anständig genug sei, von selbst zu sterben, und seine Frau erklärt schlicht: »Ich wollte, er wäre tot.« Ihr Liebhaber meint, alle wären froh, ihn los zu sein und der von Protheroe verurteilte Wilddieb schwört Rache. Doch als Protheroe dann tatsächlich ermordet wird, haben alle ein handfestes Alibi. Wie gut nur, dass Jane Marple sich mit der menschlichen Natur auskennt und durch nichts und niemanden täuschen lässt.

Der erste Fall der berühmten altjüngferlichen Meisterdetektivin aus St. Mary Mead!

Fischer Taschenbuch Verlag

fi 16540 / 1